W0098657

Gerhard Roth
Eine Reise in das Innere von Wien
Essays

S. Fischer

4. Auflage: 8.-10. Tausend
© 1991 S. Fischer Verlag GmbH, Frankfurt am Main
Umschlaggestaltung: Buchholz/Hinsch/Walch
Foto: Christine de Grancy
Satz und Druck: Wagner GmbH, Nördlingen
Einband: G. Lachenmaier, Reutlingen
Printed in Germany 1991
ISBN 3-10-066045-5

»Die Menschen sind überhaupt eigener Natur; sobald ein See zugefroren ist, sind sie gleich zu Hunderten darauf und amüsieren sich auf der glatten Oberfläche: aber wem fällt es ein, zu untersuchen, wie tief er ist und welche Arten von Fischen unter dem Eis hin- und herschwimmen?«

Eckermann: Gespräche mit Goethe

Das k.k. privilegierte Hetztheater

Das runde Gebäude war aus Holz, drei Stockwerke hoch und hatte einen gemauerten Haupteingang. Es bot dreitausend Zuschauern Platz. Im Inneren befanden sich eine kreisförmige Arena und ein Wasserbassin mit einem Durchmesser von 42, beziehungsweise 4,5 Metern. In der Mitte der Arena war ein 13 Meter hoher »Steigbaum« aufgestellt, den die sogenannten »Hetzknechte«, die das Spektakel in Gang hielten, bei Gefahr erkletterten. Auf einem Stich aus dem Jahr 1790 ähnelt das Gebäude einem abgeschnittenen Turm oder einem breiten, niederen Schornstein. Der Zeichner hat die Perspektive aufgeklappt, um Einsicht in die Arena zu geben. Bei aller Genauigkeit hat er dadurch eine kindliche Note in das Bild gebracht, so als habe man nicht ein Hetztheater, sondern ein inzwischen in Vergessenheit geratenes Kinderspielzeug vor sich. Die Zuschauergalerien sind in Logen unterteilt und das Publikum ist nur als gesichtslose Masse erkennbar.

Auf der Spitze des Steigbaumes weht eine Fahne. Natürlich ist die Vorstellung von einer Stierkampfarena naheliegend. Die Tiere, die die Arena »bevölkern«, sind unverhältnismäßig groß gezeichnet. Es ist vom ersten Blick an klar, daß der Künstler die Aufmerksamkeit auf sie lenken will. Die Aufsichtsperspektive ist über das Theater geschoben, wie ein geschliffener Briefbeschwerer, der zugleich eine Lupe ist. Insgesamt sind vier Hetzknechte und mehr als zwanzig Tiere zu sehen: Hunde, Bären, ein Löwe, ein Tiger oder Panther, Wildschweine, Auerochsen. An einem Flaschenzug hängt ein Bär. Ein anderer wird im Bassin von Hunden angefallen.

Der Ausschnitt der Umgebung um das Hetztheater ist im Vergleich zu anderen Einzelheiten im Bild mit größerer Genauigkeit festgehalten. Vor dem Gebäude befindet sich ein Holzzaun. Menschen spazieren auf den Eingang zu, zwei Pferdekutschen traben heran. Links vom Gebäude, auf einem kleineren, freien Platz Hundehütten, Hunde und zwei Hetzknechte mit Peitschen, die die Tiere aus dem Zwinger treiben.

Drei Knechte reiten auf großen Hunden durch eines der Tore in die Arena.

Der Eingang, von zwei Soldaten bewacht, hat ein Satteldach, darunter, auf einem Balkon tummelt sich Publikum. Im Theater spielt eine Musikkapelle, »sehr laut, vornehmlich türkische Musik«, wie es heißt. Rechts vom Eingang das Haus des Verwalters, der für die Haltung der Tiere sorgt. Dahinter Bäume. Wie die meisten Fußballstadien heutzutage liegt das Hetztheater auch eher an der (damaligen) Peripherie der Stadt.

Zu Beginn des achtzehnten Jahrhunderts gab es in Graz, Preßburg und Regensburg ähnliche Unternehmen. Das Hetzamphitheater auf der Landstraße war das dritte und größte seiner Art in Wien. Das erste befand sich in der Leopoldstadt ab dem Jahr 1708. Es wurde später in den Gasthof »Zum schwarzen Adler« verlegt. 1736 entstand ein größeres am Heumarkt, das aber 1743 wieder aufgelassen wurde. Das letzte und größte, von dem hier die Rede ist, wurde 1755 von einem Franzosen, dem »kays. königl. Theatral Dantzer« Carl Defraine zwischen den heutigen Gebäuden Hintere Zollamtsstraße 13 und Hetzgasse 2 im dritten Wiener Gemeindebezirk errichtet.

Der Name der Gasse erinnert an das Unternehmen, das hier bis 1796 stand. Auch eine Redewendung, die sich in Österreich längst verselbständigt hat und von Alten wie Jungen gebraucht wird, um auszudrücken, daß etwas besonders heiter und anregend gewesen ist, ist darauf zurückzuführen: »Das war eine Hetz«. Das Hetztheater erfreute sich großen Zulaufes, obwohl die Eintrittspreise hoch waren.

Die Vorstellungen fanden vom März bis November statt, begannen am frühen Nachmittag und dauerten zumeist bis zum Einbruch der Dunkelheit. Zwanzig Tierfallen waren im Amphitheater untergebracht, zu denen sechs Aus- und Eingänge in die Arena führten. Auf die Veranstaltung wurde jeweils am Vortag durch einen Umzug aufmerksam gemacht. An der Spitze marschierten zwei Trommler, dahinter folgten auf einem geschmückten Schimmel der »Hetzmeister« und sechs in gelbes Leder gekleidete Männer, die Ankündigungszettel verteilten.

»Gewöhnlich fing man die Vorführung mit Stieren an;«, schreibt Helmut Kretschmer in seinem Buch über den Wiener Bezirk »Landstraße«, »zwei in rote Gewänder gehüllte Strohpuppen waren dazu da, die

Aufmerksamkeit des freigelassenen Stieres zu erregen. Daraufhin wurden wilde Hunde in die Arena gelassen, die den wütenden Stier attackieren sollten. Diese Tiere, die Hauptrolle spielten oft auch Bären – wurden nicht nur von Hetzhunden, sondern auch von Menschen gejagt. Sehr häufig gab dies unter dem Publikum Anlaß zu Wettabschlüssen auf den mutmaßlichen Sieger«.

In einem Bericht eines Wienbesuchers aus dieser Zeit wird die Armseligkeit der Veranstaltungen deutlich: »Ich war ganz Aug, das erste streitbegierige Tier zu sehen und was war es? – Ein dürrer, ausgemergelter ungarischer Ochs. Diesem hatte man auf den Rücken einen Strohmann gebunden, und in der Mitte des Hetzplatzes einen ähnlichen entgegengestellt. Es wurden einige Granaten auf ihn geworfen, ihn zu erbittern; man ließ die Hunde los, die ihm aber nichts abgewinnen konnten, bis er endlich auf das kleine Strohmännchen zulief und dem armen Dinge seine Hörner durch den Bauch stieß, sich aber so verwickelte, daß er das Männchen nicht in die Höhe, noch sich losreißen konnte, weil es mit Blei von unten gefüllt war. Die Hunde zerrissen dem Ochsen ganz jämmerlich die Ohren; das arme Tier brüllte vor Schmerzen gegen eine Viertelstunde, bis endlich die Hetzknechte ihm ein Seil um die Hörner warfen, ihn losmachten und zurückführten.

Hierauf kam ein Tanzbär, der sogleich zwei Hunde zusammendrückte und wieder in seinen Kotter schloff. Nach diesem ward ein Wolf ausgelassen, der sich mit drei Hunden herumbiß und nichts weiter tat.

Aber jetzt sollte ein grimmiger Kampf beginnen. Drei Wölfe, drei Waldbären (von denen zwei mit Zangen aus der Falle gezogen wurden), ein Wildschwein, ein Auerochs und ein Esel kamen zum Vorschein – und was geschah? Memorabile dictu! Sie standen da, sahen sich an und wunderten sich über das seltsame Glück, einander in Gesellschaft zu sehen. Der Esel lief umher und schrie I-a I-a I-a I-a. Die Wölfe hüpften in die Höhe, zwei Bären verscharrten sich und ein dritter stieg auf den Fallbaum oder die Steigleiter, und darüber entstand ein so allgemeines Gelächter, daß ich mich über das allgemeine Lachen ärgerte.«

Aus dem Bericht geht hervor, daß man die Tiere zuerst reizen, ihnen einen Schmerz zufügen oder sie hungrig machen mußte, um den gewünschten Effekt zu erreichen. Übrigens gab es neben den Tierhetzen auch Darbietungen von Zirkusartisten. 1776 trat der englische Reitkünstler Simson auf, der auf einem galoppierenden Pferd einen Kopfstand vorführte, auf dem Pferde stehend drei Fuß hoch in die Höhe sprang und vom Sattel aus einen hundert Pfund schweren Gegenstand aufhob.

1768 starb der Besitzer des Hetztheaters und das Etablissement wurde als drittes neben dem Hofburgtheater und dem Theater nächst dem Kärntnertore unter die Verwaltung der »k.k.Obersten Theatral-Direktion« gestellt, und von diesen verpachtet. Die beträchtlichen Einnahmen kamen angeblich der Armenkasse zugute. Am 1.September 1796 brannte das Hetztheater über Nacht ab.

Die Wiener Zeitung vom 3.September 1796 berichtete ausführlich: »Des Abends, nach 8 Uhr, brach

in dem Hetz-Amphitheater, unter den Weißgärbern, im Heustadl, ein heftiges Feuer aus, das in diesem ganz von Holz erbauten Gebäude schnell um sich griff und es in Zeit von wenigen Stunden bis auf den Grund abbrannte. Bei der gänzlichen Windstille und den eilig herbygekommenen sehr zweckmäßigen und wirksamen Anstalten war man so glücklich, alle nebenstehenden Häuser, Gärten, Magazine und Holzvorräte vollkommen zu retten, und ist dabey kein Mensch zu Schaden gekommen. Aber in dem Hetzgebäude ist alles von der heftigen Flamme verzehrt worden; bloß einige Hunde und der Auerstier wurden gerettet und in Sicherheit gebracht. Alle übrigen zahlreichen und kostbaren Thiere, zwei Löwen, ein Panther, mehrere Bären, Wildschweine, Ochsen, etc. kamen, unter entsetzlichem Gebrülle, in den Flammen um. Nach 12 Uhr waren diese gelöscht und nach und nach ward auch das Kohlfeuer gedämpft.« Ein anderer Bericht ergänzt: »Der Fuchs rettete sich selbst, indem er unwissend wie, aus seinem Behältnisse entkam, sich mitten auf dem Hetzplatze in die Erde vergrub, und auf solche Art sich den Flammen entzog... Am folgenden Tage sah der Fuchs ganz possierlich aus seiner Höhle heraus und rekognoszierte die Gegend, ob noch Gefahr vorhanden sey, worauf er dann gefangen wurde.«
Der Wert der umgekommenen Tiere wurde auf 24 000 Gulden geschätzt.
Ein kolorierter Stich von H. Löschenkohl aus dem Jahr 1796 hält den Brand fest. Es ist ein schwarzes Bild, ein Nachtbild. Die Menschenmenge wird vom brennenden Hetztheater durch zum Teil berittenes

Militär mit gezücktem Säbel, zum Teil durch Soldaten mit aufgepflanztem Bajonett ferngehalten. Das Theater selbst stürzt gerade inmitten hoher, orangeroter Flammen ein, nur ein Teil ragt noch als Ruine hervor. Der Steigbaum mit dem Flaschenzug steht wie ein Galgen im Feuer. Rechts vorne das Schattenbild eines Hundes und des geretteten Auerochsen.

Gibt es ein theatralischeres Ende als ein Feuer?

Kaiser Franz II. erteilte keine Bewilligung mehr zur Abhaltung von Tierhetzen. Das »Theater« wurde auch nicht mehr errichtet.

In der Hetzgasse Nr. 4, unmittelbar dort, wo das Amphitheater stand, brannte um die Jahrhundertwende dann ein Feuer, das seinen hellen Schein auf die allgemeine, österreichische Hetz warf. Es war die Redaktion der satirischen Zeitschrift »Die Fackel« von Karl Kraus.

Die zweite Stadt

Als der Wiener Archäologe Pohanka unter der Minoritenkirche das Skelett eines Mannes ausgrub, das auf dem Bauch lag, die Füße über Kreuz, einen Arm vor der Brust, den anderen hinter dem Rücken, stand er vor einem Rätsel. Er ließ einen Sarg kommen und legte sich in derselben Stellung hinein, in der er das Skelett gefunden hatte. Das Ergebnis seines Experiments – der Mann war lebendig begraben worden und hatte versucht, mit dem Rücken den Sargdeckel aufzustemmen – bezeichnete Pohanka als »einen Alptraum, der unbeabsichtigt die österreichische Zerrissenheit« illustriere: außen der scheinbar geordnete Alltag, innen Verzweiflung und Ängste. Der Gedanke ist naheliegend, daß Sigmund Freud seine Entdeckungen zwangsläufig in Wien machen mußte, wo die Erkenntnisse zwar nicht auf der Hand, jedoch auf einer unterirdischen, nur scheinbar »verschwundenen« Ebene lagen. Freud durchforschte diese Ebenen mit ihren Verbindungsgängen und Sackgassen, und es ist nur logisch, daß er sich dabei auch manchmal verirrte.

»Die Verbindungsgänge«, erklärte der Archäologe,

ein lebhafter Mensch mit Hornbrille, seien aber nur eine Wiener Legende, die sich hartnäckig halte. Die legendärste dieser Legenden sei der unterirdische Gang zwischen der Hofburg im ersten Bezirk und dem Schloß Schönbrunn im dreizehnten. Von der Hofburg existieren allerdings Verbindungsgänge zu einem »Regierungsbunker« in der Stiftskaserne, zur Oper, zum Burgtheater und dem Messepalast und – so wird vermutet – sogar zur Kapuzinergruft. Auch soll es einen Gang zwischen dem Naturhistorischen und dem Kunsthistorischen Museum geben. Darüber hinaus ist die Ansicht weit verbreitet, daß die ganze Innenstadt von einem unterirdischen Verbindungsnetz durchzogen ist.

Tatsächlich hat es dieses sagenumwobene Labyrinth gegeben. Die Voraussetzungen wurden nach den beiden Türkenbelagerungen von Wien – in den Jahren 1529 und 1683 – geschaffen, als man unterirdische Zysternen und Magazine anlegte, um in Zukunft auf eine Belagerung besser vorbereitet zu sein. Es entstanden Säle, die Ausmaße von mittleren Bahnhofshallen hatten, zweihundert bis fünfhundert Quadratmeter groß, zehn Meter hoch und zwei oder drei Geschosse tief. Der tiefste Keller endete sieben Stockwerke unter der Erde. Im Zweiten Weltkrieg wurden diese Anlagen als Luftschutzräume verwendet. Man brach die Wände zwischen ihnen durch, um Fluchtwege offenzuhalten. Inzwischen sind die Durchgänge wieder zugemauert, aber man findet in manchen Kellern noch Hinweispfeile Richtung Oper oder Urania-Sternwarte.

Ein Atlas des unterirdischen Wien ähnelte den Abbildungen eines Menschen in einem anatomischen Lehrbuch, auf denen die Nervenbahnen, Venen, Arterien und Organe dargestellt sind. Der Kopf, mit dem Gedächtnis dieses von außen unsichtbaren Organismus, wäre die Nationalbibliothek. Sie reicht drei Stockwerke tief unter die Erde und erstreckt sich vom Albertinaplatz bis zum Heldenplatz.

Die mehr als 250 Jahre alte Nationalbibliothek ist so etwas wie ein Bücherbergwerk. In ihren Flözen liegen 2,6 Millionen Bände.

Mit Hilfe von Butten, einer Rohrpost und einer Art Materialseilbahn werden sie aus den Stollen an das Tageslicht gehoben. Um sich zurechtzufinden, haben die Bibliotheksbeamten im Laufe von Jahrzehnten eine eigene Topographie entwickelt. Die Bücher-Förderanlage hält an drei Stationen: Heldenplatz, Josefsplatz und Burggarten, benannt nach den darüberliegenden Orten. Seltsamere Namen haben die Gebiete, die nur für die Bibliotheksbeamten und zu Fuß erreichbar sind: »Numismatik«, »Statistikkeller«, »Segmentgang«, »Musikkammer« oder »Friedrichsküche«. Das »Birnholzzimmer« ist nicht, wie angenommen, mit Möbeln aus Birnenholz ausgestattet, sondern nach einem jüdischen Beamten benannt, der von den Nazis verhaftet und ermordet wurde.

Die »Bergung« ist der tiefstgelegene Bereich der Nationalbibliothek, in der im Zweiten Weltkrieg wertvolle Objekte aufbewahrt wurden. Es gab außerdem den »Sarg«, in dem die nicht erfaßten Bücher lagen. Ganze Bibliotheken jüdischer Flüchtlinge oder die Produktion des Bermann-Fischer Verlages, die selbst im Laufe von Jahren nicht »aufgearbeitet« werden konnten, stapelten sich im »Sarg«. Übrigens war auch die Bibliothek von Schnitzlers Erben darunter. Noch heute findet man, obwohl der Großteil »nach Möglichkeit« zurückgegeben wurde, »verschwundene« Exemplare mit Widmungen an Arthur Schnitzler.

Auf die Frage an den Fachinspektor, einen glatzköpfigen, unruhigen Mann, wie man sich in diesem – um es mit Musil auszudrücken – »Tollhaus von Büchern« zurechtfinden könne, erhielt ich eine ausufernde Antwort, die in der Erklärung gipfelte: »Das Prinzip der Bücheraufstellung ist folgendermaßen: Rechts oben san immer A-Formate und links unten D-Formate... ja? Und nachdem a Christbaum unten auseinandergeht, nennen mir des ›Christbaumaufstellung‹. So kriegen mir des in Griff! Wenn die Signatur auf dem Abgabezettel nicht stimmt, is des oft sehr sinnesverwirrt... dafür is dann wieder gut, wenn man Verfasser und Titel richtig dazuschreibt. Aber heutzutage geht olles nach der ›Numerus currens‹-Aufstellung, des hot mit'n Inhalt überhaupt nix zu tun.«

Insgesamt gibt es sechzig Laufkilometer Bücher in der Nationalbibliothek. Ein falsch eingereihtes wird von der Bibliothek vergessen und kann nur durch einen Zufall wiedergefunden werden. Tausend bis zweitausend sind auf diese Weise im Bibliotheksgehirn »verschwunden«. Ein neuer Beamter, gibt der Fachinspektor Auskunft, brauche ein dreiviertel Jahr, bis er sich halbwegs zurechtfinde. Die Bauarbeiter – es wird immer etwas renoviert – müßten anfangs »regelrecht geführt werden«, da sie allein die Orientierung verlören. Pro Jahr wächst die Bibliothek um 30 000 bis 40 000 Bücher und Zeitschriften.

»Die Bücher- und Zeitschriftenflut«, resignierte der Fachinspektor, »schwemmt uns fast weg. Es wird jetzt ein neuer Tiefspeicher gebaut. Aber für wie lang?« Schon heute würden von den dreißig Bibliotheksbeamten pro Tag 1500 Aushebungen durchgeführt, und die Entlehner müßten 24 Stunden auf ein Buch warten. Schwierigkeiten habe es durch die Dimension der Bibliothek »am laufenden Band« gegeben. In den Gängen sei es noch vor einigen Jahren so düster gewesen, daß man »die Augen« habe »in die Hände nehmen« müssen. Im Prunksaal oben, erläutert der Fachinspektor, habe man wiederum auf schwankenden Leitern die Bücher(nord)wände besteigen müssen, mit einem Karabiner gesichert und eine Helmlampe auf dem Kopf.

Wie alles in der Welt trägt auch die Nationalbibliothek den Keim der Zerstörung in sich. In den 15 Meter tiefen Stollen gibt es Temperaturen von 13 bis 14 Grad, weshalb sich, begünstigt durch die hohe Luftfeuchtigkeit, der Schimmelpilz in den Büchern bildet. Man hat daher, anstelle von Böden, Gitterroste angebracht, »damit sich ganz unten nicht die feuchte Luft staut«.

An manchen Stellen hört man das Dröhnen und Stampfen der Entlüftungsanlage, so daß man sich im Maschinenraum eines Schiffes wähnt. Von unten sieht man drei Stockwerke höher die Füße des Bibliotheksbeamten, der nach einem Buch sucht. Zwangsläufig fällt einem das Ende von Elias Canettis Roman »Die Blendung« ein: »FEUER FEUER FEUER«, fährt es dem »größten lebenden Sinologen Peter Kien« im Wahn durch den Kopf, als er seine 25 000 Bände umfassende Bibliothek anzündet, um schließlich so laut zu lachen, »wie er in seinem ganzen Leben nie gelacht hat«. Kommt die Rede auf die Brandgefahr, erklärt der Fachinspektor allerdings nur knapp, da sei er überfragt.

Feuer und Wahn wüteten bei Bücherverbrennungen schon im siebzehnten und achtzehnten Jahrhundert. Paradoxerweise waren die Zensoren und Oberzensoren gleichzeitig Beamte der Nationalbibliothek – da sie ja am besten Bescheid wußten. Es kursierte aber schon damals der Spruch, daß die Asche weiter trägt als der Gedanke. Die Angst vor einer buchstäblichen Erfüllung dieser weisen Prophezeiung hatte zur Folge, daß die Zensurkommission in ihrem Sitzungszimmer einen eigenen Ofen als Krematorium für Bücherverbrennungen bauen ließ.

In der Zeit des Nationalsozialismus ging die Liste »schädlicher und unerwünschter Literatur« in die Zehntausende. Die davon betroffenen Werke wurden außen mit dem Stempel »Gesperrt« versehen. Heute sind die Stempel durchgestrichen, aber noch als Kainszeichen dieser Ära auf den Deckeln vorhanden. Mit einem Kettenaufzug, der einem Förderkorb nicht unähnlich ist, fahren wir ratternd drei Stockwerke hinauf. Durch den Gitterrost sieht man jetzt von oben in die Bibliothek, wie in eine Katakombenanlage für Bücher.

An das Kabinett des Dr. Caligari erinnert ein Reich, das sich in einem anderen Keller des leopoldnischen Traktes der Hofburg öffnet. Unter einem mehr als zweihundert Quadratmeter großen Gewölbe, früher ein Teil des kaiserlichen Weinkellers, sind sechshundert Denkmäler und Baufresken aus der Zeit von 1870 bis 1918 in der ursprünglichen Gipsform aufbewahrt. Von den vielen Architekturmodellen sind die meisten »verschwunden«. Die weißen Statuen und Figuren, von denen ebenfalls nicht wenige »verschwunden« sind, scheinen wie Requisiten eines Traumes dafür vorgesehen zu sein, in den Köpfen der toten Kaiser zu spuken. Selbstvergessen hockt die Gestalt eines nackten Jünglings auf einem kreissägeartigen Tisch. In einer Öffnung der Ziegelwand ist das eiserne Rad eines Aufzugsmechanismus sichtbar, der durch Ketten angetrieben wird und an eine Foltermaschine denken läßt. Rundherum eine Gruppe von Figuren, erdfarben von Schmutz und Staub. Einem Diskuswerfer ist der Arm abgebrochen. Der liegt zu seinen Füßen zwischen zum Beten gefalteten Händen und einem Kopf – wie Überbleibsel eines stummen Gemetzels. Aus der Wand, an der elektrische Leitungskabel entlangführen, ragt ein verbogenes Eisenrohr in den Raum, und über eine Figur ist eine halb durchsichtige Nylonplane geworfen.

Der Raum ist voller Überraschungen und Rätsel des Schöpfers Zufall: In einer Ecke bilden nackte weiße Frauenkörper, ineinanderverschlungen, eine bedrohlich schöne Menschenwolke aus Gips. In einer anderen wartet eine sinnierende Brahmsbüste, die sich mit der Ewigkeit im Gleichmut zu messen scheint. Kaiser Franz Joseph und Kaiserin Elisabeth stehen verstaubt neben Rembrandt und Leonardo da Vinci. Auf dem Fußboden liegt ein riesiger, scheinbar abgeschlagener Goethekopf neben einem Löwen, der eine Schlange zertritt, und der Trivialfigur eines Wiener Wäschermädels. Schließlich grimassieren von einem Torbogen die Theatermasken des Bildhauers Weyr, wie Wächter, die Zorn vortäuschen, um die Ruhe des unterirdischen Statuenfriedhofs zu behüten.

Ein weiteres Depot für Versatzstücke von Alpträumen befindet sich im Keller des Naturhistorischen Museums am Burgring. 70 000 präparierte Fische: Haie, Rochen, Muränen sind dort in Glasgefäßen senkrecht bestattet. In der Fischsammlung ein Stockwerk höher lagern noch einmal 170 000 tote Artisten eines vergessenen Naturzirkusses. Die Farbe ist aus ihren Körpern »verschwunden«. Wenn die Pergamenthaut über den runden Glassärgen einen Riß aufweist, muß die Alkoholfüllung ausgetauscht werden. Beim Anblick dieser häufig schon in der Monarchie aus dem Meer gefangenen, seit hundert Jahren aufbewahrten Fische, denkt man an jene schreckhafte Kindheitserfahrung, als man zum ersten Mal mit dem Tod konfrontiert wurde.

Weniger bizarr ist das Bildermausoleum des Kunsthistorischen Museums. Es besteht aus zwei Räumen mit Büsten und ein tausend Portraits umfassendes Depot, in dem vornehmlich Habsburgs langsam abbröckelnder Glanz des siebzehnten und achtzehnten Jahrhunderts aufbewahrt ist. Den Verfall – die Portraits »verschwinden« allmählich von der Leinwand – versucht man mit Hilfe von Japan-Papier aufzuhalten, das über die sich auflösenden Stellen der Bilder geklebt wird, bevor sie zum Restaurator kommen.

In Österreich hat jedermann, der tot ist, Anspruch auf einen Glorienschein. Die Todesgloriole der Habsburger ist in der Kaisergruft, auch Kapuzinergruft genannt, zu besichtigen. (Sowohl die Habsburger als auch der Tod sind österreichische Superlative.) Überhaupt die Begräbnisse! In Wien gibt es ein Bestattungsmuseum, und wenn man Schwierigkeiten hat, geht man »probeliegen auf den Zentralfriedhof«.

Es ist daher nicht verwunderlich, daß jeder Habsburger in Ausschöpfung aller Möglichkeiten dreimal bestattet wurde. Der König von Böhmen und Ungarn, Ferdinand IV., führte im siebzehnten Jahrhundert das spanische Begräbniszeremoniell ein, wonach die Leichen geöffnet, die Herzen in silbernen Bechern, Gehirn, Augen und Eingeweide in kupfernen Urnen beigesetzt wurden. Während die Eingeweide von 56 Mitgliedern des Hauses Habsburg in den Katakomben des Stephansdomes ruhen, sind 54 Herzen im »Herzgrüftel« in der Augustinerkirche bestattet. (Allerdings sind drei Becher mit Herzen und zwei Urnen mit Eingeweiden mittlerweile »verschwunden«.)

Die Leichname der Habsburger wurden mit Wachs ausgefüllt, zugenäht und einbalsamiert. Als mir Bruder Gottfried die Werkstatt des Restaurators für die Särge zeigte, die sich ebenfalls in der Gruft befindet, sah ich in einem Päckchen Photos den geöffneten Kaiser Ferdinand III. Vom Kopf des Monarchen, der 1657 starb, war nur der Knochenschädel mit den großen schwarzen Augenhöhlen übriggeblieben.

Die »Zinnpest«, die die Särge befällt, hat Schlampigkeit zur Ursache: Die Handwerker hatten bei der Anfertigung häufig die Gipskerne aus dem Inneren der Gußmasse nicht entfernt. Die Gipsreste quollen auf, da sie Feuchtigkeit anziehen, und erzeugten Risse und Blasen.

Wie Ammoniten liegen die toten Kaiser in ihren metallenen Schalen in der Kapuzinergruft.

Am auffälligsten, größten und höchsten ist der Doppelsarkophag für Kaiserin Maria Theresia und ihren Gemahl, Franz I. von Lothringen, in der Form eines ausladenden Hochzeitsbettes. Auf dem Deckel dieses Sarges ist (für den Besucher nicht sichtbar – er müßte sich in den ersten Stock des Kapuzinerklosters begeben) – das Kaiserpaar dargestellt. Ihm zu Füßen eines seiner 16 Kinder, Kaiser Joseph II., in einem schmucklosen Sarkophag.

In der Kapuzinergruft stehen Rokokosärge, Särge aus der Renaissance und dem Hochbarock, geschmückt mit Brokat aus Zinn, Blumengehängen, Wappenschildern, Reichsäpfeln, Herzoghüten, Kronen und Kreuzen, Särge, die auf Vogelfüßen ruhen oder mit historischen Darstellungen verziert sind, wie dem Einzug Franz Stephans in Florenz.

»Immer wieder ›verschwinden‹ Kreuze und Verzierungen von den Särgen«, klagte Bruder Gottfried. »Touristen haben sogar einen Reichsapfel abgebrochen, ihn aber später wieder zurückgeschickt.« Hitler blieb es vorbehalten, einen vollständigen Sarkophag mit dem Leichnam des Herzogs von Reichstadt aus der Kapuzinergruft verschwinden zu lassen. Der Sohn Napoleons und der Erzherzogin Marie Louise war in Schönbrunn aufgewachsen und einundzwanzigjährig gestorben. »Anläßlich der hundertsten Wiederkehr der Überführung Napoleons von St. Helena nach Paris«, berichtete die Presse, habe sich der »Führer« entschlossen, die sterblichen Überreste des Herzogs den Franzosen »zum Geschenk zu machen«.

Am 12. Dezember 1940 verhaftete die Gestapo den Pater Provinzial des Kapuzinerklosters, während Angehörige der SS, der SA und acht Männer der Bestattung in die Kaisergruft eindrangen, den Sarg abbauten und mühsam – er wog achthundert Kilogramm – hinausschafften. Die Presse schrieb darüber weiter: »Die wenigen Menschen, die sich um diese Zeit in nächster Nähe der Kapuzinergruft befanden, eilten herbei und bildeten ein kurzes Spalier, die Hände stumm zum letzten Gruß erhoben.« Der Eindruck, den Hitlers organisierte Nekrophilie bei den Österreichern hinterließ, wäre es wert, näher untersucht zu werden. Übrigens vergaßen die Nazis in der Eile oder aus Unkenntnis, die Eingeweideurne und den Herzbecher mitzunehmen.

»Allein blieb ich, allein, allein, allein. Ich ging in die Kapuzinergruft«, ließ Joseph Roth den Franz Ferdinand von Trotta nach dem Zusammenbruch der Monarchie denken. In der Krypta der Michaelerkirche, gegenüber der Hofburg, wollten vor allem Adelige und ehemalige Bedienstete am kaiserlichen Hof bestattet werden, um dem Kaiserhaus auch im Tod nahe zu sein. Ab 1783 waren Bestattungen in Krypten aber aus hygienischen Gründen verboten. Im neunzehnten Jahrhundert, bei einer »Inventur der Grüfte«, wurden vierhundert Särge gezählt. Insgesamt liegen über viertausend Tote unter der Michaelerkirche. Die Grüfte waren nämlich nach Bedarf geräumt worden, damit man weitere Tote bestatten konnte. Mit den Holzsärgen wurde nicht viel Aufhebens gemacht. Man nahm die Bretter auseinander und verbrannte sie. Der Inhalt wurde mit einer dicken Schicht Erde und Sand bedeckt. Dieser Vorgang wiederholte sich oftmals, wodurch in der Michaelerkirche eine 1,50 Meter hohe Aufschüttung entstand; auf ihr steht der Besucher.

Wie Kähne in einem gemauerten Bootshaus, aus dem das Wasser versickert ist, liegen die Särge unter den Gewölben. Als man im zwanzigsten Jahrhundert zum ersten Mal die Gruft betrat, fand man nur noch 250 vor. Die übrigen 150 waren »verschwunden«. Die Holzsärge sind grün, gelb, rot oder braun, mit Blumen bemalt und zum Teil geöffnet. Innen wurden sie mit Hobelscharten ausgefüllt. An den Toten findet man Schuhe, den kurzen barocken Gehrock, auf dem Kopf des einen oder anderen das Netz einer Perücke. In einem Sarg ist das Tuch aufgeschnitten, die Tote liegt wie in einem Hochzeitskleid da, um den Kopf ein kleines Gewölk von Holzscharten wie ein vertrockneter Blumenkranz.

Luftzug und klimatische Verhältnisse haben die Leichen mumifiziert. Die Gesichter der Toten ähneln Masken. Mit weit aufgerissenen Mündern liegen sie da. »Das sind ein Strauß Rosen«, sagte der Gruftführer auf die Brust einer Toten deutend, »und die Reste eines Wachskreuzes. Hier eine ältere Dame, bei der das Kleid erhalten geblieben ist. Sie hat noch Nägel an den Fingern, aber es fehlt ein Schuh. Wo er hingekommen ist, weiß niemand.« Die bekannteste Tote in der Gruft ist eine Frau, die während der Schwangerschaft gestorben ist. Ihr Gewand ist rückstandslos zerfallen, aber das Kind blieb unter der Bauchdecke als Abdruck sichtbar.

Mehr als 15 000 Menschen, Namenlose, liegen unter dem Stephansdom und einem Teil der Innenstadt begraben. Einen halben Quadratkilometer weit und zwanzig Meter tief erstreckt sich das Totenreich unter der Erde. Es ist eine Insel ohne Fluß. Die meisten Beerdigungen fanden zwischen 1711 und 1783 statt. 1713, bei der großen Pestepidemie in Wien, überhäufte man die Toten mit Kalk, damit sie schneller austrockneten, wickelte sie in Leintücher und warf sie in einen Schacht, der vom Stephansplatz zu den Katakomben führte. Durch eine Öffnung in der Wand blickt man in eine Grabkammer: Man stapelte in ihr fünfhundert Särge bis zum Plafond und wartete so lange, bis die Deckel einbrachen. Noch heute erkennt man unter den Knochen Stoffreste und Bretter. Um Platz zu schaffen, ließ man Strafgefangene und Bußmönche die Grabkammern aufbrechen, die Knochen säubern und wie Holzscheite aufeinanderschichten, »viele Klafter lang und hoch«, wie Adalbert Stifter schrieb, »lauter Knochen von Armen und Füßen... und nun liegen sie hier, starr, übereinander geschichtet, eine wertlose, schaudererregende Masse«.

Wien ist eine große Nekropole.

Bauarbeiter, Bauern und Archäologen stießen nicht nur auf Menschengräber, sondern auch auf versteinerte Tierreste: Zweihundert Millionen Jahre alte Ammoniten, Muscheln, Seeigel. In den Weingärten von Nußdorf wurden große Foraminiferen und Pilgermuscheln gefunden und in den feinen Meeressanden auf dem Friedhof von Pötzleinsdorf Muscheln und Schnecken. Die Ziegeleien im Stadtgebiet waren um die Jahrhundertwende Fundgruben für Wirbel und Rippen von Walen, Delphinen und Seehunden, die zehn Millionen Jahre alt sind. Aus der Zeit nach dem

»Verschwinden« des Meeres verwahrt die Geologische Abteilung des Naturhistorischen Museums Zähne von Mammuts, den Schädel eines Wollhaarnashorns und eines Urpferdes. Beim U-Bahnbau zuletzt fand man Reste aus der Römerzeit.

»Die ganze Geschichte Wiens steckt im Boden«, sagte der Archäologe. »Die Stadt steht auf einem neun Meter hohen ›Kulturschutt‹ unserer Vorfahren. Am Stock-im-Eisen-Platz haben wir zehn Römergräber ausgegraben und unter dem Hohen Markt römische Ruinen, für die man ein kleines archäologisches Museum einrichtete. Über 90 000 Münzen, Vasen, Figuren und Kochgeschirr wurden gefunden.«

Arbeiter legten 1973 beim U-Bahnbau auf dem Stephansplatz die bis dahin unbekannte Virgilkapelle aus dem zwölften oder dreizehnten Jahrhundert frei. Man schaut in der zweigeschossigen U-Bahnstation durch eine Glasscheibe auf sie hinunter, wie in ein tiefergelegenes Aquarium. Die Glasscheibe, in der sich eine Reihe gelber Telephonzellen spiegelt, trennt aber nicht die Elemente Luft und Wasser, sondern läßt in ihrer Durchsichtigkeit und ihren Spiegelungen Schichten von Zeit sichtbar werden.

Durch einen 208 Meter langen, mit Ziegeln ausgelegten geraden Stollen erreicht man in der Hinterbrühl den »größten unterirdischen See Europas«. Wie die Seitenschiffe eines Domes verzweigen sich die Nischen des Gewölbes über dem Wasser. Das aufgelassene Gipsbergwerk ist die Kulisse eines unterirdischen Naturtheaters. Durch Scheinwerfer wird die Felsendecke so auf die Wasseroberfläche des Sees gespiegelt, daß man sie für den Grund hält und sich über die wahre Tiefe täuschen läßt. Würden nicht täglich 50 000 bis 60 000 Liter Wasser abgepumpt, wäre die gesamte Grotte überflutet.

Die Voraussetzungen für das Naturtheater wurden vor mehr als siebzig Jahren geschaffen. 1912 ereignete sich bei einer Sprengung in sechzig Metern Tiefe ein Wassereinbruch. Zwanzig Millionen Liter überschwemmten die untersten Stollengänge, und der Betrieb mußte stillgelegt werden. 1944 wurde das Bergwerk von den Nazis beschlagnahmt. 1800 KZ-Häftlinge mußten Rümpfe für eine von Hitlers »Wunderwaffen«, den Heinkel-Düsenjäger He 162, in den ständig leergepumpten Hallen und Gewölben zusammenbauen.

Durch die spiegelnde Wasseroberfläche sieht man bei richtigem Blickwinkel noch die Schienenstränge auf dem eineinhalb Meter tieferen Grund. In einem Stollen sind hinter einem Drahtzaun Flugzeugtrümmer ausgestellt: Teile aus einem Cockpit, ein Rad, zerstörte Armaturen, eine Einspritzpumpe, die nach der Sprengung der Werkshallen durch die Nazis übriggeblieben sind.

Fünfzig KZ-Häftlinge wurden vor dem Heranrücken der Roten Armee an Ort und Stelle getötet, nur wenige überlebten den Todesmarsch in das KZ Mauthausen. Heute fahren die Touristen lautlos mit dem Elektroboot über den 6200 Quadratmeter großen See, der die Zeit unter sich »verschwinden« ließ.

Styx – »Grausen« – ist jener mythologische Fluß, der sich durch eine wilde Schlucht in die Unterwelt ergießt. Dort windet er sich neunmal um das Reich des Hades und der Toten. Einer seiner Nebenflüsse heißt

Lethe – »Vergessen«. Der Fluß des Vergessens ist in Wien der Wein, und die Krypten des Weins sind die tiefen Weinkeller und ihre (vorläufigen) Särge die Weinfässer. Die Kapuzinergruft für den Wein war ein riesiger, 731 und einen halben Hektoliter fassender Keramikbehälter im Statuendepot der Hofburg. Ruft man in das Zapfloch des jetzt leeren »Fasses«, kann man zwölf Sekunden lang das Echo hören.

Wien ist und war voller Katakomben des Weins, wie dem Esterhazykeller, der an einen Luftschutzbunker erinnert, dem Zwölf-Apostelkeller, dem Urbanikeller, dem Melker Stiftskeller oder dem Piaristenkeller. Vom größten, dem Rathauskeller, sagt man, daß in ihm »hunderttausend Flaschen mit Wein lagern«. Man findet dort noch ein 70 000-Literfaß, das »aus Platzersparnis verkürzt wurde«. Die neugotischen Säle sind in einer Mischung aus Makart- und Jugendstil bemalt. In den Hinterräumen gab es Séparées für Offiziere und den Adel – heute sind es »Künstlergarderoben für Operettendarsteller«.

Die inneren Flüsse des menschlichen Körpers »verschwinden«, nachdem sie angeschwollen sind, wieder in der Erde. Ganz tief unten, in der Friedrichstraße zwischen der Secession und dem »Café Museum« arbeiten in einem Schotterfang der Kanalisation zehn Männer. Wie Galeerensträflinge unter Deck beugen und strecken die Arbeiter ihre Oberkörper und schaufeln im Fäulnisgestank und der Düsternis des Raumes Schotter in einen Kübel, der, sobald er gefüllt ist, nach oben gezogen wird. Zigarettenkippen, Zitronenschalen und Küchenabfall treiben auf der Kloake. Der Betonsteg am Rand glänzt unter den Deckenlampen bronzefarben und sieht aus wie ein mystischer Pfeil.

Die Galeere ist 14 Meter lang und sechs Meter breit. Mitunter knipst einer der Männer die Taschenlampe an und sucht im Schotter – ein Archäologe der Scheiße. »Die Grenze zwischen den normal und krankhaft benannten Seelenzuständen ist zum Teil ... eine so fließende, daß wahrscheinlich jeder von uns sie im Laufe eines Tages mehrmals überschreitet«, hielt Sigmund Freud fest. Daran denke ich, als ich auf einer Brücke die Kloake überquere und in die Halle mit dem Regenüberfallkanal trete – ein Heiligtum des Films »Der dritte Mann«. Der Regenüberfallkanal ist eine Staumauer, über die das Hochwasser abfließt. Orson Welles floh über sie in unvergeßlicher Manier vor der Polizei.

Überall ist derselbe, fast bedrohliche Fäulnisgestank zu riechen, und man hat beim Gehen das Gefühl, immer tiefer in eine Pyramide einzudringen. 1800 Kilometer lang ist das Kanalnetz von Wien, die Hunderte kleiner Nebenkanäle nicht mitgezählt. Die Pyramide ist eine Kultstätte des Stoffwechsels. 450 Kanalarbeiter mit Gummikapuzen reinigen wie Hohepriester der Verdauung und des Verschwindenlassens Tag für Tag die nur siebzig Zentimeter bis zu einem Meter hohen Kanalrohre, in gebückter Haltung, mit einem »Schimmelbrett«, das einem Schneeschieber ähnelt. Niemand außer einer Million Ratten macht ihnen die Katakomben der Fäkalien streitig.

»Bei Gewitter«, sagt der Truppführer, »fängt die Galerie, auf der wir stehen und in das dunkle Brodeln schauen, zu vibrieren an. Das Wasser kann so hoch steigen, daß der gesamte Raum überschwemmt ist.«

Tag und Nacht fließt der Kloakenfluß unter der Erde, unter der sich die zweite Stadt verbirgt. Doch Tag und Nacht sind in Wien nur scheinbar voneinander getrennt. Über ein letztlich nicht durchschaubares System ist es möglich, daß sie hier stetig ineinander übergehen und einander zum Verschwinden bringen, wie die »normalen und krankhaften benannten Seelenzustände«, von denen Freud spricht.

Das Haus der schlafenden Vernunft

Als erstes erblickt man in der Anstalt Gugging gegenüber der Portiersloge ein buntes Wandgemälde. Laby-
rinthisch ineinanderverschlungen sind Mensch und
Natur in friedlicher Fremdheit vereint. In großen
Buchstaben liest man das Wort *Paradies*. August
Walla, 52 Jahre alt, insgesamt 15 Jahre Patient in
Gugging, hat es gemalt. Nicht weit davon findet man
im Park eine Gedenktafel, die an die rund tausend Er-
mordeten der Gugginger Anstalt erinnert, welche dem
Unternehmen »Lebensunwertes Leben« der Natio-
nalsozialisten zum Opfer gefallen sind. Sodann fährt
man zum »Haus der Künstler« wie auf einen kleinen
Zauberberg hinauf. Es liegt auf einer Anhöhe, am
Rand des Laubwalds, fast nicht mehr innerhalb des
Anstaltsbereichs – weder ganz zur Hölle *draußen* noch
ganz zur Hölle *drinnen* gehörig. Es wird zum Großteil
von »aufgegebenen Fällen«, von »chronisch kranken
Langzeitpatienten« – so der medizinische Standpunkt
–, bewohnt, die dort mit gewissen Erleichterungen gegenüber Insassen mit einem ähnlichen Schicksal leben: Die Tür des Hauses ist nicht versperrt, die Atmosphäre ist privater; aber es ist trotzdem ein vorgeschrie-

benes Dasein mit eingeschränkter Verantwortung, das
die Bewohner hier führen.

Das Haus ist mit dem »Teufelgott«, Zeichen und Inschriften von August Walla, und mit zwei langge-
streckten Gestalten des neunundsechzigjährigen Oswald Tschirtner bemalt, der seit mehr als vierzig Jahren in der Anstalt lebt. Außerdem schmücken es eine
lachende Sonne und ein rotes Herz des mittlerweile
berühmten Johann Hauser, eines zweiundsechzigjäh-
rigen Patienten, der seit 39 Jahren hospitalisiert ist.
Hinter dem Gebäude bemalte Steine und buntge-
tupfte Holzplastiken mit Windrädern, die an Totem-
pfähle erinnern. Johann Garber, bis vor kurzem der
jüngste Bewohner, ein einundvierzigjähriger Mann
mit Zipfelhaube, hat sie gemacht. Er hat auch den großen alten Heizungsofen im Keller mit bunten Farb-
tupfen bemalt.

Den Psychiater Leo Navratil und seine Patienten
kenne ich von Besuchen in Gugging, am längsten
Ernst Herbeck, den ich 1976, als er noch im Hauptge-
bäude untergebracht war, zum ersten Mal traf, um
über ihn zu schreiben. Navratil ließ kurz darauf Herbecks Gedichte unter dem Pseudonym *Alexander* als
Taschenbuch veröffentlichen. 1978 wurde Herbeck in
die »Grazer Autorenversammlung« gewählt, gab mit
Oswald Tschirtner einen weiteren Gedichtband (jetzt
unter eigenem Namen) heraus und verließ 1980 die
Anstalt, um in das Landespensionistenheim Kloster-
neuburg zu ziehen. In der Folge wurde seine Entmün-
digung aufgehoben, aber 1981 kehrte Herbeck auf eigenen Wunsch in das im selben Jahr eröffnete »Haus
der Künstler« nach Gugging zurück. Er ist 68 Jahre alt

und seit 1946 hospitalisiert. Die Diagnose lautet, wie übrigens bei den meisten anderen: Schizophrenie.

Im Flur, der unübersehbar von August Walla bemalt ist und im trüben Vormittagslicht wie ausgedacht wirkt, kommt mir Ernst Herbeck, das Gesicht aus Scheu abgewandt, entgegen. Ich kann nur mit Mühe verstehen, was er spricht; er leidet unter einer Fehlbildung des Gaumens und wurde – wie ich erfahre – erst vor kurzem wieder operiert. Er ist ein Mensch, den man nicht vergißt. Seit vielen Jahren hat er sich in das stumme Selbstgespräch und die Einsamkeit der Gedanken zurückgezogen, in denen er als schweigender Philosoph im Herzen der Trauer lebt. Herbeck geht mit gesenktem Kopf voraus in den Speisesaal, dessen Wände bis zur Decke mit den farbigen Bildern der Patienten bedeckt sind. In einer Ecke steht ein phantasievoll bemalter Kleiderschrank.

Leo Navratil – groß, dichtes, graues Haar, hochstehende Backenknochen wie ein asiatischer Gelehrter – sitzt mit vierzehn Patienten und seinem Nachfolger Dr. Feilacher, einem vollbärtigen jungen Psychiater und Maler, um den gedeckten Tisch. Navratil betrachtet den Gugelhupf und die Patienten distanziert und stolz wie der liebe Gott das Licht am ersten Schöpfungstag. Neben ihm August Walla, von enormer Leibesfülle. Sein Kopf ist wegen einer Schuppenflechte kahl rasiert. Übrigens sind mehrere Patienten auffällig dick: Der verschlossene Franz Kernbeis zum Beispiel. Er ist 59 Jahre alt und seit 35 Jahren in der Anstalt. Er zeichnet ein wundervolles Reich der Schatten: eine Schattenhand, ein Schattenfahrrad, eine Schattenpetroleumlampe, Schattengefäße, Schattenbrillen, eine ·Schattenkugel – ein Niemandsland der verlorenen Schatten.

Oder Fritz Koller: 59 Jahre alt und seit 38 Jahren in der Anstalt. Er ist heiter, singt und scheint so etwas wie den »gemütlichen Österreicher« zu verkörpern. Später steht er allein im Speiseraum vor dem Fenster und blickt auf den Fußboden; draußen der weiße Himmel, die grauen Baumstämme – der Trost hat sich verabschiedet.

Unter den Anwesenden fällt auch Franz Kamlander auf. Er malt schwarz-, weiß-, rot- und blaugefleckte Kühe, die, eine nach der anderen in einen Rahmen gesteckt, wie eine exotische Kuh-Insektensammlung aussehen. Kamlander ist taubstumm, Analphabet und hat die Gebärdensprache nicht erlernt. Er ist 68 Jahre alt und seit seinem 37. Lebensjahr in Gugging. Wenn der Pfleger Nagel Dienst hat, ist Kamlander guter Laune. Beide verständigen sich elegant durch eine improvisierte, in die Luft geworfene Zeichensprache – hat Herr Kucera Dienst, mit dem Kamlander nicht »sprechen« kann, sitzt er vergrämt auf dem Gang. Er winkt allerdings aufgebracht, wenn er photographiert wird, und hebt grüßend die Hand, halb und halb habtachtstehend.

Zunächst trägt Edmund Mach ein Gedicht vor. Er spricht rasch und in gewähltem Hochdeutsch, was den Eindruck von Selbstsicherheit erweckt. Das Gedicht heißt *»Arzt und Patient«*: »Ein neuer Krankenarzt kommt ins Spital/Reingewaschen von den Fußspitzen bis zu den Händen alles rein/Er kommt als Optimist stellt sich das Verhältnis Arzt und Patient rührend vor/ Die Patienten liegen im Bett und er besucht sie./Zweifellos haben die Patienten Zeit. / Der Arzt doktert und singt und bringt alle durch. / Obwohl es dem Patienten weh tut / ist er freundlich und billigt den Arzt.« Ein anderes Gedicht, »*Die Geisteskranken*«, folgt: »Der Geisteskranke ist nett u. arm / spazierend durch die Säle, er redet vor sich hin / und sammelt Worte ohnegleichen / Es ist im Geist etwas schlecht, / was Professoren anzieht, / die dann helfen und beraten / und die Stunde zur Visite machen / Der Geisteskranke, später entlassen, hat im Heim seine Ruhe. / Das Heim ist eingedenk / seiner Ruhe und muntert / ihn zum Essen auf.« Machs graue Haare sind gescheitelt, er trägt Brillen, liebt Coca-Cola, Tennis und Amerika, das seine große Utopie ist. Er ist bereits 59 Jahre alt und zum dreizehnten Mal in Gugging, zuletzt seit 1982. Vor einigen Jahren hat er den Gedichtband »Buchstaben Florenz« veröffentlicht. Nach dem Vortrag applaudieren die übrigen Patienten. Es wird eifrig Gugelhupf gegessen und Kaffee getrunken, mitunter kommt fröhliche Stimmung auf. Früher, liest man, waren die »Irrenhäuser« voll Lärm, heute sind sie still wie ein Chemielehrbuch.

Nach der Jause zeigt mir Dr. Feilacher nicht ohne Stolz einen Katalog von Christie's, in dem Bilder von Johann Hauser zum Ausrufungspreis von 7000 bis 9000 Pfund angeboten werden. »Hauser zeichnet nur in seiner manischen Phase künstlerisch«, sagt Leo Navratil. Dann dürfe man ihn allerdings nicht alleine lassen, man müsse ihn »loben und betreuen«, da er in einem fort herumschimpfe und sich aufrege. Für viele Patienten ist Navratil ein Anreger. Ohne ihn hätten sie ihre Fähigkeiten nicht entdeckt und entwickelt, ausgenommen vielleicht Walla, der schon immer zeichnete und schrieb. Manche Patienten brauchen aber nicht nur Ermunterung, sondern auch einen Anstoß in Form einer Idee. Ernst Herbeck hätte beispielsweise kaum jemals ein Gedicht geschrieben, wenn Navratil ihm die Titel nicht vorgegeben hätte.

Leo Navratil war von 1946 bis 1986 Arzt in der Männerabteilung von Gugging. Zwanzig Jahre lebte er mit seiner Frau, die ebenfalls Psychiaterin ist, und seinen beiden Kindern in der Anstalt. Er machte mit seinen Patienten Ausflüge nach Wien, in den Tiergarten Schönbrunn und an die Alte Donau, besuchte den Zirkus und flog mit Hauser zu dessen Ausstellungen nach London und Zürich. In Zürich, erzählt Navratil, habe Hauser ihm eröffnet, daß ihn der Bauch schmerze – was bedeute, daß er *Angst* habe –, worauf Navratil mit ihm im Doppelbett übernachtete.

Es erscheint Herr Philipp Schöpke im roten Morgenmantel, einen Hut auf dem Kopf, leicht überdreht. Er scherzt, lacht, schneidet Gesichter. Als ich eine Woche später wiederkomme, ist er auf die »geschlossene Abteilung verlegt« worden. Er sei, so sagt die Pflegerin Frau Ducho, »aggressiv« geworden und auf Kernbeis losgegangen – weil dieser »so ruhig ist und sich nicht wehrt«. Schöpke habe auch sie beschimpft, er habe sie »alles geheißen«. Dann habe er sich wieder entschuldigt, die Nerven seien ihm durchgegangen. Schöpke ist 67 Jahre alt und seit 32 Jahren in Gugging. Die Welt, die er entwirft, ist eine zittrige, dämonische, giftige. In vielen Varianten hat er den Schrecken gemalt, zumeist in Frauengestalt. Er ähnelt darin Johann Hauser, der zusammen mit Oswald Tschirtner ein

Dreibettzimmer bewohnt. Hauser besitzt mehrere Kofferradios, einen Polsterstuhl, eine Wanduhr, Aufziehautos, einen Spielzeughubschrauber, Flieger, Stofftiere, im Kleiderkasten versteckt eine Gummischlange, einen Photoapparat und einen Farbfernseher mit dem ironisch-traurigen Aufkleber »I love Gugging«. Aber wenn Hauser seine »manische Phase« hat, die zuletzt fast zwei Jahre dauerte und in der er unbehandelt blieb, weil er, wie Dr. Feilacher erklärt, keine Medikamente vertrage, dann sei dies eine »schwere Prüfung für seine Mitpatienten«. Herbeck schrieb darüber das Gedicht *Der große Ärger«:* »Der Hauser macht einen ganz narrisch / Er kommt und schreit so derart / daß das ganze Personal und die / Patienten und das ganze Haus zittern. / Er macht mich ganz ärgerlich. 14. II. 1986 – Ernst Herbeck...«

In dieser Verfassung sitzt Hauser schimpfend und pausenlos sprechend über dem Zeichenpapier und malt seine wüst-schönen Frauen, Flugzeuge, Schlangen, die blauen Sterne, die dicht wie Schneeflocken vom Himmel fallen, kurz: sein kindliches und von Dämonen besessenes Universum. Er hat tiefliegende Augen, auf dem rechten ist er wegen seines Schielens blind. Bei seiner Einweisung im Jahre 1943 erweckte er »in jeder Beziehung den Eindruck eines hochgradig Schwachsinnigen«. Es stellte sich heraus, daß er Geld nicht kannte. Die meisten Orientierungs- und Intelligenzfragen beantwortete er nicht. Er konnte weder lesen noch schreiben, auch versagte er, als er innerhalb der Zahlen von eins bis zehn rechnen sollte. »Die vier Hauptfarben« aber »benannte er richtig«. Zunächst arbeitete er bei der Kohlen- und Holzgruppe, dann war er mit Gartenarbeiten beschäftigt. »Am 25. Jänner 1960 war Hauser gesprächig, selbstbewußt, renommierend«, schreibt Navratil in seiner Monographie, in der er die »andere Seite des Universums Mensch«, die die Medizin nicht erfasse, darstellen wollte. (Aber wie ist das mit dem Vokabularium der Psychiatrie möglich?) Hauser zeigte seinem Primarius einige Zeichnungen, die er spontan angefertigt hatte, und erzählte, daß er schon viele Bilder gemalt und viele tausend Schilling dafür erhalten habe. Bevor er in die Anstalt kam, sei er ein berühmter Mann gewesen. 1965 ließ Navratil in seinem eigenen Arbeitsraum zwei Zeichentische aufstellen, und sein Patient fand sich von nun an täglich dort ein.

Es ist zutiefst beunruhigend, Hauser in seiner »manischen Phase« schimpfend und spuckend immer wieder seinen Wunsch vorbringen zu hören, daß er *hinauswolle*. Gelingt es ihm, wird er im ersten Gasthaus, in dem er nach einem Glas Wasser verlangt, von der telephonisch durch den Wirt verständigten Polizei »aufgegriffen« und in die Anstalt zurückgebracht. Die Hölle *draußen* will nicht gestört werden. Hauser überlegt, welche Kopfbedeckung er aufsetzt, entscheidet sich für eine Mütze und begibt sich auf den gewohnten Spaziergang zu seiner Freundin in der Frauenabteilung. Inzwischen sitzt der stille Tschirtner auf seinem Bett. Jede Frage beantwortet er mit einem raschen »Ja-ja-ja«. Aber er beeilt sich, ebenso rasch seine Auskunft ins Gegenteil zu verkehren, sobald er den Eindruck hat, daß es von ihm erwartet wird. Er ist schmal und sanft. »Das Wichtigste«, so betont er unbeirrbar, »ist der Friede«. Er kehrte aus der französischen

Kriegsgefangenschaft mit seelischen Störungen zurück; jetzt malt er langgezogene Kopffüßler wie aufblasbare, zylinderförmige Luftballons mit Gesichtern. Tschirtner ist es, der mit Hauser, »wenn er schwierig ist«, spazierengeht und ihn erträgt. Johann Korec hingegen, 51 Jahre alt und seit 1958 hospitalisiert, ist eher ein »Schimpfer und Raunzer«. Er regt sich leicht und über vieles auf und zeichnet mit Vorliebe nackte und kopulierende Paare, unter die er kleine Legenden schreibt. Er kritisiert, wenn ihm danach ist, seine Mitpatienten, sagt ihnen, daß er sie nicht leiden könne, liebt aber Geselligkeit und Tanz, die es hin und wieder in der Anstalt gibt. Sein Lebensziel war es, sagt Leo Navratil, als Dompteur oder Tierwärter bei einem Zirkus zu arbeiten.

Eines Tages werden die Hausers und Wallas, die Herbecks und Tschirtners recht behalten, denke ich mir. Es ist wunderbar zu sehen, wie ein Mann wie Walla, dem sich jedermann überlegen glaubt, *uns* überlegen ist, sobald er den Pinsel in die Hand nimmt.

Auf der dem kleinen Speise- und Zeichensaal gegenüberliegenden Seite des Ganges befindet sich das weißverflieste Bad. Im Gang selbst sind drei Waschbecken mit Spiegeln angebracht. Vor einem steht mehrmals am Tag ein auffällig trauriger Patient und rasiert sich voll nachdenklicher Schwermut. Er hat seinen Vater, einen Förster, erschossen. Seine Mutter besucht ihn zwei- bis dreimal im Jahr. Aus dem Radio auf einem Tischchen ertönt ein Schmachtfetzen; ein beleuchtetes Aquarium taucht den Gang in ein fahles Licht. Weitere Türen führen in die übrigen Zimmer und in den Pflegerinnenraum.

Der Tagesablauf im »Haus der Künstler« ist gleichför-
mig: Um sieben Uhr Frühstück, das vom Personal ausgeteilt wird, anschließend erhalten die meisten Patienten ihre Medizin. (Am Dienstag wird sodann bis
zum Mittagessen das Badezimmer mit den beiden
Wannen aufgesucht.) Anschließend werden unter
Mithilfe der Patienten die Betten gemacht. Gegen
neun Uhr kommt der Kaufmann mit einem Karton:
Coca-Cola, Nescafé, Zigaretten, Keks, Limonade;
Ernst Herbeck schreibt auf, was gewünscht wird. Jeder hat einen Bonus, von dem seine Rechnung abgezogen wird. Übrigens bezahlen die Patienten auch die
Mal-Utensilien selbst. Schon um halb elf Uhr wird zu
Mittag gegessen. Herr Hauser schiebt den Menagewa-
gen, Herr Kernbeis teilt das Besteck aus. Es werden
Nudelsuppe, Naturschnitzel, Kartoffeln und Salat auf-
getischt. Abgesehen von Herbeck und Tschirtner essen alle sehr schnell. Walla kommt immer erst, wenn
die anderen fertig sind, mit einem aufgeschnittenen
Benzinkanister, in dem sich ein Maggi-Fläschchen
und eine Dose Speiseöl befinden, aus denen er zusätzlich über die Mahlzeiten schüttet. Nach kurzer Zeit
wird der Essenskessel von Herrn Koller und dem Pfleger Nagel weggetragen. Es ist alles eingespielt; als
Nachspeise gibt es Kuchen. Anschließend werden
wieder Medikamente ausgegeben: Ohne diese gehe es
nicht, sagt der Pfleger Nagel. Hierauf macht ein Teil
der Patienten einen Spaziergang, die anderen bleiben
im Haus, und gegen ein Uhr deckt Ernst Herbeck den
Tisch für den Kaffee, den er mit einer Maschine zube-
reitet. Um fünf Uhr ist das Abendessen angesetzt, und
von da an bis 22 Uhr läuft im Speiseraum der Farb-

fernseher. Einige der Patienten begeben sich schon früh zu Bett, manche später. Johann Garber beispielsweise, der den Heizungsofen bemalt hat und seit zwanzig Jahren in Gugging hospitalisiert ist, arbeitet mitunter in der Nacht und schläft dafür am Morgen länger.

Das Speisezimmer wird auch für das Zeichnen verwendet. Im Keller befindet sich der weiß ausgemalte Verkaufsraum, in dem die Arbeiten der Patienten gerahmt in bunter Vielfalt an der Wand hängen. Heute ist das Speisezimmer bis auf Herrn Fischer leer. Johann Fischer, fast siebzig Jahre alt, mit Brille, eingefallenen Wangen und einem rot-weiß-roten Sonnenhütchen der Donau-Dampfschiffahrtsgesellschaft, lebt seit 27 Jahren in Gugging. Er ist ein Anhänger des Fußballklubs Austria Wien und aufmerksamer Fernseher bei Fußballübertragungen. Auf die Frage, ob er schon als Kind gut zeichnen konnte, antwortet er ausführlich, aber so schnell, daß ich ihm nur bruchstückhaft folgen kann: Sein Vorgänger, sagt er, sei zur Schule gegangen, nicht er. Sein Vorgänger sei 1957 (im Jahr, in dem die Krankheit von Fischer ausbrach) gestorben, und Gott habe ihn aus dessen Haut und Knochen wieder zusammengesetzt. Er behauptet, über ein goldenes Telephon mit Gott in Kontakt zu stehen und bietet sein Wissen der Österreichischen Volkspartei an, indem er Briefe an den Vizekanzler Mock schreibt, der ihm auch einmal geantwortet hat. Mitunter macht Fischer auf dem Gang merkwürdig hüpfende Schrittfolgen – ich kenne ihn als einen immer höflichen und unaufdringlichen Mann. Er hat eine in einem Boot stehende Figur gezeichnet. Zwei Flaggen sind aufgezogen:

Eine rot-weiß-rote und eine blau-gelbe. Unter den Handballen hat Fischer zusätzlich ein Blatt Papier gelegt, um die Zeichnung vor Schweißflecken zu schützen, neben ihm liegt aufgeschlagen wie ein Zauberbuch die große Schachtel mit Farbstiften.

Nach einigen Stunden verliert man das Zeitgefühl. Man kann nicht sagen, ob es schon Mittag beziehungsweise früher oder später Nachmittag ist, wenn man sich nicht an den Mahlzeiten orientiert. Das »Haus der Künstler« ist eine andere Welt mit einer anderen Zeit.

In einem kleineren Zimmer sitzt der Pfleger Kucera, der seit 24 Jahren in Gugging arbeitet. Er erzählt mir, daß Herr Fischbach vor Weihnachten gestorben ist. Ich habe Fischbach gekannt. Leo Navratil erklärt später, daß Fischbachs Begräbnis ergreifend gewesen sei. Fischbach wurde in der Nähe, in Weidling, geboren, sein Bruder, der dort Pfarrer ist, habe eine Rede gehalten. Fast alle Bewohner des »Hauses der Künstler« waren anwesend. Es sei ihnen freigestellt gewesen, an dem Begräbnis teilzunehmen. Walla sei mit einem Steirerhut und einer roten Tasche erschienen. Koller soll am meisten betroffen gewesen sein, er habe sich mit Fischbach gut vertragen. Er rede auch noch öfters darüber – ja, das Begräbnis, beziehungsweise der Tod Fischbachs sei allen nahegegangen.

Zuletzt betrete ich August Wallas bemaltes Zimmer. Walla sitzt an seinem Tisch und schreibt einen seiner schönen Briefe. Oft legt er ihnen Gegenstände bei: eine Vogelfeder oder eine Bierkapsel, die er zuvor bemalt hat, wodurch die Botschaften etwas Magisches bekommen. Früher habe Walla, wann immer er etwas von einem Pfleger oder einem Arzt gewollt habe, an den Betreffenden einen Brief geschrieben, sagt Navratil. Die Briefe seien dann von Walla in den Briefkasten gesteckt und von der Post zugestellt worden. Die meisten, die an auswärtige Adressaten gerichtet seien, kämen aber wegen der ungewöhnlichen Anschriften zurück. Übrigens besitze nur die Tür zu Wallas Zimmer ein Schloß, da er sich häufig beklagt habe, daß er bestohlen würde, was aber nicht den Tatsachen entspreche . . . Ein weißgrauer, archäopteryxhafter Vogel mit roter Zunge – der heilige Geist *Isoth* – thront hoch über Wallas Privatmythologie, die alle vier Wände des Krankenzimmers und den Plafond bedeckt. Kein Platz, den Walla stehend erreichen konnte, blieb frei. Auf eine Leiter wollte er allerdings nicht steigen, da ihm leicht schwindlig wird; so hat man ein Gerüst errichtet, damit er auch die Decke bemalen konnte.

Mir fallen zwei rotumrandete Kugeln, die mit bunten Punktkreisen angefüllt sind, auf. In einem der Kreise steht *Welt*, in einem anderen *Ewigkeitendewelt*, auf dem Türstock: *Weltall*. Es gibt brennende Kerzen, rote Kirchtürme mit Turmuhren, Gesichter, Figuren, Inschriften. Mitten in die farbige Zimmermalerei sind handschriftliche »Botschaften« eingeklebt, zum Beispiel auf weißem Papier in der einprägsamen Schrift Wallas das Vaterunser. Natürlich entdecke ich auch Wallas magische Worte *Lulu* und *Luluhonig* und die Figuren mit den zwei Penissen, die in den Hodensack mit den »Eiern«, wie Walla Auskunft gibt, münden. Eine rote Sonne scheint von der Wand, ihre Lichtbalken sind blau umrandet.

Die Gedenktafel im Anstaltspark fällt mir ein. Wir

bringen mit den anderen Menschen die Geheimnisse in uns um, denke ich mir: aus Furcht vor uns selbst. Als ich wieder in das Freie trete, befinde ich mich in der nächtlichen Dunkelheit. Der Himmel ist ohne Sterne. Es würde mich jetzt nicht wundern, wenn Walla unversehens über das Dach geflogen käme oder als ein mächtiger Baum plötzlich vor mir aus der Erde sprösse. Durch das Fenster sehe ich im Weggehen in sein beleuchtetes Zimmer wie in eine geheimnisvolle Arche, die lautlos in der Finsternis verschwindet.

Leopoldstädter Requiem

Von allen Bildern, die die Fotografin im Wiener Sigmund-Freud-Museum gemacht hat, sind später nur jene fünf oder sechs belichtet, die Karl Berger vor Freuds Hut und Stock im Vorzimmer der Ordination in der Berggasse 19 zeigen. Aber selbst auf diesen scheint Berger von Nebeln eingehüllt.

Berger war 1939 als Zwanzigjähriger mit tschechischem Paß nach England geflohen und hatte nach abenteuerlicher Seefahrt schließlich den Krieg überlebt. 1962 war er nach Wien zurückgekehrt, was er als seinen »größten Fehler« bezeichnet. »Ich fühle mich hier nicht zu Hause«, sagt er nachdenklich, während er Stock und Hut betrachtet.

Das Sigmund-Freud-Museum muß ein »magischer Ort« sein. 1982 wurde die Kappe Freuds von einem Besucher gestohlen, ein Jahr später jedoch anonym zurückerstattet, nachdem ein Psychiater den unter Gewissensbissen Leidenden zu diesem Schritt überredet hatte. Dreimal wurde der Porzellangriff der Wasserspülung entwendet und zuletzt durch einen Plastikgriff ersetzt. Aus Freuds Zigarrenkästchen ließ man gerne die Rauchwaren mitgehen, die, um den Eindruck von Lebendigkeit zu vermitteln, dort hingelegt werden. Das Kästchen selbst ist seit langem, wie der kleine Spiegel über der Sitzbank, durch einen Schreckschußapparat gesichert. Die Wohnung im selben Haus, in der bis vor kurzem eine Strickerei untergebracht war, ist leer. Alte Parkettböden, die sich langsam auflösen: im Ankleideraum erkennt man unter einer Staubschicht das ursprüngliche Wandmuster: Pflanzenornamente und Enzianblüten.

»Die Erinnerungen belasten mich«, sagt Berger auf der Straße. »... Ich wünsche mir, daß das jüdische Volk nicht vergißt, was damals geschehen ist... Die anderen werden es sowieso vergessen, das macht die Zeit.« Karl Berger, siebzig Jahre alt und Pensionist, ist mit seiner Biographie keine Ausnahme. Seit es Juden gibt in der Leopoldstadt, dem II. Wiener Gemeindebezirk, ist das »jüdische Schicksal« die Regel.

Der erste Jude, der urkundlich in Wien ansässig war, hieß Schlom und war Münzmeister Leopolds V. Er wurde 1196 von Kreuzfahrern ermordet. Das Christentum ist ein riesiger Dom über der Finsternis des Herzens. In seinem Inneren pochen Gewalt und Haß, Lüge und Gier, oft nur gespenstisch beleuchtet vom ewigen Licht der Dummheit. Sigmund Freud vertrat die Ansicht, daß der Antisemitismus in Wirklichkeit das Christentum meint. Die (gewaltsame) Bekehrung zum »Glauben« habe sich bei den Germanen nicht wirklich vollzogen, und die Aggressionen gegen die aufgenötigte Religion hätten sich stellvertretend gegen das Judentum gerichtet.

Im dreizehnten Jahrhundert hatte Wien die großzügigsten Minderheitengesetze des deutschen Sprachraums. 1420 ließ Herzog Albrecht V. wegen angeblicher Hostienschändung die Juden aus allen Städten Österreichs ausweisen, die Unbegüterten in Booten ohne Ruder auf der Donau aussetzen, die Vermögenden – insgesamt 210 – festnehmen und über ihre Geldverstecke verhören. Am 12.3.1421 wurden die Gefangenen auf einer Wiese in Erdberg, dem heutigen III. Gemeindebezirk, verbrannt. Die Wiener Synagoge wurde zerstört und das Steinmaterial für den Zubau der alten Universität verwendet.

1625, auf Erlaß Ferdinands III., durften die Juden im »Unteren Werd« wieder »unter Schutz des kaiserlichen Hauses frei und sicher wohnen«. 1670 verfügte Kaiser Leopold I., beeinflußt von seiner Frau, einer »kompromißlosen Katholikin«, und vom Bischof Kollonitsch, der in der Vertreibung der Juden ein gottgefälliges Werk sah, aber auch auf Drängen der Behörden und der Bevölkerung, daß die »Juden insgesamt, keinen davon ausgenommen, aus dem ganzen Lande Österreich wegzuschaffen« seien. Mehr als 1600 Juden mußten den »Unteren Werd« verlassen, alle Gebäude und Grundstücke – im Gesamtwert von 216000 Gulden – gingen in den Besitz der Stadt Wien über, anstelle der Synagoge wurde die Leopoldskirche gebaut. Von Kaiser Leopold I. und zu Ehren des heiligen Leopold hatte der »Untere Werd« von da an den Namen »Leopoldstadt«.

Es wurden immer die verschiedensten »Anlässe« gesucht, um gegen Juden vorzugehen. Angebliche Ritualmorde und Hostienschändungen, das vorgebliche Vergiften von Brunnen und »ungeklärte« Brandstiftungen mußten ebenso herhalten wie die Beschuldigung der »Kooperation mit dem Feind« oder der Vorwurf des Christusmordes. Im Werk Abraham a Santa Claras, der 1709 in Wien starb, findet man seitenweise Formulierungen wie: »Die Juden sind allesamt ehrvergessene, gottlose, gewissenlose, boshafte, schalkhafte, verruchte und verfluchte Gesellen und Bösewichte, Kotkäfer und Galgenzeiserl, Blutegel, Bluthunde!«

Den Juden war nur der Handel und das Geldleihwesen erlaubt. Herzöge und Kaiser nahmen bei ihnen »Kredite« auf, stellten sie gegen eine Abgabe unter Schutz und gestatteten ihnen »großzügig«, das Geld bei den Bürgern über das Kreditwesen und den Zinsweg wieder hereinzubringen. Bei günstiger Gelegenheit verjagte man sie. 1683 wäre Wien ohne das Heer des polnischen Königs Jan Sobiesky und die jüdischen Finanzmänner Samuel Oppenheimer und Simson Wertheimer den Türken in die Hände gefallen: Juden transportierten Lebensmittel und Waffen heran, und von den Polen kam militärische Hilfe.

Zweihundert Jahre später lebten 80000 Juden in Wien. Der Antisemitismus war jedoch geblieben. Kaiserin Maria Theresia pflegte Juden nur hinter einem Paravent in Audienz zu empfangen. Noch drei Jahre vor ihrem Tod sagte sie, sie kenne »keine ärgere Pest als diese Nation, die betrügt, wuchert und redliche, gute Christen an den Bettelstab bringen will«. Ihr Ratgeber, Joseph von Sonnenfels, ein Vorkämpfer der Aufklärung, war zwar jüdischer Abstammung, aber als Kind getauft worden. Das Missionieren der Christen hatte allerdings zur Folge, daß jene, die sich nicht bekehren ließen, als Feinde betrachtet wurden.

Joseph II. erließ sechs Toleranzpatente, die den Juden eine gewisse Autonomie und rabbinische Gerichtsbarkeit garantierten. Sie mußten von da an deutsche Vor- und Zunamen annehmen und den Militärdienst ableisten. Trotzdem durften sie keine Synagogen errichten und sich nicht zu einer Gemeinschaft zusammenschließen. Erst die Verfassung unter Fürst Schwarzenberg ermöglichte es den Juden, Bürgerrechte zu erwerben.

1852 wurde die Israelitische Kultusgemeinde Wiens gegründet. 1910 lebten 175 000 Juden in Wien (,damals elf Prozent der Wiener Bevölkerung). Nahezu ein Drittel davon wohnte in der Leopoldstadt. 33,6 Prozent der Studenten, die Hälfte der Rechtsanwälte, Journalisten und Ärzte waren Mitglieder der israelitischen Gemeinde.

Gegen Ende des neunzehnten Jahrhunderts hatte ein starker Zuzug von Juden aus den Ostgebieten der Monarchie begonnen. Sie kamen am legendären Nordbahnhof an, die Mehrzahl arm. Teile der Leopoldstadt waren Elendsviertel. »Es gibt kein schwereres Los, als das eines fremden Ostjuden in Wien«, schrieb Joseph Roth. Um diese Zeit hieß die Leopoldstadt im Volksmund die »Mazzesinsel«, nach der »Mazza«, dem ungesäuerten Brot, das für die »Pessach-Tage« vorgeschrieben ist. (»Pessach« ist das Fest der Erinnerung an den Auszug der Israeliten aus Ägypten, der in solcher Hast erfolgte, daß man das Brot nur ungesäuert backen konnte.)

Es war auch die Ära Georg Ritter von Schönerers, der Reichstagsabgeordneter war und mit Slogans wie: »Was der Jude glaubt, ist einerlei – in der Rasse liegt die Schweinerei«, Anklang fand. Der Ausspruch des christlich-sozialen Wiener Bürgermeisters Karl Lueger: »Wer a Jud ist, bestimm i«, erlangte Berühmtheit. Hingegen war Kaiser Franz Joseph den Juden freundlich gesinnt.

Es gab auch das Phänomen des rassistischen Selbsthasses. Otto Weininger, der mit 23 Jahren im Sterbehaus Beethovens Selbstmord beging, behauptete, daß es den Juden an Moral fehle und diese charakterlich von Natur aus gemein seien. Arthur Trebitsch war Anhänger der deutschvölkischen Bewegung, sprach von einer »jüdischen Weltverschwörung« und hielt die Deutschen für die »erkorene Herrenrasse«. Angesichts der jahrhundertelangen Verfolgung der Juden ist Selbsthaß psychologisch nicht unerklärlich.

Nach 1938 machten die Nazis die Leopoldstadt, in der zu diesem Zeitpunkt fünfzig Prozent Christen und fünfzig Prozent Juden lebten, wieder zum Ghetto. Wöchentlich wurden tausend Juden in die Konzentrationslager abtransportiert. 1945 waren von den Juden der Leopoldstadt nur fünfhundert übriggeblieben. Über 100 000 waren ausgewandert, 60 000 in den KZs ermordet worden.

Die Sicht auf die Leopoldstadt ist heute von Hochhäusern verstellt. In ihrem Inneren kann sie dunkel und abweisend sein, Trostlosigkeit und Trauer verbreiten. Die vielen Hinterhöfe in den eng aneinandergebauten Häusern geben ihr einen »doppelten Boden«. Der Stadtteil erinnert an eine Wohnung, die die Erben betreten, um den Nachlaß zu regeln. Muffige Kleiderkästen, zugezogene Vorhänge, gedämpftes Licht, ein neuer Kühlschrank in der Küche. Vom Glanz der Jahrhundertwende ist wenig zu sehen, man muß ihn sich ausmalen. Die Leopoldstadt war damals voll von Kaffeehäusern, Theatern, Läden, Tempeln und Vereinslokalen. Nun macht sie den Eindruck eines vergessenen Bezirks. Am Rand des Donaukanals hocken Möwen. Das Wasser ist braun, an einem Ufer liegt der Aussichtsdampfer vor Anker. Berger erzählt, daß sich vor dem Zweiten Weltkrieg häufig Dienstmädchen in den Donaukanal stürzten. »Das kam jede Woche vor«, erinnert er sich, »die waren schwanger und wußten nicht wohin, und hatten kein Geld . . . Dort drüben war der Markt. Da hat man auf Tischen die Fische aus dem Kanal verkauft . . . Und dort war das Strombad, da bin ich schwimmen gegangen. Das Wasser war damals ganz klar.«

Wir steigen zum Wasser hinunter, dort ist es windstill und nicht so kalt, und schauen eine Zeit lang den Möwen zu. »Da, am Ufer, fand vor dem Krieg das ›Taschlich‹ (›Du wirst werfen‹) statt. Am Neujahrstag ›Rosch Haschana‹ werden Brotkrumen, die die Sünden symbolisieren, ins Flußwasser geworfen, das sie wegschwemmen soll«, fährt Berger fort. »Die Juden standen im Kaftan und mit Hüten am Ufer und beteten auf hebräisch. Das ›Taschlich‹ hat sich am ganzen Kanal bis hinauf in den XX. Bezirk abgespielt und im Stadtpark am Wienfluß. An manchen Plätzen, wo Stiegen zum Wasser führten, war es schwarz vor Menschen. Oben von den Brücken schimpften die Nazis auf die Juden herunter. Zum ersten Mal seit fünfzig Jahren habe ich im September wieder Juden gesehen, die den Brauch ausübten.«

Dann, auf der Salztorbrücke, deutet Berger mit dem

Stock auf den Asphalt, überquert die Fahrbahn und geht die Hollandstraße hinunter. »Vor dem Einmarsch Hitlers haben Anhänger der Vaterländischen Front ihr ›Kruckenkreuz‹ mit weißer Farbe auf den Asphalt gemalt, das mußten die Juden auf den Knien wegreiben«, sagt Berger. »Ich war damals 18 Jahre alt und habe mich zu den Zuschauern dazugestellt . . . Mir ist nichts geschehen . . . Man hat mir ja nicht gleich angesehen, daß ich ein Jude bin.«

Die Nazis hatten für die Leopoldstadt radikale Umbaupläne. Zwischen Donaukanal und Donau war ein riesiges Parteiforum geplant; die Erinnerung an die jüdische Vergangenheit sollte zur Gänze ausgelöscht werden.

In der Hollandstraße gibt es seit längerem ein Geschäft für koschere Nahrungsmittel, in dem man auch religiöse Bücher kaufen kann. Neuerdings hat sich eine Spezialbuchhandlung in der Nachbarschaft niedergelassen, und in der Lessinggasse gibt es die jüdische Buchhandlung »Chaj«. Ein langsam sich entwickelndes Leben kann man in der koscheren Bäckerei am Freitagmorgen erkennen, wenn die Kunden den »Barches«, einen Weißbrotstriezel mit Mohn für den Sabbath, holen, oder in der koscheren Fleischhauerei in der Großen Pfarrgasse, wo der rituelle Aufseher Berl Einhorn nach dem Schächten dafür sorgt, daß das »noch nicht koscher gemachte Fleisch« richtig koscher gemacht wird. Übrigens gibt es noch eine zweite »Koscher-Fleischbank« – früher existierten allerdings dreiunddreißig.

In der Holzkabine kassiert die österreichische Besitzerin, rechts von ihr die verfliese Arbeitsbank mit Marmorplatte, auf die gerade ein Kalbsrumpf gehoben wird. Von einem Haken hängen Innereien. »Die Rinder und Kälber dürfen nur bis zur zwölften Rippe verarbeitet werden«, erklärt Einhorn, während zwei Arbeiter, russische Emigranten mit Pelzmützen und Gummischürzen, die nächsten Rinderhälften hereintragen. »Das Fleisch muß hundert Prozent gesund sein. Die großen Blutadern werden entfernt, beim Huhn wird der Rücken durchtrennt, aufgeklappt, dann werden die Därme freigelegt und mit den Fingern auf Knoten überprüft.«

Berl Einhorn hat außerhalb seiner beruflichen Tätigkeit 150 Beschneidungen durchgeführt. »Das ist ein einfacher Eingriff«, erläutert er, »der Knabe muß mindestens drei Kilo wiegen und acht Tage alt sein.« Wie viele jüdische Bewohner der Leopoldstadt ist er vorsichtig und lehnt es ab, sich photographieren zu lassen.

Berger begleitet uns nicht zur Fleischhauerei. Fleisch und Blut sind nicht seine Sache. Er hält sich auch nicht streng an die Speisevorschriften, die unter anderem eine Trennung der »milchigen« von den »fleischigen« Nahrungsmitteln vorsieht und deshalb zwei gesonderte Küchen verlangt.

»Da drinnen«, sagt Berger, als wir vor einem düsteren, von Kindern bemalten Gebäude in der Kleinen Sperlgasse stehen, »war ich in der Volksschule... Später sind von hier die Juden abtransportiert worden. Mein ehemaliger Lehrer, ein Katholik, hat dagegen protestiert, daraufhin hat man ihn zum Militär eingezogen. Nach dem Krieg habe ich ihn besucht, und er hat mir alles erzählt.« In die Wand neben dem Eingang zur

Schule ist jetzt eine Gedenktafel eingemauert. Sie erinnert an die »40 000 jüdischen Mitbürger, die in der Zeit vom Oktober 1941 bis März 1943 in diesem Teil der Schule in Gestapo-Haft waren und von hier in Vernichtungslager deportiert wurden«.

»Da waren meine Großeltern dabei«, sagt Berger. »Die sind in Polen umgekommen. In Lódź. Die Tante auch. Und von meiner Großmutter die Schwester. Meine Eltern und meine Schwester sind in die Slowakei geflohen. Mein Vater starb später beim Transport in das KZ Sachsenhausen, die Mutter und die Schwester überlebten Theresienstadt.« Die ehemalige Wohnung der Großeltern Bergers befindet sich »gleich ums Eck«. »Als ich nach dem Krieg an der Tür geläutet habe, war es den neuen Bewohnern nur lästig. Natürlich wußten sie von nichts«, fährt er fort.

Das jüdische Wien wurde ausgeplündert. Die Raubzüge und Diebstähle der Nazis sind ein dunkles Kapitel, an das keiner rühren mag.

Wir sind durch den Hausflur in den Hof getreten, der zu einer Garage umgebaut wurde. »Das war ein sehr schöner Garten früher«, sagt Berger in ärgerlichem Tonfall, »und jetzt ist alles weg.« Wir gehen in die Garage hinein. Ein Mann im Arbeitsmantel spritzt mit einem Gartenschlauch eines der geparkten Autos ab und schaut zu uns auf. »Und dann war ein Eislaufplatz nebenan«, fährt Berger fort. Er deutet auf eines der Fenster im ersten Stock, die durch das Garagentor zu sehen sind. »Da haben wir immer hinausgeschaut . . . Ich war sehr oft bei meiner Großmutter. An dieser Mauer war alles grün von Efeu.«

Gemauerte Obst- und Gemüsestände drängen sich

auf dem Karmeliterplatz eng aneinander, in Holzkisten türmen sich die Waren. »Da gab es sehr viele jüdische Marktbuden«, sagt Berger. An manchen der Stände fehlt der Name des Besitzers. Die jüdischen Händler befürchteten Schwierigkeiten, heißt es. Dann deutet Berger auf ein Gebäude, Ecke Krummbaumgasse. »Das ist das Haus, in dem die jüdischen Familien zusammengepfercht wurden, bevor man sie in die Kleine Sperlgasse brachte. Viele sind aus den Fenstern in den Tod gesprungen.« Eine Zeitlang schweigt Berger, und während wir durch die winkeligen Gassen gehen, höre ich ihn nur, wenn er an der Pfeife zieht oder mit dem Spazierstock auf den Asphalt klopft. Längst haben wir den Karmeliterplatz hinter uns gelassen, inzwischen in den Flur eines Bordells geblickt, in dem eine Frau lehnt, und uns der ehemaligen Schoellerhofgasse genähert, die aber, wie sich herausstellt, nur noch auf einer Straßenseite so heißt.

Berger geht auf ein Wohnhaus aus den sechziger Jahren zu und dreht sich um: »Die Gassenseite heißt jetzt Gredlerstraße... Ich weiß nicht, warum... An dieser Stelle stand mein Geburtshaus. Es ist durch Bomben zerstört worden... Der frühere Vizekanzler Pittermann war mein Professor in der Mittelschule... Er hat mir 1962 eine Wohnung besorgt, damit ich aus England zurückkehren konnte... Durch einen Zufall befand sie sich im wiederaufgebauten Geburtshaus.«

Jetzt ist Berger in die Zirkusgasse gezogen. »Man hat sich um die zurückgekehrten Emigranten nicht besonders bemüht«, kritisiert er, während er im Hof (vergeblich) nach einer Werkstatt sucht, die sich früher dort befand. »Weil ich im Ausland war und dadurch nicht lange genug in meinem Betrieb gearbeitet habe, bekomme ich keine Firmenpension.« Außerdem wird jenen, die aus religiösen Gründen im KZ waren, diese Zeit nicht für die Pension angerechnet, im Gegensatz zu Angehörigen der SS, die Aufsichtsorgane in Auschwitz waren.

Wir suchen ein Papiergeschäft, in dem Berger seine »Schulsachen« gekauft hat, entdecken aber keine Spur davon. Bergers Welt existiert nicht mehr. Und je länger wir gehen, desto vergeblicher wird sein Versuch, diese verschwundene Welt zu beschwören. Sie besteht nur noch aus Baulücken, Parkplätzen, Neubauten, Hinweistafeln. In der Leopoldsgasse 29 stand die »Polnische Schule« – die Vereinssynagoge, die für den polnisch-jüdischen Ritus bestimmt war –, nun erhebt sich ein Eigentumswohnhaus an dieser Stelle. Die Bewohner des Hauses waren gegen eine Gedenktafel, weshalb auch keine angebracht wurde.

Der Wiederaufbau war oft die Therapie für jene, die mit einer Mauer den Blick in die Vergangenheit verstellen wollten. Vor 1938 gab es in Wien 95 Bethäuser, davon sechs Gemeindetempel der Kultusgemeinde, mit einem Fassungsraum von 29 000 Sitzen. In der »Reichskristallnacht« wurden 49 Bethäuser zerstört, darunter alle großen Synagogen, bis auf die in der Seitenstettengasse, die Berger hin und wieder aufsucht. 1989 existieren nur noch elf Bethäuser für sechstausend Glaubensjuden, an Stelle der siebzig israelitischen Religionslehrer, die 1932 unterrichteten, gibt es keinen einzigen mehr.

Im polnischen Tempel besuchte Berger die »Talmud-

Thora-Schule«, wo die Bibel in hebräischer Sprache unterrichtet wird. Dasselbe Wort »Talmud«, die Lehre, steht auch für die Auslegung der »Thora«, der fünf Bücher Mose. Die handgeschriebene »Thora« wird auf Pergamentrollen in den Synagogen zum Gebrauch im Gottesdienst aufbewahrt. Im Zentrum des Judentums steht das Studium. Im Alter von vier Jahren beginnen die Knaben, Hebräisch zu lernen. »Der Lehrer hat uns mit dem Lineal auf die Finger geklopft, wenn man nicht aufmerksam war«, berichtet Berger. »Jeden Tag bin ich in die Talmud-Thora-Schule gegangen, auch am Sonntagvormittag, nur am Sabbath nicht.«

»Der eigentliche Wille des Juden... ist der Aufstieg ins Geistige, in eine höhere kulturelle Schicht... Diese Überordnung des Geistigen geht bei den Juden einheitlich durch alle Stände«, hat Stefan Zweig in »Die Welt von gestern« geschrieben. Außer ihm hat das österreichische Judentum eine Reihe von Persönlichkeiten hervorgebracht, wie Alfred Adler, Alban Berg, Hermann Broch, Martin Buber, Sigmund Freud, Egon Friedell, Theodor Herzl, Hugo von Hofmannsthal, Franz Kafka, Karl Kraus, Gustav Mahler, Lise Meitner, Alfred Polgar, Max Reinhardt, Joseph Roth, Arthur Schnitzler, Arnold Schönberg, Friedrich Torberg, Franz Werfel und viele mehr.

In einigen Gassen der Leopoldstadt gibt es jetzt wieder jüdische Kindergärten und Schulen: In der Tempelgasse, der Grünentorgasse, der Malzgasse, und ein jüdisches Gymnasium in der Castellezgasse. Polizisten mit Funkgeräten stehen vor den Toren, und Videokameras überwachen die Eingänge. Die jüdische Glaubenswelt in Wien hat Festungscharakter. Als wir in der Malzgasse an der Stahltür läuten und uns melden, sagt eine Stimme aus der Gegensprechanlage: »Einen Moment.« Wir warten zwei Minuten. Inzwischen kommt ein kleiner Junge auf dem Fahrrad und wird eingelassen. Dann meldet sich die Stimme aus der Gegensprechanlage wieder und gibt Bescheid: »Danke, wir brauchen niemanden.« Mißtrauen und Abkapselung sind nach allem, was geschah (und geschieht), verständlich.

Wo einmal die große Synagoge in der Tempelgasse war, ist eine Plakatwand errichtet. Ein Polizist friert vor dem erhaltenen und restaurierten Seitentrakt. In diesem Gebäude ist eine Betstube untergebracht, dazu eine »Mikva«, das rituelle Bad, und ein Kindergarten, in dem Buben und Mädchen gerade mit Tanz und Gesang den Geburtstag eines Geschwisterpaares feiern, das mit goldenen Papierkronen geschmückt wird. An einer Wand eine Tapete mit der Photographie der Klagemauer.

Ausgelassen kugeln zwei Knaben auf dem Fußboden herum, eine Atmosphäre von Freiheit und Unbefangenheit ist zu spüren, die hierzulande im Umgangston mit der Feststellung »Da geht es zu wie in einer Judenschul« bespöttelt wird. In einem Nebenraum unterrichtet der bärtige Rabbiner Hebräisch, er trägt einen schwarzen Hut auf dem Kopf. Auch in der Grünentorgasse im IX. Bezirk, wo der Lubavitcher Rabbiner Bidermann mit Hilfe von Freunden einen Kindergarten, einen Schülerhort, eine Volks- und Hauptschule aufgebaut hat, findet man Ausgelassenheit und Fröhlichkeit neben Versenkung und Ruhe. In einem Studierzimmer beugt sich ein zwanzigjähriger Emigrant aus Rußland über den Talmud, im Kindergarten schlafen drei fünfjährige Knaben, durch eine Wand getrennt von den Spielkameraden, die ihrerseits dabei sind, ein Lied zu lernen.

Das Gebäude ist auf eine obskure Weise sicher: Von den Fenstern aus sieht man in die »Liesl«, das Polizeigefängnis von Wien. Die Eingeschlossenen beschirmen die Ausgeschlossenen, denke ich, während ich zum Polizeigefängnis hinüberschaue. Unten, im Hof zur Grünentorgasse, steht ein Polizist in einer aufgelassenen gläsernen Telephonzelle, Kinder hutschen auf einer Schaukel. Auf dem Gang hält der Rabbiner vor einem Fenster an und zeigt auf ein Dach: »Da war eine Synagoge«, führt er aus, »und das ist jetzt eine Parkgarage. 1941 wurde die Synagoge von der Gestapo beschlagnahmt... 1952 verkaufte sie die Stadt Wien an private Hand... Der Besitzer will sie jetzt nicht an uns weiterverkaufen... Er ist ja auch nicht schuld, daß hier einmal eine Synagoge war.«

An die »Schiffschul« in der Großen Schiffgasse 8 erinnert eine Gedenktafel in hebräischer und deutscher Sprache. »Ich habe gesehen, wie die ›Schiffschul‹ in der ›Reichskristallnacht‹ gebrannt hat«, sagt Berger, »... dann bin ich weitergelaufen in die Leopoldgasse und in die Zirkusgasse, und auch dort haben die Tempel gebrannt.« Wir betreten das Haus, gehen durch den Flur, öffnen eine schwere Tür und blicken auf einen verwilderten Hinterhof. An einer Mauer steht eine Holzhütte, von einem blattlosen Baum hängt eine Leine mit Wäsche, auf der linken Seite befindet sich ein Bretterzaun, hinter dem ein Parkplatz versteckt liegt. Wir gehen weiter durch den großen Hof, in dem die »Schiffschul« stand. In das Gestrüpp wurde achtlos Müll geworfen: Plastikflaschen, ein Lavoir, die Reste eines Kindertraktors, ein Gartenschlauch. In einer Ecke des Hofs öffnet sich eine Abfallgrube, und Berger nimmt einen Stuhl und setzt sich vor den Müll, wie ein Heimkehrer vor die Trümmer seines Hauses. Ich bemerke, daß ich in einem Paradeisgarten stehe.

Der jüdische Friedhof in der Seegasse, im IX. Bezirk, ist umgeben von Mietshäusern, von der Mauer eines Tennisplatzes und dem Neubau eines Pensionistenheimes. Die Anrainer führten vor einiger Zeit einen Prozeß, weil man anstelle des Friedhofs einen Kindergarten errichten wollte. Das hebräische Wort für Friedhof bedeutet »Haus des Lebens«. Im »Lebenshaus« liegt ein Jude so lange begraben, »bis der Messias kommt«. Ein jüdischer Friedhof darf nicht aufgelassen werden. An das Grab nimmt man keine Blumen mit, sondern einen Stein, damit der Hügel nicht von Zeit und Wind abgetragen wird. Als wir den Grabstein in Form eines Fisches betrachten, unter dem, der Sage nach, ein »Dibbuk« begraben liegt, eine wandernde Seele, die in einen Fisch geschlüpft ist, kommt ein jüdischer Besucher im schwarzen Mantel, einem Hut auf dem Kopf, und beginnt vor dem Stein eines »Zaddiks«, eines Wundertäters, zu beten. Oben, in den Kronen der Kastanienbäume, sitzen Krähen, die plötzlich auffliegen und uns mit ihrem Gekrächze vertreiben wollen. Der Friedhof aus dem sechzehnten Jahrhundert ist nur wenig jünger als der berühmte in Prag. Seit zweihundert Jahren ist er stillgelegt. Die alten Grabsteine wurden 1943 von in Wien lebenden Juden auf dem jüdischen Teil des Zentralfriedhofs versteckt und 1984 wieder aufgestellt.

»Früher befand sich hier das jüdische Altersheim«, erklärt Berger, »inzwischen ist es in den XIX. Bezirk übersiedelt.« Dorthin begleitet uns Berger nicht. Vor zwei Jahren hat sich in der Portiersloge sein zwanzigjähriger Sohn, der bei der »Security« arbeitete, erschossen. In der Vorhalle des Altersheims sind Vitrinen mit jüdischen Kultgegenständen aufgestellt. An einer Wand steht eine Büste Theodor Herzls.

Eva W. betreut die Alten im »Elternheim«, das aus Spenden errichtet wurde.

»Ich bezeichne alle unsere 120 Insassen (›Kinder der Monarchie‹, wie sie sie später nennt) als Patienten. Jeder von ihnen hat nur durch ein Wunder überlebt. Ich bin am fünfzigsten Gedenktag zur ›Reichskristallnacht‹ im Elternheim geblieben, von Zimmer zu Zimmer gegangen, habe die Fernseher abgedreht und gesagt, daß *sie* es ja nicht notwendig haben, sich das anzusehen. Und da kamen Antworten wie: ›Ich bin ja schuldig, denn ich bin der einzige Überlebende.‹«

In den angrenzenden Wertheimstein-Park spazieren zu gehen, redet sie ihren Patienten aus. Auf Bänken fand man »Nicht für Juden«-Parolen und Hakenkreuze. Die Schriftstellerin Lucie Begov sitzt in ihrem kleinen möblierten Heimzimmer. »Ich war eine assimilierte Jüdin«, sagt sie, »ich habe mich als Österreicherin gefühlt. Erst als Hitler nach Österreich kam, wurden mir die Augen geöffnet. Ich habe erkannt, weshalb die Menschen nicht wissen konnten, daß der Nationalsozialismus eine kriminelle Vereinigung war: Weil sie *selbst* Antisemiten waren. Sie haben das

Feindbild des Juden in sich getragen. Sie haben die Ausschreitungen gegen uns zwar verurteilt, aber sie haben gesagt, das ist der Mob. Ich habe vielen geantwortet: Der Mob, das ist euer Verbündeter, ihr seht es nur nicht! Kein Mensch hat sich allerdings vorstellen können, wozu die Nazis fähig waren ... Ich war schon drei Wochen in Auschwitz und habe es noch immer nicht gewußt. Ich habe geglaubt, es ist eine Lagerpsychose. Das war eine dramatische Sache, wie ich langsam ... langsam ... draufgekommen bin, daß es wahr ist. Als meine Schwester Stella nicht mehr in die Baracke zurückkehrte, habe ich es noch immer nicht geglaubt. Da sehe ich eine Aufseherin, die auf einem Stuhl gesessen ist und gestrickt hat. Als ich ihr sage, daß ich meine Schwester suche, antwortet sie mir mit der kaltblütigsten Miene: ›Da wird sie dort rausgeflogen sein‹ ... Und ich schaue hin und sehe den Kamin. Da habe ich gewußt, es ist wahr ... Ich konnte in Auschwitz lange Zeit nicht beten, weil es mir ein Sakrileg schien, den Namen Gottes *dort* auszusprechen.«

An diesem Abend begibt sich Karl Berger zum Morzinplatz, wo eine »Chanukka-Feier« des Rabbiners Biderman stattfindet. Inzwischen ist es dunkel geworden und es hat zu regnen angefangen. Auf dem Morzinplatz, wo das Hotel »Metropol« stand, in dem sich das Hauptquartier der Gestapo befand, ist jetzt ein Gedenkstein aufgestellt, mit der Inschrift: »Niemals vergessen!« Im vierten Stock des Hotels hatten Handwerker die Fenstersockel herausgerissen. Dort saßen die Verhafteten nachts mit dem Rücken zum Raum und hatten die Wahl, zu springen oder hinausgestoßen zu werden. Neben dem Gedenkstein sind zwei große

Schirme aufgestellt, unter denen sich die »Chanukka-Menora«, ein achtarmiger Leuchter mit einer zusätzlichen »Dienstkerze«, befindet. »Chanukka« heißt »Einweihung« und ist ein Freudenfest. Die Griechen des Antiochus Epiphanes, die Palästina erobert hatten, wollten die Juden dazu zwingen, Zeus anzubeten, heißt es in der Bibel. Als die »Makkabäer«, genannt nach Judas Makkabäus, der wegen seiner Schlagkraft den Beinamen »der Hammer« hatte, den Tempel zurückeroberten, fanden sie nur ein von den Griechen nicht entweihtes Gefäß mit Olivenöl vor. Obwohl es nur so viel Öl enthielt, wie notwendig war, um eine »Menora« einen Tag am Brennen zu halten, leuchtete die Flamme acht Tage lang, bis frisches Öl vorbereitet war. Dieses Fest ist für die Juden nicht nur ein Sieg im Kampf um ihre religiöse Unabhängigkeit, sondern auch ein Sieg der Schwachen über die Starken. Zweihundert Menschen haben sich in der Dunkelheit mit aufgespannten Regenschirmen versammelt.

»Ohne Wahrheit«, hatte Berger im Sigmund-Freud-Museum gesagt, »gibt es keine Versöhnung. Denn wenn jemand Unrecht nicht einsieht, kann man sich auch nicht mit ihm versöhnen.«

Eine jüdische Musikkapelle hat zu spielen begonnen. Zwei Polizisten stehen abseits auf der Straße, jüdische Sicherheitsbeamte streifen durch die Menge. Der Reihe nach werden von verschiedenen Rabbinern unter Gesang die Kerzen entzündet, die durch Windzylinder geschützt sind. Zuletzt reichen sich die Rabbiner und die Teilnehmer der Feier die Hände und beginnen, singend im Kreis zu tanzen, ohne den Regen und die Kälte zu beachten.

Das Graue Haus

Die Köpfmaschine, auch »Gerät F« genannt, ist – obwohl nicht mehr vorhanden – als verstecktes Grauen in der Banalität des Raumes fühlbar. Auf einer Schwarzweißphotographie an einer der Wände hat sie die Harmlosigkeit einer Wäscheklammer. Sie bestand aus dem Tisch, auf den der Delinquent geschnallt wurde, einem Eisengerüst mit Schienen, welches das achtzig Kilo schwere Fallbeil mit schräger Schneide trug, und aus einem Halsbrett mit kreisrunder Ausnehmung, in die der Kopf des Delinquenten gesteckt wurde. Die untere Hälfte des Hinrichtungsraumes ist weiß verfliest, ein einsamer Wasserhahn ragt aus einer Mauer, »zum Anstecken eines Schlauches, mit dem der Fußboden nach der Exekution abgespült wurde«, wie der Kommandant in sachlichem Tonfall ausführt. Der Abfluß, zu dem die »Blutrinne« führte, ist mit Kränzen bedeckt. »Von 1938 bis 45 wurden in diesem Raum 1184 Hinrichtungen vorgenommen. Ab 1942 hat man Massenexekutionen durchgeführt, und zwar bis zu dreißig an einem Tag«, fährt er fort. »In Minutenabständen«, sagt später der Anstaltsseelsorger. An der rechten Wand hängen Metalltafeln mit den Namen der 537 hingerichteten Widerstandskämpfer (‚die übrigen 647 wurden wegen »kriegsbedingter, militärischer oder gemeiner Verbrechen« zum Tode verurteilt). Der Gefängnisdirektor des Grauen Hauses, Hofrat Henkel, ein zappeliger Mann, erzählt, während unsere Blicke aus der aussichtslosen Ödnis des Raumes zu entkommen suchen, daß seine ehemalige Sekretärin die Erschütterungen, die durch das Fallbeil hervorgerufen wurden, am Erzittern ihres Schreibtisches noch in der Direktionskanzlei im zweiten Stock wahrgenommen habe. Nun aber versehe kein Beamter mehr, der diese Zeit und die Hinrichtungen persönlich erlebt habe, seinen Dienst.

Vermutlich wegen der Renovierungsarbeiten im Nebenraum steht das Architekturmodell des Grauen Hauses unter einem Glassturz in der Gedächtnisstätte. »Da hinten links, im Spitz, wo die Gefängnismauer in V-Form auf den C-Trakt traf, hinter dem Schornstein des Heizhauses, fanden nach 1945 die Hinrichtungen am Galgen statt«, sagt der Hofrat. Man sieht, daß das Graue Haus den Eindruck einer Festung erweckte – jetzt aber, durch den Neu- und Umbau, ist es zu einem verzahnten und verschachtelten Labyrinth geworden: eckig, breit, von oben wie ein monströser Zentralheizkörper anmutend. Der Direktor zieht die Luft lautstark durch die Nase ein, eine Art nervöses Seufzen, das sich im Laufe der Führung wiederholt. »Wir hatten die drei Galgen noch im Haus, die waren da gelagert«, führt er aus, »und es war ein schönes Gefühl für mich, als wir sie in das Museum nach Scharnstein transportiert haben.«

Das wuchtige spätklassizistische Graue Haus wurde

1839 fertiggestellt und ist seit 1849 Sitz des Landesgerichtes für Strafsachen in Wien. Schätzungsweise 700 000 Menschen wurden hinter seinen Mauern als Untersuchungshäftlinge oder Gefangene eingesperrt, 1248 von ihnen hingerichtet. In der Zeit der Monarchie waren es 13 verurteilte Mörder: 1919 bis 1934 gab es keine Hinrichtungen; 1934 bis 1938, im austrofaschistischen Ständestaat, 21 (davon 14 politische Gefangene); von 1945 bis 1950, in der Zweiten Republik, dreißig – darunter 25 wegen Kriegsverbrechen. Man hat errechnet, daß viertausend bis fünftausend Menschen pro Jahr hier eingeliefert werden. Ungefähr 1700 bis 2000 Menschen halten sich täglich im Grauen Haus auf. Rund die Hälfte davon sind Häftlinge, die anderen Richter, Staatsanwälte, Justizwachebeamte, Schreibkräfte, Archivare sowie Beamte mit anderen Berufen: Ärzte, Psychologen, Anstaltsseelsorger, Krankenschwestern; aber auch Bäcker, Schneider, Köche, Tischler, Tapezierer, Buchbinder, Automechaniker oder Schuster. Der Besucherstrom – Anwälte, Zeugen, Angehörige von Verhafteten, Gutachter oder Prozeßbeobachter – ist kaum abzuschätzen.

Seit 1981 wird diese babylonische Festung für eine Milliarde Schilling zum Teil abgerissen und neu errichtet, beziehungsweise renoviert. Vorausblickend kann man sagen, daß es sich nur um eine *neue Flasche* für den *alten Geist* handelt. Zwar ist die Todesstrafe abgeschafft, und manches wurde verbessert, aber das Graue Haus bleibt ein Hades, mit langen, dunklen Gängen, Türen wie Fallen, trostlosen Zellen, traurigen Beamtenzimmern und nüchternen bis majestätischen Gerichtssälen. Kaum jemand kann Auskunft geben, wie viele Türen, Fenster, Räume das Gebäude hat, und es überrascht nicht, daß ein erstmals Verhafteter nicht mehr weiß, wo er sich befindet, sobald sich die Zellentür hinter ihm geschlossen hat.

Seine Irrfahrt nimmt ihren Anfang in einem Polizeikommissariat, wo ihm, nachdem er sich entkleidet hat, die »persönlichen Wertsachen«, die »Effekten«, abgenommen werden, bevor man ihn zum ersten Mal in eine Zelle sperrt. Von da an vollzieht sich schrittweise und unaufhaltsam die Spaltung seiner Person in ein erlebtes Schicksal und in die zweite Existenz, den »Akt«. Der Akt beginnt mit der »Einlieferungsquote« – der Personenbeschreibung und einem Protokoll, in dem festgehalten ist, was dem Verhafteten vorgeworfen wird, sowie seine nicht immer freiwillig gemachten Aussagen. Häufig beklagen sich die Verhafteten über Gewaltanwendung durch die Polizei. Das Prügeln stehe in einem Kommissariat sozusagen auf der Tagesordnung, sagen sie. Die Polizisten bestreiten diese Vorwürfe, manche machen sich darüber auch nur lustig. Der Großteil der Verhafteten wird innerhalb einiger Stunden in Sammeltransporten in das Polizeigefängnis von Wien gebracht, in die *Liesl*, wie sie im Volksmund nach ihrer ursprünglichen Adresse, der Elisabethpromenade, genannt wird. Inzwischen wurde auch der »Haftbefehl« vom Gericht ausgestellt. In der Aufnahmekanzlei der *Liesl* findet eine Überprüfung statt, wobei »Fragen an den Häftling« gestellt werden und er sich wieder zur Durchsuchung entkleiden muß. Im Polizeigefängnis wird der Verhaftete routinemäßig *erfaßt* und *registriert*, ohne daß er ein

Recht auf einen Anwalt hat oder seine Angehörigen verständigt werden. Im Jargon der Polizei ist dies eine einerseits lustige und andererseits tödliche Angelegenheit: »Klavierspielen« und »Elektrischer Stuhl«, zusammen »EKF-Behandlung« genannt (für Erkennungsdienst, Kriminaltechnik, Fahndung). Unter »Klavierspielen« wird das Abnehmen der Fingerabdrücke verstanden, »Elektrischer Stuhl« leitet sich von dem elektrisch betriebenen Photographierstuhl ab. »Es ist ein Katz- und Maus-Spiel«, sagt ein Offizier, die Polizeiarbeit beruhe zum Großteil auf gerechtfertigtem Mißtrauen, und alles, was geschehe, müsse unter diesem Aspekt betrachtet werden.

In der daktyloskopischen Abteilung entwickelt sich ein neuer Akt, die »FABL«, das »Fingerabdruckblatt«. Es ist ein DIN-A4-Formular mit zwei Photographien des Verhafteten, seinen Personalien, etwaigen Spitznamen und der *»Formel«*, der Klassifizierung der Fingerabdrücke, ein kompliziert anmutender Zahlenbruch, der so aussehen kann:

$$\frac{15/25\mathrm{i}00^{4}}{2\ \mathrm{Uioii.}}$$

Der Fingerabdruck ist einmalig, unverwechselbar, wie ein Stempel der Schöpfung, und es gibt eine mathematische Berechnung, wonach die Wahrscheinlichkeit, daß zwei gleiche existieren, 1:64 Milliarden ist. Aber gerade mit dem Fingerabdruck besiegelt der Verhaftete das Ende seiner Individualität und verwandelt sie in die Austauschbarkeit eines Aktes.

Das Polizeigefängnis ist eine Durchgangsstation. Der Untersuchungsgefangene darf in ihm nicht länger als

48 Stunden festgehalten werden. Der Ordnung halber muß hinzugefügt werden, daß es für den Verhafteten bereits einen Vorgeschmack auf das Graue Haus liefert. Schon in der *Liesl* gibt es »Selbstbeschädigungen«, Selbstmordversuche und Selbstmorde von Häftlingen. Es gehöre jedenfalls »Courage« dazu, sagt ein Revierinspektor, die Ursache sei »meist eine Gemütsbewegung«.

Wenn er in das Graue Haus gebracht wird, hat der Verhaftete den Eindruck, *verschluckt zu werden.* Langsam muß er sich daran gewöhnen, daß die Türen, durch die man ihn führt, auf- und hinter ihm wieder zugesperrt werden, als schaffte man ihn durch das abgeschottete System eines Kühlhauses. Die »Aufnahme« ist ein längerer, großer Büroraum mit Neonleuchten. Rechts befinden sich zwei schmale »Warte«-Zellen mit einer Bank. Der Häftling begibt sich auf die sogenannte »Straße«, die jeder »Neuzugang« zurücklegen muß. Die Stationen dieser Straße sind wiederum: Visitation, Entkleiden, endgültige Abnahme der »Effekten« und schließlich das »Zugangsbad« unter einer der acht Duschen. Nach dem Bad erhält er eine Zahnbürste, Zahnpulver, ein Handtuch aus Leinen, einen Kamm, Seife und einen Rasierapparat. Wie schon im Polizeigefängnis wird seine Körpergröße gemessen und sein Gewicht gewogen. »Hierauf erfolgt die Zuweisung in den Stamm-Haftraum«, erklärt der Kommandant. Befindet sich die Zelle im alten Trakt, so muß sich der Verhaftete an Verschiedenes gewöhnen. Die Gänge hallen von den Schritten, das Klirren der Schlüssel wird von einem Echo begleitet, und es kann sein, daß er in einer 68 Quadratmeter großen

Zelle mit 17 Häftlingen untergebracht wird oder daß er einen 25 Quadratmeter großen Raum mit neun anderen teilen muß, für die nur eine einzige Toilette vorgesehen ist. Das Warmwasser wird aus Sicherheitsgründen in Plastikkannen geliefert. Es herrscht dumpfes Licht, da die Fenster hoch unter dem Plafond angebracht sind. In den Zellen hat sich der »Häfengeruch«, wie der Gefängnisdirektor sagt, ausgebreitet. Dieser Häfengeruch setzt sich zusammen »aus Schweißfüßen, abgestandenem Zigarettenrauch und dem Geruch von Exkrementen«. – »Um den Häfengeruch nicht auf die Gänge zu bekommen«, führt der Gefängnisdirektor den Exkurs weiter, »haben wir im neuen Trakt einen Überdruck auf den Gängen und einen leichten Unterdruck in den Hafträumen.« Selbstverständlich sei dafür gesorgt, daß den Häftlingen genügend »Kubatur« zur Verfügung stünde. Mit Kubatur bezeichnet er die Luftmenge, die für jeden einzelnen zum Atmen vorhanden sei. Der neue Trakt ist von den Architekten in einer Art *Lichtschachtbauweise* errichtet worden. Im neuen Trakt werden 150 Einzelzellen von acht bis zwölf Quadratmeter zur Verfügung stehen, erfahre ich, derzeit gibt es zwanzig. Man kann sie in ihrer Kahlheit mit Garagen vergleichen. Natürlich sind auch Gemeinschaftszellen bis zu acht und zehn Mann vorgesehen. Im neuen Trakt sind die Fenster auch tiefer angebracht, weswegen die Zellen möglicherweise ein wenig heller sind. Die Häftlinge dürfen allerdings nicht in den Gefängnishof schauen, da sich Komplizen – wie von den Justizwachebeamten befürchtet wird – durch Zeichen verständigen könnten.

Der vom alten und zwei neuen Trakten gebildete Hof ist zweihundert Quadratmeter groß und durch eine kreuzförmige Mauer viergeteilt. Im Zentrum des Kreuzes befindet sich ein Wachturm, die Mauern sind mit Stacheldraht versehen. Wir blicken hinunter auf die zwei Dutzend Häftlinge, mit denen gerade die zwanzig Minuten dauernde »Bewegung im Freien« durchgeführt wird. In Zweier- und Dreierreihen gehen sie im Kreis auf einem Stück kahlen Betons, eingepfercht zwischen siebenstöckigen Betonklötzen. Augenblicklich heben einige von ihnen die Köpfe, nur durch eine ungewohnte Bewegung hinter einer der Fensterscheiben aufmerksam geworden.

Schon auf den ersten Blick wirkt der Hof wie eine Panzersperre mit einem Bunker in der Mitte. Zu jeder Zelle – das ist ein Fortschritt gegenüber dem alten Trakt – gehört eine als »Naßraum« bezeichnete winzige Waschkabine mit Klosett. Das Warmwasser hat eine Temperatur von vierzig Grad, »damit sich niemand verbrühen kann«, führt der Gefängnisdirektor aus. Nicht wenige Häftlinge, die das Graue Haus schon kennen, fährt er fort, wollten trotz der bekannten »furchtbaren« Nachteile in den alten Trakt eingeliefert werden. Der neue Trakt sei aus Beton, was zur Folge habe, daß es in den Zellen auffallend still sei. Das würde ein Gefühl erzeugen, hermetisch von der Außenwelt abgeschlossen zu sein. Überdies vertrügen die meisten Häftlinge die Einzelhaft nicht, zudem sei die Luft im neuen Trakt wesentlich trockener.

Einer der Häftlinge sagte mir, man verblöde im neuen Trakt wegen der Monotonie, die dort herrsche. Der Tagesablauf allein sei schon monoton und liefe, wie die gesamte Untersuchungshaft, nach einer Schablone ab. Um 5 Uhr 55 erfolgt durch die Sprechanlage der »Wachruf«. Zum Frühstück um sieben Uhr gibt es einen »Mischkaffee«. Bis neun Uhr wird das Brot ausgeteilt (vierhundert Gramm pro Tag), um elf Uhr das Mittagessen eingenommen, in der Regel Kartoffeln mit Wurst, Speck oder Leberkäse, und nach dem Essen wird die »Bewegung im Freien« durchgeführt. In den Zellen wird zumeist Radio gehört (Fernsehen ist nur einmal im Monat zwei Stunden erlaubt, und zwar eine vorgegebene Videoaufzeichnung), Karten gespielt, gelesen oder »herumgesessen«. Von 15 Uhr 45 bis 16 Uhr 15 wird das Abendessen eingenommen, »etwas Kaltes oder ein Schmarrn, und ab 17 Uhr ist Ruhe«, sagt der Kommandant.

Das Zusammenleben der Häftlinge in den Zellen ist nicht selten von Aggressionen gekennzeichnet. Vergewaltigungen von jüngeren, feminin Aussehenden kommen häufig vor, Homosexualität ist üblich, und jeder zweite Häftling, der eine längere Strafe zu erwarten hat, hat Suchtgiftprobleme. Manche Gefangene stellen aus Obst, Orangen, Zucker und Brot, die in einen Gärungsprozeß übergeleitet werden, ein als »Pomatschga« bezeichnetes Rauschgetränk her, das manchmal mit Spiritus oder Möbelpolitur versetzt ist, und betrinken sich auf diese Weise. Rauschgift, so hört man, würde regelmäßig in das Gefängnis eingeschmuggelt. Selbstverständlich gibt es unter den Häftlingen eine Hierarchie. Im allgemeinen haben Einbrecher das höchste Ansehen, sodann Betrüger und Diebe, während Mörder »isoliert verwahrt werden«. Sittlichkeitsverbrecher, speziell wenn sie sich an Kindern vergangen haben, müssen auf das Schlimmste gefaßt sein. »Man kann«, berichtet ein entlassener Häftling, »in einer Viermannzelle einen Außenseiter völlig mit den Nerven ruinieren. Spricht er mit einem, schreit man ihn an, weshalb er den Mund aufmacht, schweigt er, fragt man ihn freundlich, weshalb er denn nicht spricht. Das geschieht ohne Pause.« Natürlich komme es auch immer wieder vor, daß Häftlinge von anderen mit dem Kopf in das Klosett gesteckt, mit brennenden Zigaretten gequält oder verprügelt würden.

All das stürzt auf den zum ersten Mal Verhafteten ein. Er muß erfahren, »daß die Solidarität der Häftlinge oft nur vorhanden ist, wenn es gegen die Justizwachebeamten geht«, wie es der Anstaltsseelsorger ausdrückt. Von ehemaligen Häftlingen erfährt man, daß Schläge durch Justizwachebeamte an der Tagesordnung sind. Diese verteidigen sich, daß sie nur Gewalt anwenden, wenn sie »durch die Umstände« dazu gezwungen werden. Es beginne bereits damit, sagen die ehemaligen Häftlinge, daß man nicht als *Herr* Soundso angesprochen werde, sondern mit dem bloßen Familiennamen, dabei sei man ja noch gar nicht rechtskräftig verurteilt. Nach wie vor gibt es »Isolierzellen« und Gitterbetten im Grauen Haus (früher wandte man auch die »Zwangsjacke« und »Gürtelbetten« an), mit denen man »Störenfriede«, »Randalierer« oder »ungute Patrone«, wie sie von den Justizwachebeamten genannt werden, »behandelt«.

Die Gitterbetten, die ich zu Gesicht bekam, standen in »belegten« Zellen. Der Kommandant erklärte abwehrend, in das Gitterbett käme einer nur, »wenn er

Selbstbeschädigung hat«. Das Gitterbett ist ein viereckiger Eisenkäfig, nicht mit einem Vogelkäfig vergleichbar, besser als ein Sarg mit Löchern vorstellbar. Es muß beängstigend sein, in ihm eingeschlossen zu liegen, denn das Gitterbett ist schmal und eng, so daß man sich kaum darin bewegen kann; dazu kommt die Demütigung, die mit dieser Maßnahme verbunden ist. Eine Beamtin des Grauen Hauses sagte, daß »renitente« Häftlinge zuerst »niedergespritzt« und dann in das Gitterbett gesperrt würden, um so ihren Widerstand zu brechen. Ist der Widerstand nach außen hin gebrochen, richtet er sich oft nach innen. Nach einer Statistik des Gefängnisdirektors gab es unter den Häftlingen in den letzten fünf Jahren drei Selbstmorde, 21 Selbstmordversuche und 266 Fälle von »Selbstbeschädigung«, in erster Linie waren es Schnittverletzungen und das Schlucken von Metallgegenständen wie zum Beispiel Rasierklingen.

Natürlich, pflichtet der Gefängnisdirektor mir bei, sei die Untersuchungshaft »ein Wahnsinn«. Man lebe mit bis dahin Fremden plötzlich auf engstem Raum zusammen, man könne nichts für sich behalten, mit der Zeit lägen alle Schwächen sichtbar da. Daß es nicht noch häufiger Selbstmorde und »Selbstbeschädigungen« gebe, führt er auf die gegenseitige Überwachung der Häftlinge zurück. Am meisten sind die Lebensumstände eines Untersuchungsgefangenen aber durch das *Ausgeliefertsein* belastet. Geschrieben darf nur auf numerierten Blättern werden, die dem Gefängnisdirektor wöchentlich vorgelegt werden müssen (er habe für eine Kontrolle aber keine Zeit, schwächt dieser sogleich ab). Briefe werden dem zuständigen Untersuchungsrichter, der nach dem Anfangsbuchstaben des Verhafteten bestimmt wird, vorgelegt und von ihm unter Umständen nicht oder nur in zensierter Form weitergeleitet. Auch Post, die der Untersuchungshäftling von außen erhält, sobald seine Angehörigen mehr als drei Tage nach der Verhaftung endlich vom Sozialen Dienst, dem Anstaltsseelsorger oder mittels einer »Zugangskarte« verständigt sind, wird zuerst vom Untersuchungsrichter gelesen und häufig mit Verzögerung an die Häftlinge weitergeleitet.

Aber bevor der Häftling überhaupt schreiben darf, erhält er eine »Aktenzahl«, mit der er endgültig zum »Fall« wird. Das dauert zwei Tage. Innerhalb der ersten 24 Stunden, die er im Grauen Haus verbringt, wird er dem Untersuchungsrichter vorgeführt. Das Verhör geht ohne Anwalt vor sich. Stellt bei einem solchen Verhör der Untersuchungsrichter »Verabredungsgefahr« oder »Verdunkelungsgefahr« oder auch »Fluchtgefahr« fest oder gewinnt er den Eindruck, daß der Vorgeführte eine Drohung, wegen der er verhaftet wurde, wahrmachen könne oder besteht (in seinen Augen) Wiederholungsgefahr, so verhängt er Untersuchungshaft. Bis zu diesem Zeitpunkt hat den erstmals Verhafteten noch niemand – außer vielleicht ein Zellengenosse – darauf aufmerksam gemacht, daß er ein Recht auf einen Anwalt habe. Macht er nicht davon Gebrauch, muß er um so länger »dunsten« – so nennen Richter das Längerwartenlassen eines Untersuchungshäftlings auf seine Entlassung oder den Prozeß.

In der Zwischenzeit darf dieser, wenn nicht Verabredungsgefahr festgestellt wurde, einmal in der Woche von Angehörigen – nicht aber Freunden – besucht werden. Der Besuch führt ihm nicht nur seine Situation drastisch vor Augen, sondern auch seine düstere Zukunft. Fast drei Viertel aller Untersuchungshäftlinge stecken im »Teufelskreis« Verhaftung – Verlust von Wohnung und Arbeit – Verurteilung – Entlassung aus dem Gefängnis – Verhaftung. Aber über achtzig Prozent aller verurteilten Gefangenen wurden nicht wegen eines schweren Verbrechens vor Gericht gestellt, sondern wegen Diebstahls, Betrugs, Rückstandes von Alimentenzahlungen oder wegen leichter Körperverletzungen bzw. Verkehrsunfällen – nur weniger als zwanzig Prozent wegen Totschlages, Raubes, Mordes, schwerer Körperverletzung oder Vergewaltigung. Österreich stand lange Zeit an der Spitze der westeuropäischen Statistiken, was die Häufigkeit und Dauer der Untersuchungshaft betrifft, und auch jetzt noch nähme Wien für sich allein genommen den Spitzenplatz ein.

Die provisorische Besucherzone liegt am Ende eines Ganges im alten Trakt. Es sind etwa fünfzig bis siebzig Besucher an einem Tag, vornehmlich Frauen, manchmal in Begleitung von Kindern. Sie dürfen dem Häftling nichts persönlich überreichen. Geschenke und Geld müssen im Wachraum abgegeben werden. Bei der Anmeldung haben sie sich zuerst an einem Schalter ausgewiesen und den Namen ihres Angehörigen angegeben. Es dauert ein bis zwei Stunden, bis dieser geholt und zusammen mit sechs anderen Häftlingen in den vorgesehenen Raum gebracht wird. Man könnte den Besucherraum seinem Aussehen nach als Großraum-Beichtstuhl bezeichnen. Er wird durch eine Wand zweigeteilt. Auf der einen Seite stehen die sechs Häftlinge und zumindest ein Justizwachebeamter, auf der anderen die Besucher. Die Wand, die sie trennt, ist aus Eisen und hat so kleine Öffnungen, daß man nichts durchstecken kann. In diese Eisenwand sind sechs rechteckige Glasplatten eingelassen, durch die der Häftling und sein Besucher ihre Gesichter sehen können. Natürlich spricht jeder viel zu laut, und natürlich versteht man die Hälfte von dem, was gesprochen wird, nicht. Auch ist die Rührung häufig so groß, daß die universale Sprache der Tränen an die Stelle der Worte tritt.

Die andere Berührung mit der Freiheit ergibt sich für den Untersuchungshäftling im sogenannten »Halbgesperre«, wo er sowohl dem Untersuchungsrichter vorgeführt wird, als auch mit seinem Anwalt sprechen darf. Während er einerseits dabei war zu lernen, daß »Schmalz« in der Sprache der Häftlinge »Strafe« bedeutet, die »Speisekarte« das »Vorstrafenregister« oder »Kas« »Kaiserlicher Arrestschließer« bezeichnen (womit die Justizwachebeamten gemeint sind), muß er sich nun an juristische Begriffe und die sprachliche Auslegung der Tat, derer man ihn beschuldigt, gewöhnen. Das »Halbgesperre« ist von zwei Türen begrenzt: von der eisernen Tür zum Gefängnis auf der einen und einer von einem Justizwachebeamten kontrollierten aus Holz auf der gegenüberliegenden Seite. Dazwischen befinden sich das Büro des Gefängnisdirektors, die beiden »Depot« – und die »Verhörzellen«. In den »Depotzellen« warten die Gefangenen auf ihre Vorführung, beziehungsweise auf den Rücktransport in die »Hafträume«. Die »Depotzellen« sind ver-

raucht, durch ein Guckloch blickt man auf die wartenden Häftlinge, die sofort zu sprechen aufhören und
sich mit halboffenem Mund zur Tür hin umdrehen.
Die Türen zu den Zimmern der Untersuchungsrichter
sind mit Gucklöchern versehen, weil die Justizwachebeamten die schmalen Räume nicht betreten dürfen.
Diese sind nur zehn Quadratmeter groß und spar-
tanisch möbliert: Ein Tisch, Stühle und eine Schreib-
maschine für die »Sekretärin«. In einem solchen
»Kammerl« spricht der Häftling auch mit seinem Anwalt, sofern er sich einen leisten kann, ansonsten wird
ihm ein »Verfahrenshelfer« zugeteilt, der sich für den
Angeklagten nicht gerade zerreißt und zumeist nur
das Nötigste tut. Ein Privatanwalt ist teuer. Die unter-
ste Grenze der Kosten liegt bei 20 000 Schilling, die für
viele unerschwinglich sind; andere verpfänden und
verkaufen, was sie besitzen.
Inzwischen wächst der Akt des Untersuchungshäftlings, wird er durch Zeugenaussagen und seine eigenen ergänzt und schließlich »anklagereif«. Bis dahin
aber wartet der Gefangene wie Wladimir oder Estra-
gon auf Godot. Wie die meisten in seiner Lage bemüht
er sich, eine Arbeit zu bekommen. Es gibt die Schu-
ster- und Elektrowerkstätte, die Schneiderei, eine
Tischlerei, eine Autoreparaturwerkstätte, sogar eine
Gärtnerei, aber überall können nur wenige Häftlinge
beschäftigt werden. Die Werkstätten sind durch Neonlicht erhellt. Die provisorische Tischlerei macht den
Eindruck, als läge sie tief unter der Erde in einem vergessenen Brunnenschacht. Ein von Gott und den
Menschen verlassener Häftling, klein, gedrungen,
heftig, führt sehenswerte Schnitzarbeiten an einer

Kredenz für den Weinkeller eines Staatsanwaltes aus. Vor der Tapeziererwerkstatt steht eine Biedermeiergarnitur, auf einem Tisch ein Polsterstuhl mit weißtapeziertem Unterfutter »für die Witwe eines Personalchefs«, wie der Kommandant Auskunft gibt. Der Lohn der Häftlinge beträgt von 3 Schilling 90 angefangen über fünf bis maximal acht Schilling die Stunde. Ein großer Teil der Arbeiten, heißt es, wird für das Graue Haus durchgeführt, aber ein nicht unbeträchtlicher für Justizwachebeamte, Richter und Staatsanwälte.

An der Verpflegung wird von den Gefangenen wegen ihrer Einseitigkeit am häufigsten Kritik geübt. Als ich den Kommandanten darauf aufmerksam mache, antwortet er, daß die »Nahrung von Ärzten und der Universität auf ihren Kaloriengehalt und die Zusammensetzung geprüft und vom Computer vorgeschrieben« werde. Die Häftlinge erklären jedoch, es gebe so oft Kartoffeln, daß ihnen, wie es einer von ihnen ausdrückte, »die Käfer schon bei den Ohren herauskommen«. »Wir sind alle empfindlich«, fügt ein anderer hinzu, »die Haft ist lähmend, deprimierend und für die Zukunft hemmend. Es ist, als ob man in einem Maulwurfsbau lebt. Wir sind alle gereizt, eine Zeitlang nehmen wir die Umstände hin, dann explodieren wir wegen der kleinsten Kleinigkeit«.

Die Justizwachebeamten sehen in der Überwachung ihre »Hauptaufgabe«. Sie behalten die Bildschirme des Kontrollraumes im Auge und »sorgen«, wie sie es selbst ausdrücken, »für Zucht und Ordnung«. Wie die Richter kommen sie zu einem großen Teil aus »Familiendynastien«, in denen oft schon die Großväter und Väter bei der Justizwache waren, um – »in erster Linie wegen des sicheren Postens« – in diesem Schlund zu arbeiten. Der schwere schwarzgelockte Bäckermeister versichert, während Häftlinge im Unterleibchen lärmend am Backofen arbeiten, daß neunzig Prozent der 380 Justizwachebeamten den Dienst quittierten, wenn die Todesstrafe wiedereingeführt würde. Es könne schnell zu Schlägereien kommen, fährt der Bäckermeister fort, er habe jedoch keine Angst; zuerst versuche man, alles im Guten zu regeln. Die Mehrzahl verhalte sich ruhig. »Es gibt aber immer Minderheiten, die sich gegen etwas auflehnen«, schließt er. Dann zeigt man mir im alten Trakt stolz die Zelle 199, »in der der Kreisky gesessen ist«. Die Tür geht quietschend auf, ein Radio ist zu hören. Vier Stockbetten sind von drei Häftlingen belegt, die übliche »Kotze« (Decke) vor der Toilette. Eine einsame Grünpflanze windet sich an der Wand des kahlen Raumes.

Im Krankenrevier, das sich noch im alten Trakt befindet, gibt es keine Stockbetten; im übrigen ähneln die Räume den großen Zellen. Die lebhafte Krankenschwester, mit einer Medikamentenschachtel in der Hand, erklärt, daß sie »fast nur positive Erfahrungen bei ihrer Arbeit gemacht« hat. Seit sechs Jahren sei sie zusammen mit fünf anderen Schwestern im Grauen Haus beschäftigt, und sie bekomme, sagt sie stolz, »körbeweise Post von irgendwoher und Dankesschreiben«. Sie habe das Gefühl, daß jemand, wenn er »durchdrehe« und eine Frau sehe, sich eher zusammennehme. Die meisten wollten sich nur ein paar Minuten das Herz erleichtern. Sie ist hektisch, gesprächig und freundlich. Sie betreut Schizophrene und »exogene und endogene Depressive« auf ihrer Station, außerdem »acht Aidskranke«. Sie habe sich im Vorjahr mit der Injektionsnadel eines inzwischen verstorbenen Aidskranken gestochen, sagt sie, der Test sei aber »Gott sei Dank« in Ordnung gewesen.

Als wir durch das »Halbgesperre« zum »Aktenlager« gehen, fallen uns drei Menschen auf einer Bank auf: Zwei Männer und eine Frau. Die Frau ist dick, hat einen großen runden Kopf und kurzgeschnittenes Haar. Ihre Finger sind schmutzig, die Kleidung ist »ärmlich«, trotzdem sieht sie »hergerichtet« aus. Es ist mir nicht möglich, das Alter der drei zu schätzen. Auf die Frage des Kommandanten, worauf sie warte, antwortet die Frau, daß sie eben einen Häftling heirate. Die Ehe werde im Halbgesperre geschlossen, ihre Begleiter seien die Trauzeugen.

»Weshalb ist Ihr Mann in Untersuchungshaft?«, will der Kommandant wissen. »Wegen Mord«. – »Was hat er getan?« – »Er hat geglaubt, daß ich ... es war aber ganz harmlos ... Der andere war erst einen Monat heraußen, es war eh ein Freund von ihm.« – »Wie ist es vor sich gegangen?« – »Beim Essen erstochen.« Auf dem weiteren Weg erzählt der Kommandant, daß einmal im Monat eine Trauung stattfinde, »natürlich nur standesamtlich«. Die Braut könne ein Paket abgeben und nach der einfachen Zeremonie eine halbe Stunde mit dem Häftling sprechen.

Die Aktenablage ist nicht weit von der ehemaligen Hinrichtungsstätte entfernt. Links und rechts von einem Vorraum erstrecken sich die Archive. An einer Tür hängt ein Schild mit gotischen Schrifttypen: »Rauchen verboten.« Schon beim Betreten nimmt man einen staubigen Modergeruch wahr. Die Regale reichen bis zum etwa fünf Meter hohen Plafond, jeder der insgesamt acht Räume ist ungefähr zehn Meter lang und sechs Meter breit. Zwischen den Regalen stehen fahrbare Holzstufen, die dem Archiv etwas Theaterhaftes verleihen. Es sind Räume aus der k.u.k.-Zeit, auch das Mobiliar ist noch von damals, so daß man den Eindruck gewinnt, Holz, Räume und Papiere vergilbten gemeinsam in die Vergangenheit zurück. »Hier im Erdgeschoß sind die Akten von 1977 bis 1988 gelagert«, erklärt uns ein Hilfsarchivar. »Sie werden fünfzig Jahre aufgehoben. Jedes Jahr fallen 14 000 neue an, die übrigen befinden sich im Keller oder auf dem Dachboden.« Man rechne damit, daß man fast eine Million aufbewahre. Auf einer Leiter steht einer der Mitarbeiter und lugt kurzsichtig herunter, eine Mischung aus einer Kafka- und Spitzwegfigur.

Anschließend führt uns der Beamte in den Keller, wo in fünf weiß ausgemalten Räumen mit Heizungsrohren weitere Akten stehen. Die Registerbände wurden von Untersuchungshäftlingen gebunden. Unter einem Regal liegt gelber Staub, als nage der Wurm der Zeit an den Papieren. Auf die Frage, ob Akten mitunter verlorengingen, antwortet der Hilfsarchivar: »Do wird dann immer weitergsucht, nen.« Daß man länger suchen müsse, sei auch schon vorgekommen. »Dann wird der Akt durch Zufall gfundn, no sicherlich«, führt er Akten aushebend aus. »Es kommt immer ein Schreiben vom Präsidium: Der und der Akt wird gesucht, nen, und dann müssen wir suchn, obwohl die Aktn net immer bei uns verschwindn. Es gibt Aktn, die nie auftauchn, und dann ist plötzlich ein Akt da, der nie aufgetaucht ist. Es kommt vor, daß man draufkommt, woher er kommt, aber meistens ist das nicht der Fall.«

Zuletzt zeigt uns der Hilfsarchivar einen Kellerverschlag. Ein großes Vorhangschloß verschließt das Gatter, das er sich zu öffnen bemüht. »Wann des ois renoviert is«, sagt er, »kumma wo anderscht hin – oba *wohin*? Es wird ois noch schön, wie ma sogt, nen, hahaha!«. Der Raum ist nicht verputzt, Akten stapeln sich auf dem Fensterbrett, auf dem Boden. An einer Tür hängt eine Anordnung für den Brandfall. »Die hob ma in olle Räume, des is vom Präsidenten«, erläutert der Beamte. Beim Hinausgehen fällt Verputz von der Decke, am Gang rieselt und poltert es. Mörtel und größere Verputzstücke prasseln vor unsere Füße. Steinchen knallen klingend auf die Heizungsrohre. Es ist, als stürze eine Decke oder sogar das Graue Haus ein. Wir laufen erschrocken zu den Treppen. »No, des wor was!«, verabschiedet sich der Hilfsarchivar: »Des war praktisch der ölteste Raum, was mir jetzt gsegn ham!«

Die Büros der Strafrichter und Staatsanwälte befinden sich in den oberen Stockwerken des Gebäudes. Ein Universitätsprofessor für Kriminologie erklärte mir, man könne vier Typen von Strafrichtern feststellen: 1. Richter, die mehr an ihren Nebenjobs als an ihrer Arbeit interessiert seien; 2. Richter, die von ihrer Tätigkeit aufgefressen würden, und zwischen Alkoholismus und Unfähigkeit schwankten; 3. Sadisten; 4. die Geeigneten, aber diese suchten sich mit der Zeit »ein nobleres Gschäft«. Innerhalb der Richterschaft würden die Strafrichter am wenigsten gelten. Ein hoher Beamter im Justizministerium ergänzt, die Strafrichter seien »entsetzlich reaktionär« und bezeichnet sie als »negativste Auslese unter den Juristen«. Eine der Ursachen dafür sei »eine gewisse Selbstrekrutierung«. Strafrichter würden häufig die Söhne oder Enkel von Strafrichtern. Auf diese Weise würde eine bestimmte Mentalität »unbeschadet und unbeeinflußt« weitergegeben. Es gebe also eine »nicht unwesentliche Prägung«. Manchmal, sagt ein Mitarbeiter des Sozialen Dienstes, habe er das Gefühl, die Justizbeamten und Richter hätten Angst davor, daß das Gefängnis des Grauen Hauses eines Tages leer sein könnte.

Die Büros sind groß und hoch. Ein roter Kokosläufer mit staubigen Abdrücken von Schuhsohlen, sowie Polstermöbel, Biedermeiertisch, Aktenschränke, sogar Luster. Man kann durch geöffnete Flügeltüren in einen langen Flur von Büros mit Morgensonne blicken. Eine nie erblühte Sekretärin an einem Schreibtisch liest Zeitung. Fragende Blicke, eine Mischung aus Mißtrauen und Verachtung. Der Umgang mit dem Gesetz macht freudlos, scheint es, und argwöhnisch. Manchmal zittert ein Messingluster mit Milchglasschirmchen. An einer Wand gegenüber den Stühlen im Wartezimmer hängt eine Reproduktion des Staatsvertragsbildes. Die Sekretärin gibt auf alle Fragen feindselig entweder »nein« zur Antwort oder sagt, das wisse sie nicht.

Einer der Richter nimmt mich später zu einer Verhandlung mit, bei der er einen Jugendlichen wegen eines geringfügigen Ladendiebstahls zu einer Geldstrafe verurteilte. Daß es deswegen überhaupt zu einer Verhandlung im Landesgericht für Strafsachen gekommen sei, bezeichnete später ein hoher Beamter im Justizministerium als »Schweinerei«. Ein unglaublich dicker Mann tritt ein, blickt sich melancholisch in den Räumlichkeiten um und schlurft durch eine der Flügeltüren. Früher schon hat mir ein Sekretär Einblick in die Liste der angesetzten Verhandlungen gegeben.

Sie finden zum Teil – bis der Umbau fertiggestellt ist – in der Florianigasse »ums Eck« statt, zum Teil im bereits renovierten Trakt des Grauen Hauses. 86 Richter, 56 Staatsanwälte und 260 Beamte gehen »der Rechtssprechung nach«. In 23 Sälen kann verhandelt werden, das geschieht zwanzig- bis dreißigmal am Tag, fünftausendmal im Jahr. In der Florianigasse gibt es drei Stockwerke mit 15 Sälen. Die Wände auf den Gängen sind weiß, es fällt allerdings ein hellbrauner Streifen in Hüfthöhe auf, darunter sind Abdrücke von Schuhsohlen zu sehen. Der Streifen stammt von den Wartenden, den Zeugen und Angeklagten, den Begleitpersonen, Rechtsanwälten und Kibitzen, die sich bis zum Beginn der Verhandlung oder bis sie aufgerufen werden, dort anlehnen. Die Abdrücke wiederum rühren von den Schuhen her, die mit der Sohle gegen die Wand gepreßt werden.

In den Verhandlungsräumen, die überraschend klein und eher Zimmer sind, müssen Menschen über ihre intimsten Geheimnisse sprechen: Vorstrafenregister werden aufgezählt, Schuldeingeständnisse gemacht, Lügen aufgedeckt. Je öfter man Verhandlungen beiwohnt, um so zwingender wird der Gedanke, daß die Angeklagten »stellvertretend« für die Gesellschaft hier stehen. Vor dem Zeugenstand ist der Parkettboden aufgescharrt durch die Bewegung von Füßen. Oberhalb des Zeugenstandes, der wie eine Bütte aussieht, geben sich die Angeklagten zwar »normal«, aber die Füße verselbständigen sich. Sie wetzen, als ob sie in einem fort Zigaretten ausdrücken würden. An einer der Wände hängt der Bundesadler wie ein Souvenir aus einem Andenkenladen. Immer wieder fällt der Blick auf die Uhr an der Wand. Die Zeit spielt eine große Rolle bei den Delikten, ebenso wie in der Strafbemessung – hier heilt sie keine Wunden. Dies ist, so wird rasch deutlich, ein Ort der Lügen, der Ausflüchte, der Halbwahrheiten.

Das Prunkstück des Grauen Hauses ist der Große Schwurgerichtssaal. Der Vorraum ist aus Marmor und wirkt wie ein Opernfoyer: Säulen, ein gegenüber dem Saaleingang hängendes Kollossalgemälde mit schwerem Mahagonirahmen. Was sich in einer Schwurgerichtsverhandlung hintereinander abspielt, ist auf dem Bild als gleichzeitiges Nebeneinander dargestellt: Staatsanwalt und Verteidiger mit Rednergebärden, der Vorsitzende sich zum Resümee sammelnd, der Obmann der Geschworenen stehend, um das Verdikt zu verkünden. Der Schwurgerichtssaal hat sich im Vergleich zu dem hundert Jahre alten Bild nicht sehr verändert. Wände aus grauem Marmor, eine weiße Kassettendecke, hohe Richterstühle, Bankreihen im Auditorium, an den Wänden Lampenschirme in Form von Glockenblüten mit Messingstengeln.

Hier oder in einem der anderen Gerichtssäle hat die Irrfahrt eines Untersuchungshäftlings ihren zumeist traurigen Höhepunkt. Wird er freigesprochen, erwartet ihn eine mißtrauische Außenwelt; wird er verur-

teilt, kommt er in eines der Strafgefängnisse Österreichs.

Im Gefängnistrakt des Grauen Hauses gibt es zwei
Kleidermagazine und ein »Depot«. In einer Kammer
der Krankenabteilung sind die Kleider der Häftlinge
verwahrt wie die Habseligkeiten von Verstorbenen.
Das kleine Magazin ist voller Kartons und Baumwoll-
säcken, die, einer neben dem anderen liegend, mit
Kleidungsstücken und Schuhen gefüllt sind, als habe
man sie von den Menschen getrennt, um mit ihnen
auch deren Ich verschwinden zu lassen. Übrigens erhalten Häftlinge vor der Entlassung auf einen »Bitt-
rapport« hin einen Mantel, Schuhe oder ein Hemd. Im
Jahr gibt es, so ist zu erfahren, neunzig derartige »Aus-
folgungen«. In der Depositenstelle lagern Koffer, Ta-
schen, Hüte, und in Packpapierkuverts Ausweise, Ku-
gelschreiber, Photos, Geldbörsen, Schlüssel, Melde-
zettel. Der Raum mit grüngestrichenen Regalen aus
Eisen ist nackt wie ein Toter im gerichtsmedizinischen
Institut. Im Gehen höre ich ein gedämpftes, kaum
wahrnehmbares Piepsen. Es stammt von einem elek-
tronischen Wecker, der vermutlich schon seit Stunden
vergeblich abläuft, um jemanden zu wecken.

Die »Hitlervilla«

In Wien leben zur Zeit – die Zahlen gehen auseinander – zwischen 8000 und 13 000 Obdachlose, während die Verwaltung der Stadt nicht viel mehr als 2000 erfaßt hat und im weiteren von einer *Dunkelziffer* spricht. Ungefähr 1300 sind in Heimen untergebracht, davon 410 Männer in der Meldemannstraße 25–27 im XX. Wiener Gemeindebezirk. Das Männerheim erlangte Berühmtheit, weil dort von Dezember 1909 bis Mai 1913 Adolf Hitler wohnte. Heute klopfen hin und wieder deutsche Touristen an die Eingangstür, um nach dem »Museum« zu fragen. Besonders der Geburtstag Hitlers ist ein willkommener Anlaß, gewissermaßen den Tornister zu suchen, in dem einst der Marschallstab des »Führers« steckte.

Das 1905 eröffnete Heim wurde nach dem Vorbild der Londoner Rowton-Häuser eingerichtet. Es besteht aus zwei in der Mitte verbundenen, langgezogenen Blöcken und ist fünf Stockwerke hoch. Funktion und Einrichtung des Gebäudes haben sich seit der Inbetriebnahme nicht wesentlich geändert, während sich die »Wohnqualität« – vor allem durch den »Überbelag«, verschlechtert hat. Wo sich Hitlers Wohnkabine befand, ist umstritten. Die einen meinen im ersten, andere im zweiten Stock.

»In dieser Zeit«, schrieb Hitler in »Mein Kampf«, »bildete sich in mir ein Weltbild und eine Weltanschauung, die zum granitenen Fundament meines derzeitigen Handelns wurden.« Sein Biograph Werner Maser ist der Ansicht, daß »vielleicht auch die rücksichtslose Härte, Grausamkeit und Bösartigkeit gegen andere zum Teil auf die Wiener Jahre« zurückgingen. Feststeht, daß Hitler damals die »ersten antisemitschen Broschüren« seines Lebens erworben hat, wie er selbst anmerkte. Es handelte sich dabei um die Schriftenreihe »Ostara, Briefbücherei der Blonden und Mannesrechtler« des Jörg Lanz von Liebenfels, eines zeitweiligen Zisterziensermönches im Stift Heiligenkreuz im Wiener Wald. Lanz, der 1899 aus dem Zisterzienser Orden austrat, gründete 1900 einen »Orden des Neuen Tempels«, dem nur blonde und blauäugige Männer beitreten durften, die sich verpflichteten, blonde und blauäugige Frauen (»Zuchtmütter«) zu heiraten. Wie Wilfried Daim in seinem Buch »Der Mann, der Hitler die Ideen gab« ausführt, verkörperten für Lanz die »blonden Herren« das absolut gute, die Juden das absolut böse Prinzip. Die Dynamik der Weltgeschichte schöpfe ihre Energie aus dem Kampf zwischen den hellen und den dunklen Rassen, behauptete er. 1909 kam es zu einer Begegnung zwischen Lanz und Hitler. Hitler war bereits zweimal die Aufnahme in die Akademie der Bildenden Künste in Wien verwehrt worden, was seinen Haß auf Wien, »diese Phäakenstadt« hervorgerufen hatte. Während Wien damals seinen weltberühmten Traum träumte, brütete die Wirklichkeit der Stadt ein noch unscheinbares Ei aus, das sich später als »Schlangenei« erwies.

Hitler ist allerdings – das sei festgehalten – eine Ausnahme unter den Obdachlosen, die allgemein als politisch desinteressiert und »zu erschöpfte Menschen« bezeichnet werden.

Er wohnte noch in einem Haus – so eine Schilderung Emil Klägers in »Durch die Wiener Quartiere des Elends und Verbrechens« (1908) –, das einen »stolzen Eindruck« machte. Überrascht trat Kläger bei seiner Recherche in ein Vestibül, das »einem guten Hotel keine Schande machen könnte«. Und: »Nach einer guten Mahlzeit« genoß er dort einen »traumlosen ruhigen Schlaf.«

Das Areal, auf dem das Heim steht, ist 2500 Quadratmeter groß, ungefähr 1500 davon sind verbaut. Ursprünglich für 544 Bewohner vorgesehen, faßt es nach einem Umbau 380 Betten, muß aber durch die größere Anzahl von Obdachlosen im Winter mehr Unterkunftsuchende aufnehmen. Davon sind viele, die »aus der Provinz abgeschoben« werden. »Da geben die Bürgermeister in den Dörfern ihren ungeliebten Asozialen noch eine Bahnfahrkarte, damit sie sie loswerden«, sagt der Verantwortliche für die Obdachlosenheime Wiens, Herr Miedler. Der älteste Bewohner in der Meldemannstraße ist 85 Jahre, der jüngste 19 und nicht wenige sind schon mehrere Jahre, einige sogar Jahrzehnte hier. Daß jemand nur für eine Nacht Einlaß begehrt, kommt hingegen nur vierzig- bis fünfzigmal im Jahr vor.

Es gibt vier Säle in den beiden oberen Stockwerken mit jeweils 20 bis 25 Betten, die als »Notschlafstellen«

bezeichnet werden. Dazu kommen 147 Kabinen von drei Quadratmetern Größe – das »Nächtigungsheim« – und 172 doppelt so große Kojen im »Wohnheim«. Aus der Übernachtungsgebühr errechnet sich eine Monatsmiete von 500 Schilling für ein Bett im Notschlafsaal, 600 Schilling für eine »kleine« geschlossene Kabine und von 660 für eine »große«. Legt man die Preise auf die Fläche um, die jedem Bewohner zur Verfügung steht, so käme man auf den stolzen Betrag von 110 bis 250 Schilling pro Quadratmeter. Allerdings kostet die Gemeinde (angeblich) jeder Schlafplatz das Neunfache.

Der verrauchte Aufenthaltsraum im Parterre ist nur mit Tischen und Bänken möbliert. An den Wänden Fliesen, wie man sie in Fleischhauereien oder Aquarien großer Hotelküchen findet. Es ist 21 Uhr. Das Neonlicht von der Decke verstärkt den Eindruck von Nacktheit und Gleichgültigkeit. Es gibt übrigens auch einen Aufenthaltsraum für Nichtraucher, in dem ein Fernsehapparat läuft. Der Mann vor mir hält ein Bündel vollgestopfter Plastiksäcke in der Faust und schreit im allgemeinen Lärm, um meine Aufmerksamkeit auf sich zu ziehen: »Ich sag jetzt die Wahrheit.« Der »Professor«, ein etwa sechzigjähriger Mann, der gerade noch über ein Kreuzworträtselheft gebeugt war, fährt tadelnd dazwischen: »Und die Wahrheit muß man außeschrein, weil sonst hört mans nicht!« In diesem Augenblick springt mein Nachbar auf, ruft: »Aggression, Streß – da schaut man so aus!« und deutet auf die Eingangstür. Ich drehe mich um und sehe einen jungen Mann in einer Lederjacke in den Saal wanken. Blut rinnt über seine Wangen und Lippen, die Nase ist aufgeplatzt und ragt geschwollen aus dem Gesicht. Nachdem er sich auf einer Bank niedergelassen hat, setze ich mich zu ihm. Der Vorfall, berichtet er, ereignete sich im Schlafsaal mit einem anderen Heimbewohner. »Er hat mit sich selbst geredet« sagt der junge Mann, den Mund voll Blut, »und ich hab gsagt: Gib einmal eine Ruh', ich möcht' schlafen. Da ist er aufgestanden und hat mir eine betoniert ... Streitereien haben wir schon öfter ghabt. Das stimmt. Aber so arg wars noch nie ...«

Die meisten der ungefähr siebzig Obdachlosen im Aufenthaltsraum haben sich – soferne sie den Zwischenfall überhaupt registriert haben – gleich wieder abgewandt. Es gibt keine allgemeine Solidarität unter den Bewohnern, nur Cliquen, sagt einer von ihnen später. »Jeden zweiten Tag kann eine Schlägerei schon passieren«, es würde in einem fort geschrien und geschimpft. Das Zuschlagen sei eben *das letzte Argument*. Am nächsten Tag – der junge Mann hat sein Gesicht noch immer nicht vom Blut gereinigt, das nun eine dunkle Kruste bildet – sucht er selbst Streit im lauten Aufenthaltsraum.

Der Schlafsaal, in dem er untergebracht ist, befindet sich im fünften Stock.

»Im vierten und fünften Stock« erklärt mir der Heimleiter, Herr Kottnik, ein junger, ein wenig mißtrauischer Mann im Pullover, »hält nur ein Mann Aufsicht, und zwar Tag und Nacht. Die übrigen Stockwerke haben jeweils einen eigenen.« Insgesamt »sorgten« 15 Aufseher 24 Stunden lang für Ordnung, fünf seien ununterbrochen anwesend. Ferner sind noch sechs »Bedienerinnen« und vier »Hausarbeiter« beschäftigt.

Ungefähr 17 000 Schilling im Monat verdient ein Aufseher.

Der Schlafsaal im fünften Stock ist sonnig und hat viele Fenster. Alle, die zum ersten Mal in der Meldemannstraße übernachten, müssen zuerst in den Saal, »außer man sieht sofort des war a Netter«, wie ein Aufseher sagt. Es herrsche ein Kommen und Gehen, besonders in den Sälen.

»Im Sommer ist es sehr heiß heroben«, fährt der Heimleiter fort, »und im Winter gut geheizt.«

Die numerierten Eisenbetten sind so alt wie das Heim selbst. Sie stehen eng nebeneinander, mit Wolldecken zugedeckt, die den Stempel »Stadt Wien« und eine Nummer tragen. An der Seite neben dem Eingang Spinde für die »persönlichen Sachen«. Jeder Obdachlose muß sich selbst ein Vorhangschloß kaufen, denn »es wird viel gestohlen«. Die meisten verstecken ihre Wertsachen: Papiere und Geld in den Unterhosen oder unter dem Hemd, wenn sie schlafen gehen.

Unter den Betten gestapelte Koffer, Schachteln, Kartons. Über dem Kopfteil hängen Anoraks, ein Morgenmantel oder eine Jacke. Überall entdeckt man Kuscheltiere in allen Größen: einen blauen Hasen, Phantasie- und Comicfiguren. Langsam, wie auf einem Löschblatt der Fleck aufgesaugter Tinte erscheint, dringen Geschichten aus den Gegenständen und Einzelheiten durch, die von Aussichtslosigkeit und von Sehnsucht nach Zuwendung erzählen, von Niederlagen, Krankheit und Tod. Und langsam wird auch klar, daß sich in der Meldemannstraße alles nicht nur fortsetzt, sondern hier oft erst seinen Ursprung hat.

Die Menschen im Heim leben in seelischer Agonie.

»Sie sind im allgemeinen sehr nachlässig«, berichtet der Heimleiter. Man müßte sie oft zum Waschen drängen. Natürlich gebe es Ausnahmen. Er zeigt mir die Dusche und Waschbecken. »Einmal in der Woche ist Badetag.« Man könne auch zum Beispiel seine Wäsche für zwölf Schilling in einer dafür vorgesehenen Maschine waschen, »aber was wollen sie machen, wenn die Leute kein Geld dafür haben«. Das Bettzeug wird hingegen wöchentlich in der zentralen Wäscherei gereinigt. Auf den Betten liegen Kunststoffmatratzen, »schon als Vorsichtsmaßnahme«, wie der Heimleiter sagt, »wegen der zahlreichen Bettnässer«. Es gibt viele Alkoholiker. »Der Alkohol ist das größte Problem«, stimmen Aufseher und Bewohner überein. Einige trinken Petroleum und Weingeist oder schütten Spiritus in die Rindsuppe, die sie sich zubereiten. Die anderen nennen sie deshalb »Spiritisten«. Nicht wenige – die »Trankler« – vertrinken den Rest ihrer Sozialrente, Notstandshilfe oder Arbeitslosenunterstützung in der Höhe von zumeist viertausend bis sechstausend Schilling, nachdem sie die Miete bezahlt haben.
Außerdem kursieren Betäubungs- und Aufputschmittel: Rohypnol, Valium und Antapetan, die von Ärzten in Klinikpackungen verschrieben werden und pro Tablette im Heim »unter der Hand« um zehn Schilling pro Stück verkauft werden. Die Tabletten gingen »rasend« weg, heißt es, und ich kann mich im Aufenthaltsraum davon überzeugen. Fast jeder, den ich dort antreffe, lallt und ist auf irgendeine Weise »high«. Selbstverständlich werden die Tabletten mit Alkohol kombiniert. Die Tablettensüchtigen heißen »Giftler«,

zum Unterschied von den – allerdings wenigen – Rauschgiftsüchtigen, den »Haschlern«.

Unten im Parterre gibt es einen berüchtigten Saal, den »Brunzerlsaal«, in dem die Tablettensüchtigen und schwersten Alkoholiker zusammengelegt werden. Es ist ein ehemaliger Speisesaal, der mit seinem Steinboden und den Fliesen an den Wänden, an eine Prosektur erinnert. Man könne, sagt ein Aufseher, im Heim jede Krankheit studieren, »die es gibt«. Tbc, Herzinfarkt, Asthma, Epilepsie, psychische Störungen, Leberzirrhose, Hautausschläge, Knochenbrüche, Magengeschwüre, Bronchitis. Die Tbc sei »begehrt«, manche versuchten sich zu infizieren, weil man dann eine zusätzliche Beihilfe von zweitausend Schilling im Monat erhalte.

Ungefähr zwanzig bis dreißig Obdachlose aus der Meldemannstraße sterben im Jahr, davon die Hälfte im Heim selbst.

»Im letzten Winter« erinnert sich der Aufseher, »hat hier einer gewohnt, der hat Krampfadern in der Speiseröhre ghabt. Den hab ich in der Kabine gfundn. Ich hab noch am Abend mit ihm geplaudert. Um halb eins in der Nacht geh ich an seiner Kabine vorbei, seh ich, es brennt Licht. Wie ich die Tür aufmach: alles voll Blut: das Bett, der Boden. Die meisten finden wir in der Früh tot im Bett. Aber nicht wenige sterben im Aufenthaltsraum am Tisch. Auf einmal reden sie nichts mehr.«

Es gibt jedoch kein eigenes Krankenzimmer. Der »Brunzerlsaal« wird auch zur Reglementierung von »Querulanten« und »Aufsässigen« benutzt. Man läßt sie so lange dort übernachten, »bis sie klein werden. –

96

Und da is no jeder klein worden«, fügt der Aufseher hinzu. »Die Leute, die wir dort zusammenlegen, können ihre Verdauung nicht mehr regulieren und da haben wir welche, die Phlegmone an den Beinen haben. Die sondern einen Gestank ab, daß man die ganze Nacht kein Auge zudrückt.«

Ärztliche Betreuung gibt es keine. Früher sei eine Ärztin einmal in der Woche vorbeigekommen, die »schere« sich aber um nichts mehr, weil alle ohnedies nur eine »Liegebestätigung« von ihr haben wollten, mit der sie auch tagsüber den Schlafsaal oder eine Kabine aufsuchen dürfen. Die Liegebestätigung sei das Um und Auf des Chaos und der Aggressionen, behauptet der einzige zuständige Sozialarbeiter (»wir bräuchten fünf«) Herr Schmidt und nennt sie eine »undurchschaubare Spielregel«.

Schon die Heimordnung aus dem Jahr 1905 sah vor, daß die Bewohner um spätestens 8 Uhr die Betten und Räume zu verlassen hatten und sie nicht wieder vor 18 Uhr aufsuchen durften. Über diese Vorschrift klagen die Bewohner am meisten. Natürlich fühlen sich viele krank und siechen in den Tagräumen vor dem laufenden Fernsehapparat dahin, bis es 18 Uhr wird. Und selbstverständlich wird Alkohol in das Haus geschmuggelt. Finden die Aufseher aber bei jemandem Schnaps oder Wein, so leeren sie die Flaschen in ein Waschbecken. Die Bewohner bezeichnen das mit verhaltener Empörung als »Diebstahl«, denn sie haben dafür ja bezahlt.

Oben im Saal ist es ruhig. Zwischen den Fenstern, die als Eiskästen benutzt werden, da es keinen Kühlschrank gibt, stehen Gläser mit Marmelade, Zwiebeln und Heringen. Auf den Nachtkästchen Toilettsachen: Shampoo, Rasierpinsel, Rasierwasser, daneben ein Wecker, ein Romanheftl, Teeschalen, Nüsse, eine Orange.

Auch wenn jemand müde sei, dürfe er sich am Tag in der Notschlafstelle oder im Nächtigungsheim nicht hinlegen, bestätigt der Heimleiter. Entweder es sei jemand krank oder über sechzig Jahre alt wie die Pensionisten im ersten Stock – dann würden Ausnahmen gemacht.

Diese unsinnige »Ordnung«, die bei näherer Betrachtung ein Sieb mit vielen Löchern ist, durch das die Ausnahmen fließen, ermöglicht den Aufsehern eine gewisse Willkür. Die Absicht der Heimordnung ist am besten mit dem *ewig aufgeräumten Wohnzimmer* zu veranschaulichen, das nur angeschaut, aber nicht benutzt werden soll. Die Wirklichkeit ist der ungern gesehene Besuch, für den man als höfliche Geste die Leintücher von den Polstermöbeln zieht, und der dann womöglich noch Platz nimmt. Ein Beamter, und um einen solchen handelt es sich bei einem Aufseher, besitzt seiner Auffassung nach – zumindest insgeheim – das, was er nur zu verwalten hätte. Der Benutzer soll sich daher niemals mit der Einrichtung *identifizieren* können, er muß immer fühlen, daß er der *Fremde*, der *Eindringling* ist. Da es nicht um die Verwaltung von *Wirklichkeit* geht, sondern um die Verwaltung einer *Ordnung*, wird notgedrungenermaßen in den Menschen die *Ordnung* verwaltet. Die Ordnung selbst aber darf wiederum nur der Beamte – oft zu seinem Vorteil – manipulieren, ohne sie dadurch aber grundsätzlich in Frage zu stellen. Zum Beispiel wird um 23 Uhr die

Eingangstüre zum Männerheim versperrt, Einlaß gibt es danach nicht mehr. Aber Heiminsassen berichten, daß man aus einer Telefonzelle anrufen könne und für fünfzig Schilling »Schmiergeld« eingelassen würde. Immer wieder fällt das Wort »Wärter« für »Aufseher«. Die Aufseher bestehen allerdings darauf, Aufseher genannt zu werden und nicht Wärter, obwohl Aufseher eine Assoziation mit Gefängnis und Überwachung hervorruft. Wärter sei schlimmer, heißt es, Wärter gebe es nur im Zoo. Darüber läßt sich streiten.

Was tun die Bewohner zwischen 8 und 18 Uhr außer trinken oder im Tagraum sitzen? Etwa 150 bis 180 von ihnen, erzählt Herr Kottnik, arbeiten. Die meisten *irgendwo hinten*, wo man sie nicht sieht: als Geschirrwäscher, an der Garderobe oder im Prater. Manche als Pfuscher (Schwarzarbeiter). Einige beginnen mit der Arbeit schon um 5 Uhr und legen daher auf Nachtruhe wert – diese erhalten bevorzugt Kabinen.

Unter den Arbeitenden gibt es zahlreiche, die nicht oder nur wenig trinken, aber es ist schwer mit der Wohnadresse *Meldemannstraße* eine reguläre Arbeit zu finden. Man könne sich anziehen und herrichten, wie man wolle, eine feste Absicht zum Durchhalten haben, wird geklagt, meist scheitere jede Bewerbung schon in dem Augenblick, in dem man seine Anschrift bekanntgebe. Außerdem sind viele über fünfzig Jahre alt und Bewerbungen daher von vornherein aussichtslos. »Das schlimmste ist, daß die meisten hier keine Zukunft sehen«, sagen die Obdachlosen. So gehen nicht wenige einmal in der Woche Blut spenden, um sich zwischen 1000 und 1500 Schilling im Monat dazuzuverdienen.

Die Arbeitenden stehen zu den Nichtarbeitenden in einem gespannten Verhältnis. Einerseits gehören sie selbst zu den Heimbewohnern, andererseits verachten sie die Arbeitslosen. Automatisch haben sie die Sprache der Außenwelt gegen die »Tachinierer« und »Sandler« übernommen. Zu einem Zigeuner höre ich einen Obdachlosen sagen, daß »Hitler euch offenbar *vergessen* hat«. Die gegenseitige Bezeichnung als *Viecher* ist alltäglich, und immer wieder kommt es zu Reibereien, die in Gewalttaten enden. Diejenigen, die keine Arbeit finden oder nicht arbeiten können oder wollen und noch nicht zu lethargisch geworden sind, sodaß sie einfach nur mehr *warten*, »vertreiben« sich die *Tage*, die *Zeit* aus ihrem Leben. Im Frühling bis zum Herbst oft mit einem Zelt auf den Donauinseln in einer Art »Huckleberry-Finn«-Idylle. Dort kann sich jemand, der nicht arbeiten muß, vielleicht selbst privilegiert fühlen. Bei Einbruch der Kälte flüchten viele, wenn es möglich ist, ins Heim, wollen sie nicht im »Hotel Schiene« – in Waggons, einer Toilette, unter einer Brücke, in einem Abrißhaus oder im Kanalnetz schlafen.

Die Obdachlosen sind die Kaste der Unberührbaren dieser zivilisierten Gesellschaft, die alles *wegrationalisiert* und *saniert*. Sie verkörpern die geheime und nun augenscheinlich gewordene Angst, selbst von diesem Schicksal getroffen zu werden. Zumeist haben sie eine Scheidung hinter sich, die Familie, die Wohnung, den Arbeitsplatz verloren, Raten- und Alimentenschulden angehäuft und sind bis auf das Existenzminimum gepfändet. Ihr Leben hat die Bewegung des Falles angenommen. Ob dieser Fall durch Alkohol ausgelöst worden ist oder der Alkohol das beständige Gefühl des Fallens betäuben und damit nicht fühlbar machen soll, ist nicht so sehr die Frage. Im Meer der Existenzängste ist das Heim Meldemannstraße jedenfalls kein Rettungsschiff, sondern nur ein Floß, auf dem kein Platz mehr ist. In der Kunst, im Märchen nur kommt es zur Versöhnung zwischen den Obdachlosen, den Vagabunden und den von Ängsten geplagten Behausten: wenn Charly Chaplin, der berühmteste Obdachlose, allem Unbill, der ihm zustößt, mit verzweifeltem Humor trotzt. Ist es ein Zufall, daß gerade Chaplin in einem Film »Der große Diktator« Hitler spielte und ihn persiflierte? Er nahm als Vagabund wie als Diktator dem Zuschauer durch seine Darstellung die Ängste, einerseits, indem er den Obdachlosen romantisch verklärte, andererseits indem er den Diktator der Lächerlichkeit preisgab. Aber Obdachloser wie Diktator stellen auch eine geheime Sehnsucht der »Behausten« dar, wenngleich in irrationaler, zumeist idealisierter Form, die die damit verbundenen Folgen ignoriert.

Die Kabinen von drei Quadratmetern Größe sind als ein halbiertes Zugabteil vorstellbar: ein Bett, darüber ein Gepäcknetz, ein Nachtkästchen – je nach Bewohner vollgestopft mit Plastiksäcken, Hosen, Kleiderhaken, Hemd, Mantel, Jacke. Eine Spanplatte trennt die Verschläge voneinander. In etwa zweieinhalb Metern Höhe ist ein Eisengitter befestigt, um das Einbrechen von oben zu verhindern. So wird die Kabine zum Käfig. Selbstverständlich sind Gerüche (»wenn einer ein Kasler ist« – Schweißfüße hat) und Laute wie Schnarchen aus der Nebenkabine wahrnehmbar. Als ich mich umblicke, entdecke ich eine Autobatterie auf dem Fußboden, von der Drähte zu einem Radioapparat führen. Die Batterien – in jedem Monat werden hundert Kilo entsorgt – dienen als Energiespender, da es in den Kabinen keine Steckdosen gibt, denn, so der Heimleiter, man könne ja nicht den Stromverbrauch jedes einzelnen erheben, außerdem bestünde die Gefahr von Stromunfällen. Das Licht wird zentral um 22 Uhr gelöscht. Trotzdem, oder vielleicht gerade deshalb, sind die Nächte – besonders an den Auszahlungstagen – voller Unruhe. Es herrscht zwar Rauchverbot in den Sälen, aber daran hält sich niemand. In den letzten zwei Jahren kam es dreimal vor, daß jemand das Bett oder seine Decke in Brand steckte. Die Polizei betritt jedoch selten das Haus, außer bei Gewalttaten, die aber »zumeist von den Betroffenen selbst geregelt« würden. »Nachher rauchen sie wieder zusammen eine Zigarette und die Angelegenheit ist erledigt«, sagen die Aufseher.

Wenn man die Türen zu den Kabinen öffnet, tut sich zugleich ein Blick auf in die Vielfalt menschlicher Existenzen und Charaktere. Die persönliche Habe ist immer sehr bescheiden, – was der Kasten oder der Spind nicht fassen können, wird zwei Monate in einem Kellermagazin gelagert und dann vernichtet (!) – und sie wird unterschiedlich aufbewahrt: achtlos zusammengeworfen oder penibel sortiert. Jeder Heimbewohner kann aus einem Depot übrigens gratis alte, von der »Allgemeinheit« gespendete Kleider für seinen privaten Bedarf bekommen. Davon wird rege Gebrauch gemacht. (Am meisten fehlen Schuhe und Unterwäsche).

Für die Fotografin darf einer der Bewohner, ein älterer Mann, seine Ziehharmonika herauskramen und spielen. Ergriffen von der Musik singt und spielt er vor sich hin, in rührender Selbstvergessenheit. Wie sich herausstellt, ist es ihm nicht erlaubt, im Heim zu musizieren. Im Aufenthaltsraum ist er eine Belästigung, die Kabinen dürfen tagsüber nicht betreten werden und am Abend wollen die anderen »ihre Ruhe haben«. Auch auf der Straße oder im Park darf er nicht spielen, denn sobald sich jemand »aufregt«, muß er »still sein«. An diesem Ziehharmonikaspieler wird die ganze Häßlichkeit sinnloser Ordnungen sichtbar. Die Ordnung im Heim nimmt nicht zur Kenntnis, daß hinter jedem Obdachlosen ein eigenes Schicksal steht, das sich oft nicht mit ähnlich gelagerten auf einen Nenner bringen läßt.

Für die Teilentmündigten, die Sprach- und Denkgestörten, die als »Ausschußgut der Psychiatriereform«, wie der Sozialarbeiter sagt, im Männerheim Meldemannstraße landen, weil die Folgeeinrichtungen fehlen, ist alles noch viel schwerer und aussichtsloser. Wie sollen sie sich nach zwanzigjährigem und längerem Aufenthalt im »Steinhof« nun hier *zurechtfinden, behaupten*? Dabei gibt es sogar welche, die arbeiten. Ein Fünfzigjähriger zum Beispiel ist in einer Klostergärtnerei beschäftigt und versieht dort freiwillig von Tagesanbruch »bis es dunkel wird«, seinen Dienst, damit er nur zum Schlafen ins Heim kommen muß. Er gehört zu den »aussichtslosen Fällen«, wie die Aufseher sie nennen, also jenen, für die das Männerheim »wahrscheinlich die letzte Station« ist (wie auch für viele Haftentlassene, denn sie haben fast alle das »Alkoholproblem«). Am auffälligsten ist die Zunahme von obdachlosen Jugendlichen. Auf sie wirken sich die Umstände doppelt verheerend aus. Sie sind zwar mit einem finanziellen Minimum ausgestattet, aber ansonsten sich und ihrem Schicksal überlassen.

Der Heimleiter führt mich in das Zimmer im vierten Stock, in dem die Aufseher übernachten. Es ist klein, eng, dunkel und wenig animierend. Zwei Stahlrohrbetten stehen darin, ein kleiner Tisch, ein Stuhl, an der Wand der Sicherungs- und Sanitätskasten. Auf dem Tisch liegt das »Stockbuch«, in dem die Geschehnisse der Nächte festgehalten werden. Ich schlage das Buch auf: »Herr P. randalierte in betrunkenem Zustand im Schlafsaal, beschimpfte die Aufseher und wurde für eine Nacht aus dem Heim gewiesen«, ist da in einer kindlichen Handschrift zu lesen. »Bettwäsche wurde wegen Bettnässens getauscht.« »Bei Herrn S. wurde mehrmals Alkohol gefunden und vernichtet.« »Raufhandel. Um 23.00 Uhr zwischen Herrn Sch. und Herrn P. Herr P. wurde auch zu dem Aufseher tätlich.« »Herr X. wurde frech und drohte mir mit dem Rathaus und Arbeitsverlust. Wurde um 23.55 Uhr aus dem Heim gewiesen«, lese ich weiter.

Von den Heimbewohnern hört man viel kritisches über die Aufseher. Mehrmals fällt in Gesprächen das Wort »Hitlervilla«, »KZ« und die Bezeichnung »Mafiabetrieb« und »KZ-Aufseher«. Natürlich üben die Aufseher Gewalt aus, wird betont, ja es gibt sogar die Anschuldigung, daß an den Zahltagen Betrunkene, die spät ins Heim kommen, von ihnen »abgestiert« werden. Außerdem werden einige Aufseher »Mr. Hundertprozent« genannt, weil sie vor dem

Zahltag an Obdachlose Geld entlehnen und nachher das Doppelte zurückverlangen. Allerdings wird immer darauf hingewiesen, daß es auch »superehrliche« Menschen unter den Aufsehern gibt und daß sie sich untereinander nicht verstünden: »Weder politisch noch in der Beziehung zur Menschlichkeit.«

»Wenn man in der Meldemannstraße wohnt«, so lautet aber der Tenor, »ist man halt rechtlos. Wohin soll man sich wenden?« Es wird weiter Klage darüber geführt, daß die Glocke an der Eingangstür »absichtlich« nicht funktioniert, damit die Aufseher nicht hören, wenn jemand nach 23 Uhr läutet. Es soll ferner vorkommen, daß man in eisigen Winternächten aus dem Heim gewiesen wird, auch wenn man bei einem Konflikt nicht Schuld gewesen ist. Außerdem gibt es Schikanen beim Bettenbau. Die Kontrolle darüber, die den Aufsehern »obliege«, sei ein »Teil des Machtspieles«. Die Bettdecken würden »nur alle zehn Jahre gewaschen« und seien oft von den Vorgängern, sofern diese Bettnässer gewesen seien, über das Leintuch gelegt worden. Und »es san die Aufseher, die was hergengan, wenn do ana schnarcht, der nimmt eahm beim Kreuz und schleift eahm ausse bis zu de Stiagn oder haut eahm ausn Tagraum ausse. Des is nimma mehr menschlich«. Auch Ohrfeigen »weil es an Aufseher grad so paßt hat«, habe er beobachten können, berichtet ein Heimbewohner empört.

In der »Gruabn« (Grube), einem der um das Männerheim liegenden Lokale (wie dem »Schlauch«, dem »Kremser Stüberl« oder der »Eva«), verlangt ein Heimbewohner, daß ich folgendes »wortgetreu« aufzeichne: »Die asozialste Einrichtung der Gemeinde

Wien sind die Männerheime. In diesen sogenannten Heimen wird der Mensch zum Tier gemacht, ausgenützt bis zum letzten, zum Nichts degradiert und so wird es bleiben.«

Die Aufseher verteidigen sich gegen solche Vorwürfe. Gewalt, die ausgeübt werde, sei nur Gegengewalt: »Wie man in den Wald ruft, so hallt es zurück.« Nicht selten würden sie von einem der Bewohner attackiert. »Was machen Sie, wenn Ihnen einer das Gebiß hinspuckt?« Erst vor zwei Tagen sei einem Aufseher die Brille zerschlagen worden. Auf die Frage, was die Folge davon gewesen sei, sagt der Aufseher: »Ja, nix. Ausseghaut hat er ihn. Er darf ja net zruckhaun. Er darf ihn net amal angreifn. Wenns ihn angreifn, habens womöglich noch a Gerichtsverfahren!« Er selbst sei auch einmal mit einer abgeschlagenen Flasche attackiert worden. Man müsse immer auf alles gefaßt sein, dürfe aber andererseits keine Angst zeigen. »Verbale Wortgefechte« stünden ohnedies »auf der Tagesordnung«. Er sehe das aber so, daß herinnen »fast lauter Kranke san!«. Allein die Anzahl der Epileptiker schätzt er auf zehn bis zwanzig Prozent. Nach epileptischen Anfällen würden die Betreffenden allerdings nicht zu Bett gebracht. »Noch an Anfall laßt man a bißl. Legt man auf'd Seitn, laßt eahm a bißl okühln, daß er si dafangt. Wenn er si dafangt hat, dann gehts scho wieda, dann setzt man auf. Dann sagt er scho söba – geht scho wieda!« Viele könnten nirgendwo anders schlafen als im Schlafsaal, »denen stürzt in ana Kabine die Decken auf den Kopf! Erkundigen Sie sich doch, wieviele von denen es draußen alleine schaffen? Ein Prozent! Der Rest kommt zurück!« Es seien alles

Menschen, die sich persönlich nicht mehr fänden. Die »schlimmen Fälle« würden auch alles verlieren und beklagten sich dann, daß sie bestohlen worden seien. Selbst ihre Papiere verlören sie. Die Hauptaufgabe des Sozialarbeiters sei das Besorgen von neuen Papieren. Man lasse im Heim ohnedies jeden prinzipiell drei Tage ohne Ausweis übernachten.

Die Aufseher haben keine besondere Ausbildung erhalten, sie berufen sich auf das »*Fingerspitzengefühl*«, das im Umgang mit Menschen vorhanden sein müsse. Die meisten sind Handwerker, die selbst einmal vor der Entlassung standen und *Sicherheit suchten*. Wegen des *sicheren Postens* haben sie, wie sie selbst sagen, den Job angenommen, den sie allerdings nur ausüben könnten, »wenn man sich innerlich ein bißchen distanzieren« könne.

Natürlich sehe ich auch den »Brunzerlsaal«, in dem am späten Nachmittag einige Gestalten reglos auf den Betten liegen. Es ist still, manchmal ein Röcheln, manchmal ein Husten. Ich sehe auch die unsagbar schmutzigen Toiletten im Parterre, die Küche, in der ein Bewohner, der als »Trankler« bezeichnet wird, unter nicht ganz klinischen Bedingungen für dreißig bis vierzig Personen ein preiswertes Mittagessen kocht, und ich höre von Dutzenden von Menschen verworrene Lebensgeschichten, unterbrochen von den Zwischenrufen der Umsitzenden. Einige weinen beim Erzählen, die meisten verstummen und starren auf die Tischplatte, um sich plötzlich wieder loszureißen und in den Lärm zu stürzen oder ihrerseits lautstark ein anderes Gespräch zu unterbrechen.

Am nächsten Tag sagt der Sozialarbeiter, Herr

Schmidt, es sei zu mühsam, sich mit den Behauptungen der Aufseher auseinanderzusetzen, daß es an den Obdachlosen läge, wenn sie sich draußen nicht mehr zurechtfänden. »Die so etwas sagen, haben sich nie um den einzelnen bemüht, kennen seine Vorgeschichte und die Entwicklung nicht, die mit ihm im Männerheim passierte und sie wissen auch nicht, was nachher geschieht.« Sie *triumphieren* dann mehr oder weniger und sagen: Der Trottl von einem Sozialarbeiter, jetzt hat er irgendjemanden außibracht und jetzt san acht Monate vergangan, und er ist scho wieda da. Wir alle kommen mit leeren Händen«, sagt er. »Natürlich sind keine erschwinglichen Wohnungen zu haben, keine angemessenen Arbeitsplätze und es gibt auch keine zufriedenstellende Betreuung draußen«. Das Obdachlosenheim nennt der Sozialarbeiter ein verwaltetes *Menschensilo*. »Diese Häuser scheinen alle gleich zu sein«, schreibt George Orwell. »Sie haben etwas Ekelhaftes an sich.« Übrigens gibt es keine soziologische Studie über die Ursachen der Obdachlosigkeit. »Sie hat hundertmillionen Faktoren, aber bevor es keine genaue Untersuchung darüber gibt, kann man nur im Dunkeln tappen«, erklärt mir der Sozialarbeiter.

Als ich an einem der nächsten Tage wieder im Aufenthaltsraum sitze, ist es verhältnismäßig ruhig. Zwei Männer spielen Schach, ein russischer Emigrant, der aus Israel nach Wien »zurückkehrte«, treibt Späße. Alles »bewegt sich in den üblichen Geleisen«. Bis heute, denke ich, sind die Menschen – beispielsweise in einem Obdachlosenheim – nur *Statisten* in einer von Beamten inszenierten Verwaltung geblieben.

Worum es geht, ist, die Pathologie der bürokratischen Ordnung zu beschreiben, denke ich weiter, die unsichtbare Zwangsjacke sichtbar zu machen, die uns die Verhältnisse anlegen und die wir als *Ohnmacht* zu empfinden gelernt haben.

Um 22.00 Uhr ruft eine Stimme aus einem Lautsprecher im Aufenthaltsraum zur »Bettruhe« auf.

»Ist das nicht ein Bahnhof ohne Ziel?«, fragt mich einer der Bewohner, als er sich erhebt, um sein Bett mit dem Kuscheltier aufzusuchen und sich dort mühsam in den Schlaf vorzuarbeiten.

Ein Bahnhof ohne Ziel ist eine poetische Umschreibung. In Wirklichkeit wird in der Meldemannstraße der alltägliche Mord begangen, jene Art von Mord, bei der kein Blut fließt. Das Männerheim ist einer der düsteren Orte, die den Abscheu, den Ekel und die geheimen Todeswünsche widerspiegeln, mit denen die Gesellschaft ihren Außenseitern begegnet.

Der Narrenturm

Das Zimmer des fünfundsiebzigjährigen Hofrates ist klein und nur wenig Licht fällt durch das Fenster. Unter dem Ärztemantel, der halb offen ist, trägt er einen handgestrickten Pullover mit einem roten Herzen, das sich zur Gänze über die massige Brust erstreckt. Früher in seiner Studentenzeit war das »Mitglied mehrerer monarchistischer Landsmannschaften« Dr. K. A. von Portele, wie der Hofrat heißt, Amateurringer. Nach dem Studium arbeitete er 26 Jahre als Pathologe und hat unzählige – »ein paar tausend werden es schon sein« – Obduktionen vorgenommen. Ein Skelett steht hinter meinem Stuhl an der Wand. Das Zimmer war früher eine Zelle und das Gebäude, in dem ich mich befinde, ist der »Narrenturm« im sechsten Hof des Allgemeinen Krankenhauses, in dem jetzt das »Pathologisch-Anatomische Bundesmuseum« untergebracht ist. Lange Zeit hieß dieses Gebäude im Volksmund: »Kaiser Josef II. Gugelhupf« und »daß jemand in den Gugelhupf gehört« ist in Österreich heute noch eine Redewendung, mit der man dem Betreffenden zu verstehen gibt, daß man ihn für verrückt hält. Betritt man den Narrenturm, begibt man sich auf eine lange Reise durch Schreck' und Leid', durch Mythen, Kunst, Literatur und Geschichte. Sie beginnt und endet in Glasgefäßen und Schaukästen, in denen »Sirenen«, »Zyklopen«, »Janusköpfe« und »Siamesische Zwillinge« als medizinische Feuchtpräparate oder als Skelette dahindämmern wie Fundstücke aus Bildern Goyas, Boschs und Kubins oder Figuren aus den Werken Homers, der Gebrüder Grimm und Becketts. Gerade Künstler hat das Phänomen der »Mißbildungen«, wie die Medizin sie nennt, in einer sich als normal begreifenden Gesellschaft fasziniert: Herzmanovsky-Orlando, Victor Hugo und Twain, Kafka, Rabelais, Poe, E. T. A. Hoffmann, Gogol oder die Griechischen Tragiker ebenso wie Ionesco, Cocteau, Marquez, Grass, Swift oder Baudelaire – in der Bildenden Kunst Dürer und Velazquez, Picasso, Böcklin, Bruegel, Schad, Klinger oder Bacon. In den Comic-Strips tauchen »Mißbildungen« als Monstren auf, und geistige »Mißbildungen« bevölkern die Werke Shakespeares, Cervantes', Dostojewskijs, Büchners und Stevensons. In Filmen – von Meliés bis Buñuel, Fellini und Browning, Tarkowskij und Herzog – wird an ihnen die Mißbildung der Gesellschaft offenbar. »Mißgebildete Tiere« grüßen als entfernte Verwandte: Moby Dick, King Kong, die Hydra, Cerberus, der Weiße Hai und nicht zuletzt der Doppeladler, jene »Mißbildung«, die das Symbol der österreichischen Monarchie war. Auch Künstler waren geistig oder körperlich »mißgebildet«: Van Gogh und Nietzsche, Artaud und Strindberg, Munch und Hölderlin, Toulouse-Lautrec, Lichtenberg und Menzel, Wolf und Wölfli, Schumann, du Nerval, Panizza, Lenz, Swedenborg oder Messerschmidt.

1971 wurde das Pathologisch-Anatomische Museum, das 1796 in der Prosektur des Allgemeinen Krankenhauses in Wien gegründet worden war, mit neuntausend »Objekten« in den Narrenturm übersiedelt. Heute umfaßt es über 42 000 vornehmlich menschliche, aber auch tierische Präparate. Zehn- bis fünfzehntausend Besucher – zumeist Schüler – lösen pro Jahr eine Eintrittskarte für das wohl seltsamste Museum Wiens mit seiner spektakulären Sammlung von Mißbildungen.

Im Mittelalter galten menschliche »Mißbildungen« noch als Wunder. Im neunzehnten Jahrhundert wurden sie während ihres zumeist nur kurzen Lebens als »Show-Freaks« in »Side-Shows« von Barnum & Bailey, aber auch im Wiener Prater ausgestellt: Liliputaner und Riesen, bärtige Damen, Albinos, Rumpfmenschen, Haarmenschen, Vogelköpfe, Kolosse, Doppelmenschen, Armlose und »Halbmenschen«, die als »missing links«, als »fehlende Glieder« in der Abstammungskette vom Tier zum Menschen aufgefaßt wurden. Als Schauobjekte waren sie auf eine Stufe gestellt mit »fremden Tieren«. Übrigens gab es auch »fremde Menschen« zu besichtigen: Nubier, Kalmücken, Zulukaffer, Somalis, Lappländer, Chinesen oder Japaner, die in »Völkerschauen« gezeigt wurden. Julia Pastrana, eine mexikanische »Kreolin« mit einem »Affengesicht« war das berühmteste dieser scheinbar gefundenen »fehlenden Glieder«. Sie wurde in zahlreichen wissenschaftlichen Werken abgebildet. »Für die ganze Welt war sie nur eine Mißgeburt, eine Abnormität«, schreibt Soltarino 1895 in »Fahrend Volk«. »Für die Wenigen aber, welche sie näher kannten, war sie ein warm empfindendes, denkendes, geistig sehr begabtes Wesen mit gefühlvollem Herzen, sinnend und zartfühlend ... Sie las gern, sie war wißbegierig, eine feine Menschenkennerin und dabei ein so herzensgutes Geschöpf.« Ihr Impresario und Ehemann ließ sie nach ihrem Tod bei der Geburt eines Kindes zusammen mit diesem skalpieren und ausstopfen und verkaufte die Körper an »Präuschers Panoptikum und Anatomisches Museum« im Wiener Prater. Dort waren sie 1861 in einem »rot-seidenen Flitterkleidchen«, wie Soltarino schreibt, zu sehen, »ihr Kind in einem ebensolchen Flitterkleidchen auf einer Stange neben ihr, wie ein Papagei«. 1889 wurden sie in einer anthropologischen Ausstellung in München gezeigt. 1951 befanden sie sich im Besitz des norwegischen Schaustellers Haakon, inzwischen sollen sie nach Amerika verkauft worden sein.

Andere wurden überhaupt erst nach ihrem Tod zu Schauobjekten, so der legendäre »Neger Angelo Soliman«. Canaletto hat ihn gemalt, Mozart und Schikaneder haben ihn als *Monostatos* in die »Zauberflöte« eingeführt, Herzmanovsky-Orlando hat seinem Schicksal ein Stück gewidmet, und Robert Musil nahm ihn schließlich zum Vorbild für die gleichnamige Figur in seinem Roman »Der Mann ohne Eigenschaften«. Soliman wurde 1721 in Ostafrika geboren, nach Messina verschleppt und gelangte schließlich nach Wien »in den Besitz« der Fürsten Lobkowitz und Liechtenstein, die ihn, wie man zu sagen pflegt, »katholisch machten«. Er war ein äußerst gewandter Mann, »einer der stärksten Schachspieler«, sprach italienisch, französisch und deutsch und besaß ein »treffliches Gedächtnis«. Er heiratete in Wien eine Dame der Gesellschaft und hatte mit ihr eine Tochter Josefa. Nach seinem Tod im Alter von 75 Jahren wurde seine Haut »über Holz gespannt« und das »Stopfpräparat« im vierten Zimmer des Naturalienkabinetts in der Hofburg »nackt mit einem Federgürtel um die Lenden« ausgestellt. Kurze Zeit später brachte man ein sechsjähriges, ausgestopftes »Negermädchen« im selben Schrank unter. Der Schrank erhielt die Sammelbezeichnung »Repräsentanten des Menschengeschlechtes«. Sie blieben keine Sonderfälle. Nicht lange darauf wurde im Erdgeschoß der »präparierte Mulatte Angiola«, der in der kaiserlichen Menagerie in Schönbrunn Tierwärter war, vor einem Wandgemälde der afrikanischen Wüste auf ein ausgestopftes Kamel gesetzt, umgeben von Antilopen, einem Dromedar, einigen Zebras, einem Tapir und einem jungen Nashorn. Ähnlich erging es dem achtunddreißigjährigen »Neger Josef Hammer«, einem Gärtner, der 1808 im Spital der Barmherzigen Brüder in der Leopoldstadt verstarb und den der Oberkrankenwärter Frater Narziss der Sammlung schenkte. 1848, während der Revolutionsereignisse, geriet das Dach über dem Naturalienkabinett in Brand. Im Brandrapport über die »sehr erheblichen Verluste« werden auch die »vier menschlichen Stopfpräparate« erwähnt, die man inzwischen auf den Dachboden geschafft hatte.

Der Narrenturm wurde im Jahre 1784 von »Weyland Sr. Majestät Josef II.«, wie der Hofrat ausführt, nach den Plänen von Josef von Quarin erbaut. Das Gebäude ist, um es vorwegzunehmen, selbst ein Unikum und ein mittlerweile denkmalgeschütztes Schauobjekt.

Doch nicht seine seltsame Architektur macht es zur »Mißbildung«, sondern sein ursprünglicher Kerkercharakter. Der Grundriß sieht aus wie ein Mühlenrad mit einem Querbalken. Das Gebäude selbst ist fünf Stockwerke hoch und in 139 Zellen unterteilt, in jedem Stockwerk – bis auf das Erdgeschoß – befinden sich 28. In der Mehrzahl waren diese kleinen Zellen für zwei Kranke vorgesehen, im Durchschnitt belegten 200 bis 270 das Gebäude. Selbstverständlich läßt die Form des Narrenturms an die berühmte *Klapsmühle* denken. Verschiedene Gründe werden als Ursache für sein Aussehen angeführt, wobei die wichtigsten das »Sicherheitsbedürfnis« und die »rationale Einteilung« waren. Und nicht zuletzt wirkte, wie Dieter Jetter in seiner Untersuchung der Geschichte des Hospitals »Wien von den Anfängen bis um 1900« ausführt, »vermutlich ... der runde Innenhof wie ein Industrieschlot, der die ›miasmatischen Ausdünstungen‹ der total Verdreckten nach oben zog und in den Himmel wirbelte«. Speziell die französische Architektur suchte damals nach neuen Formen. Etienne Louis Boullée entwarf 1784 einen kugelförmigen »Kenotaph für Isaak Newton«, B. Poyet 1786 ein kreisrundes Hospital, Ledoux 1755 die kreisrund angelegte Salinenstadt Chaux und J. F. Neufforge 1780 ein kreisrundes Gefängnis.

Michel Foucault weist der Medizin zusammen mit der Justiz einen zentralen Platz in den Mechanismen der gesellschaftlichen Unterdrückung zu. Bis zum Ende des achtzehnten Jahrhunderts sah man im »Irren« ein bösartiges Tier, dem man auch dessen Stärke, Fühllosigkeit und Unverwundbarkeit zuschrieb. Foucault erkannte die Entwicklung einer am Gesetz orientierten Rechtsgesellschaft zu einer an der Norm ausgerichteten, die vor allem »eine unaufhörliche Sichtbarkeit und permanente Klassifizierung, Hierarchisierung und Qualifizierung der Individuen anhand von diagnostischen Grenzwerten« benötigt. »Die Norm wird zum Kriterium, nach dem die Individuen sortiert werden. Sobald sich nun eine Normengesellschaft entwikkelt, wird die Medizin, die ja die Wissenschaft vom Normalen und Pathologischen ist, zur Königin der Wissenschaften.« Mit dem Modell der »kreisförmigen oder halbkreisförmigen Gefängnisse« war es, wie ein französischer Innenminister 1841 schrieb, »möglich, von einem einzigen Zentrum aus alle Häftlinge in ihren Zellen sowie die Wächter ... zu sehen«. Diese als »panoptisch« bezeichnete Absicht ist im Gegensatz zu französischen Beispielen im Narrenturm nicht zur Gänze ausgeführt. Es gab keinen direkten Zugang zum Gebäude, das man nur über die zahlreichen Höfe des Allgemeinen Krankenhauses oder des Militärhospitals erreichen konnte. Im mittleren Balken, der *Sehne*, die für das Pflege- und Überwachungspersonal vorgesehen war, befand sich die einzige Treppe. »Nur durch brückenartige Übergänge konnte man in jeden Stock zu den ringförmigen Gängen hinübergehen. Hier aber waren«, so Jetter, »weitere Sicherheitssperren zu überwinden, die wieder aus einer Holztür und einem Eisengitter bestanden«. Die Fenster, in die nur im Winter Glasscheiben eingesetzt wurden, waren vergittert und die Mauern so dick, daß sie »selbst Kanonenkugeln standgehalten hätten«. Auch gab es kaum Licht im Turm, keine Heizung und kein Wasser, das mühsam aus dem Hauptspital herbeigeschafft werden mußte.

Der »Volkskaiser« Josef II., zweifellos ein aufgeklärter Regent (»Den Ärmsten als Menschen zu schätzen und ihn mit Liebe zu behandeln«), hatte eigenhändig Anweisungen gegeben, wie die Patienten untergebracht werden mußten. Es gibt wenige Dokumente, die so deutlich die Rolle der Geisteskranken im Spiel mit der herrschenden Staatsmacht und seiner gesellschaftlichen Praxis aufzeigen: »1. In die 28 Zimmer des obersten Stockes des Irrenhauses (Irrenthurmes) kommen aus dem spanischen Spitale die 3 unreinen und die 10 von St. Marx zu zwei und zwei also, in 7 Kammern, jeder angeschmiedet. In den übrigen der 21 Kammern kommen von den 48 unruhigen, 21 hinauf, jeder einzelweis.« schrieb Josef II. »2. In den darunter befindlichen niederen Stock kommen dann die übrigen 27 ebenfalls unruhigen und müssen auch einzelweis verbleiben. 3. Der weiters tiefere Stock bleibt ganz leer. 4. In den folgenden ersten Stock kommen die 40 ganz ruhigen und theilweise incurablen Männer sowohl von St. Marx als vom spanischen Spitale zu stehen und in jede Kammer zu zwei und zwei Männer und Weiber immer von nemlichen Geschlechte zusammengesperrt werden. 5. Die Kammern zu ebener Erde bleiben ebenfalls noch leer und werden diese zweien leeren Stöcke für die Militär-Irren oder Zuwachs reseviret, die noch kommen.« In den beiden oberen Stöcken durften die »Irren nicht zusammenkommen und werden nicht herausgelassen. Von den unteren Stöcken, wo zwei und zwei beisammenliegen, werden wechselweise Männer und Weiber zu unterschiedlichen Stunden in den Hof hinabgelassen...«.

Josef II. starb 1790.

Das Überwachungsdenken, das seinen Anweisungen zu Grunde lag, wird erst in seinem ganzen Ausmaß ersichtlich, wenn man liest, daß 1839 der damalige »Primarius der Irrenabteilung« Michael Viszanik »aus der Anstalt für immer die eisernen Gitterthüren verbannte, ferner eiserne, zum Anhängen der Geisteskranken bestimmte, Ketten (offenbar nicht alle) und hiemit eine Eisenmenge von fast 200 Centnern im Gewicht«. Für die Ketten waren zum Anschmieden der Geisteskranken Ringe am Fußboden und in der Wand vorgesehen. Zehn Jahre nach der Eröffnung wurden die vergitterten Löcher in den Zellen, die als Aborte angebracht waren, durch Leibschüsseln ersetzt. »Um Wasser und Urin (!) bei ›Unreinen‹ abfließen zu lassen«, schreibt Jetter, »hatte man alle Fußböden zur Tür hin abschüssig gemacht.« Die »Rasenden« waren auf Stroh gebettet und die Türen hatten ein »fest zu verriegelndes Fensterchen, durch das bereits kleingeschnittenes Essen in Näpfen, natürlich ohne Messer und Gabel, gereicht werden konnte«. Erst 1827 wurde eine Art Heizung eingebaut, indem man warme Luft durch die Zellentür zu den Kranken leitete. Michael Viszanik hat 1845 in einer Statistik von 1829 bis 1843 insgesamt 3582 Patienten erfaßt. Er registrierte unter anderen folgende Fälle: 946 Ecstasis, 653 Paranoia, 651 Anoia, 446 Melancholia, 193 Delirium tremens potatorum, 185 Epilepsia...

Um einen Eindruck von den Therapien zu gewinnen, mit denen man die Kranken zu heilen versuchte, frage ich Dr. von Portele nach alten Krankengeschichten. Im Raum hängen Schwarzweiß-Fotografien, die bei Obduktionen aufgenommen wurden, und Bilder des Pathologisch-Anatomischen Museums. Der Hofrat lehnt sich zurück und sagt: »Ich habe keine Krankengeschichten gefunden. Erklärt wurde es mir von den Verwaltern so: Schauns, zweimal hat man hier Altpapier gesammelt. Das erste Mal im Ersten Weltkrieg, das zweite Mal im Zweiten Weltkrieg... Irgendwelche Wassertherapie wird es hier kaum gegeben haben, denn wir haben ja kein Wasser gehabt. Angewendet wurden *Drehstühle* – ich habe zwar keine gesehen und ich habe keine im Museum, aber die Sachen sind ja auch weggeworfen worden. Ich habe aber Anhaltspunkte aus der Literatur, daß man unter der Haut im Nacken ein sogenanntes ›Haarseil‹ eingezogen hat. Hier waren wahrscheinlich auch viele Luetiker... Ein Haarseil, also aus Pferde- oder Frauenhaar, keineswegs steril, sodaß es zu Eiterungen geführt hat... Die Patienten haben dann Fieber bekommen. Und wenn sie bei der progressiven Paralyse Fieber erzeugen, haben sie einen gewissen therapeutischen Effekt.« Der Hofrat sieht im Bau des Narrenturmes vornehmlich eine Verbesserung gegenüber der »Behandlung der Irren«, die vorher praktiziert wurde und beruft sich ebenfalls auf Jetter, der ihn »als vorbildliche Lösung seiner Zeit«, und zwar in »Sudhoffs Archiv für Geschichte der Medizin und Naturwissenschaften«, bezeichnet habe. Josef II. sei nämlich der Mann gewesen, der die Geisteskranken aus den »Kellern heraufbrachte«, in die man sie früher gesperrt habe. Auf dem Wiener »Hohen Markt« war das Verspotten der »Narren«, die man hinter Eisengittern in Narrenkottern gepfercht hatte, ein beliebter »Volkssport«. Die Wiener wunderten sich auch, daß Josef II. zur Unterbringung der Narren so viel Geld ausgab. »Josephus II. Augustus, hic Primus« (Kaiser Josef der Zweite, hier der Erste), soll mit Kreide auf die Mauer des Turmes geschrieben worden sein. Ein Bericht aus dem Jahr 1843 schildert die Zustände allerdings folgendermaßen: »Die größte Unreinlichkeit, ein scheußlicher, unerträglicher Gestank, Heulen und Brüllen, ein entsetzendes, schauderhaftes Jammergeschrei vieler, noch an schweren Ketten und eisernen Reifen, an den Beinen und Armen, selbst am Halse auf die grauenhafteste Weise gefesselter Irren sind Objekte, die dem besuchenden Arzt in diesem Turm entgegentreten... Auf allen Gesichtern und in der ganzen Haltung der Irren sind gräßlicher Jammer, Schmerz und Verzweiflung ausgeprägt; bei magerer Kost und unter unaufhörlichem Schmerz des Körpers, die durch gewalttätige Heilversuche mittels perpetueller Vesicatorien und der Pustelsalbe hervorgerufen werden, wird diesen beweinenswerten Kranken nicht einmal zuteil, worüber sich selbst die schwersten Verbrecher und Mörder von Zeit zu Zeit erfreuen, denn nie scheint auf diese Unglücklichen ein Strahl von Sonne oder das volle Tageslicht...« 1795 wurden im Narrenturm für »ruhige Patienten« zwei Gärten, getrennt für Frauen und Männer, angelegt, ferner gab es folgenden Erlaß: »Diejenigen, die einer Beschäftigung fähig sind, wozu sie keiner Werkzeuge bedürfen, womit sie sich oder anderen gefährlich werden können, werden nach ihrer Art mit Schreiben, Zeichnen, Malen, Musik und dergleichen verschieden beschäftigt oder aber zum Garnwinden, wovon sie einigen Gewinn haben, verwendet.« Daß der Narrenturm nicht unterkellert ist, sagt der Hofrat, sei darauf zurückzuführen, daß Josef II. unter allen Umständen eine Haltung der Geisteskranken in Kellerräumen habe verhindern wollen. Der Monarch ließ auf der »Sehne« ein achteckiges Türmchen bauen, von dem aus er gerne das Allgemeine Krankenhaus, aber auch den Sternenhimmel betrachtet haben soll. Daß es ansonsten der Überwachung diente, darf man vermuten.

1869, 16 Jahre nach der Eröffnung der neuen Landesirrenanstalt, wurde der Narrenturm für »Irre geschlossen« und fortan als Schwesternwohnheim verwendet. 1900 war sein Abbruch geplant, er wurde aber bis zum heutigen Tag »verschoben«. Auch jetzt waren und sind Schwesternwohnungen, Depots und Werkstätten in ihm untergebracht. Derzeit gibt es außerdem »Zimmer für Fremdarbeiter«, sagt der Hofrat, als er mich auf einen Rundgang mitnimmt. Kohlenkisten stehen im Flur, man hat Gemeinschaftsklosetts und Duschen eingebaut. Als eine Türe aufgesperrt wird, sehe ich gelbe Wände, einen Linoleumboden und einen Eisenofen in der leeren Zelle. Auf dem Gang verliert man rasch die Orientierung, weil man sich ununterbrochen im Kreis bewegt. Plötzlich flattert etwas über meinem Kopf. In der Dämmerung des Gebäudes erkenne ich zwei Tauben, die sich in den Narrenturm verflogen haben. »Wenn die Fenster offen gelassen werden, kommt das öfters vor«, sagt die wissenschaftliche Assistentin. »Die muß man dann hinaustreiben. Das ist furchtbar, weil sie einen angreifen.«

Unmittelbar hinter dem Eingang steht das Skelett »der kleinen Gräfin«, ein zwergenhaftes Knochengerüst mit einem riesigen Schädel. Die ›kleine Gräfin‹ litt an einem Wasserkopf (Hydrozephalus) und wurde nur fünf Jahre alt. »Die Eltern brachten sie in das Allgemeine Krankenhaus, wo sie gestorben ist«, sagt der Hofrat. »Ich habe noch einen viel größeren aus dem Burgenland gesehen«, fährt er fort, »der Fall ist in der Psychiatrie gezeigt worden: Die Eltern haben damals Angst gehabt, daß ihr Sohn von den Nazis umgebracht wird. Ein Gendarm hat sie auf die Idee gebracht, eine Abgängigkeitsanzeige zu erstatten, mit dem Hinweis, daß ihr Kind vermutlich in den Neusiedlersee gefallen sei. So haben sie es auf dem Dachboden versteckt. Es konnte kaum reden, aber dort in der Abgeschiedenheit des Verstecks hat es innerhalb von zweihundert Tagen sprechen und sogar lesen und schreiben gelernt. Und man kann sich fragen, eigentlich warum schickt man die Kinder in die Volksschule? Das Kind ist dann irgendwann nach dem Krieg an einer Infektion gestorben.«

Übrigens wurden im Dritten Reich von den sogenannten »Mißbildungen« nur Riesen und Zwerge nicht als »Abnormitäten« oder »Erbkranke« ermordet. Es gab sogar Liliputanerschauen und -zirkusse. Die Ursachen liegen vermutlich in der germanischen Mythologie, auf die man sich berief und in der neben Riesen auch Zwerge eine Rolle spielen.

In einer der ehemaligen Zellen befindet sich das Glasgefäß mit dem Oberkörper und dem Kopf eines (weiteren) Hydrozephalus, der geheimnisvoll wie ein Wesen von einem anderen Stern zu schlafen scheint. Daneben hunderte Behälter mit Gehirnschnitten und Gehirnpräparaten auf den Regalen. Bei so viel Leichenarbeit der Wissenschaft, die man sich im einzelnen weder ausmalen kann noch will, empfindet man Unbehagen. Ein Meer des Elends, denke ich mir, hat diese Geschöpfe und Organe an den Strand der Wissenschaft gespült, wo sie zergliedert, in Formol und Kaiserling aufbewahrt, numeriert und katalogisiert wurden wie Fische oder Muscheln. Überdies weckt der Anblick Assoziationen zur Tübinger Anatomie, wo sich 43 Jahre nach Kriegsende herausstellte, daß die angeblich »unersetzlichsten« Präparate von hingerichteten Widerstandskämpfern im Dritten Reich stammten.

Ich gehe neben Schwester Marianne, die uns bei der Führung begleitet, durch die endlosen Gänge, in denen sie Zellentür um Zellentür öffnet. Im fünften Stock sind in weißen Kästen mit Glasscheiben – Särgen der Wissenschaft – über 150 Skelette oder Skelettteile ausgestellt, alle auf Eisengestellen befestigt oder mit Draht aufgehängt. »Schwere Formen der Tuberkulose«, erklärt die Schwester laut, als spräche sie zu einer Gruppe. »Die Knochenkörper der Wirbelsäule sind in sich zusammengebrochen, deshalb haben diese Skelette die typische Klappmesser-Form.« (Sie sind nach vorne gebeugt, als suchten sie auf dem Boden nach etwas.) Auf den Kästen eine lange Reihe von totgeborenen Mißbildungen, »vergilbte« Föten mit entstellten Gesichtern. »Die Namensgebung ›Cyklopie‹ hat ihre Wurzel in der Odyssee des altgriechischen Dichters Homer«, erläutert der Hofrat jetzt, »der von einem Riesen ›Polyphem‹ berichtet, den Odysseus blendete. Homer beschreibt ihn richtig als einäugig mit einer rüsselförmigen Nase. Es kann also mit Sicherheit angenommen werden«, fährt er fort, »daß die Griechen solche Mißbildungen kannten und Homer sie mit dichterischer Freiheit behandelt hat.« Übrigens verhält es sich mit den Sirenen ähnlich. Ihr Körperende wird durch einen Fischschwanz gebildet. In der Pathologie heißt die Fabelgestalt »Sympus«. Sie ist auf eine Vereinigung beider Beine zurückzuführen. Da sie noch andere Mißbildungen aufweist, ist sie nicht lebensfähig.

Auch der »Januskopf«, ein Kopf mit zwei Gesichtern, ist eine Mißbildung. »Ein Doppelantlitz mit Zyklopengesicht, dreiäugig« heißt es in der Beschreibung. Der Name geht auf den römischen Gott des Anfangs Janus, Schirmherr der Tore und Durchgänge öffentlicher Gebäude, zurück, der zwei Gesichter aufwies. Selbst wenn die Schwester betont, daß es sich bei den Mißbildungen »um Bruchteile von Promillen«, was ihr Vorkommen beträfe, handle, ist man vom Anblick doch bedrückt.

»Doppelbildungen«, sogenannte »Siamesische Zwillinge«, lassen an Doppelgänger und Bewußtseinsspaltung denken, an Dr. Jekyll und Mr. Hyde, Castor und Pollux, oder Kain und Abel, während Doppelbildungen, bei denen nur die obere oder untere Körperhälfte betroffen sind (bzw. Zwillingsarme oder -beine zu einer dritten Extremität verschmelzen), an den vielarmigen, wedischen König der Götter »Indra« erinnern. Ein »Amelus«, der im Ganzen konserviert ist, ist eine »Mißgeburt ohne Glieder«. Es gibt auch Mißgeburten ohne Herzen und solche, deren Schädel keinen Platz für das Großhirn aufweisen (Anencephali). Der Kopf endet bei ihnen über den Augenhöhlen. »Im vorigen Jahrhundert«, berichtet die Schwester, »wurde eine Magd in Korneuburg – ledigerweise – von einem Anencephalus entbunden. Man hat in der breiten Bevölkerung immer *Mystik* in die Medizin hineingebracht und von einer *Strafe Gottes* gesprochen. Der Teufel sei in die Gestalt des Kindes hineingefahren. Man nannte es den Teufel von Korneuburg.«

Später sehe ich, daß fast alle Mißbildungen, die es bei Menschen gibt, auch bei Tieren vorkommen: Kälber mit zwei Köpfen, Katzen mit acht Beinen.

Eines der berühmtesten »Stücke« des Museums ist das »Stopfpräparat« eines dreijährigen Kindes, dessen Todesursache nicht bekannt ist. »Eine Eisenstütze ist vom Holzsockel des schwebend montierten Präparates zwischen den Beinen durch die Perinealgegend eingeführt... Es handelt sich um ein Kind weißer Rasse, das Haupthaar ist etwa einen Zentimeter lang und blond... Die Gesichtshaut ist gelblich gefärbt, und zwar durch Bemalung. Die Bemalung der Lippen und der geöffneten Augen ist ebenfalls typische Präparatorenarbeit.« Fast jedes sogenannte Präparat ist in einem der Obduktionsbefunde, die in schwarzen Ordnern gebunden eine lange Reihe bilden, beschrieben. Viele »Stücke« sind darüberhinaus fotografisch dokumentiert.

Als Kuriosum sei erwähnt, daß selbst *hier* gestohlen wird. »Es ist mir einmal ein Harnstein abhanden gekommen«, berichtet der Professor, während wir uns durch die Gänge im Kreis fortbewegen. »Das besagte Objekt war rundlich und hatte einen Durchmesser von sieben Zentimeter. Ich habe es selbst numeriert! Und es ist im *Steinkasten* gelegen. Wir haben einmal den Schlüssel stecken lassen und da war es weg.« Der Hofrat kennt nicht alle seiner mehr als 42 000 Präparate, aber er hat »ein gutes optisches Gedächtnis«. »Die Schwester«, fährt er fort, »hat einmal einen acht Zentimeter langen Fötus in *Plastik eingegossen* bekommen. Sie hat das Präparat immer demonstriert. Weg ist es gewesen, net wahr! *Zum Beispiel*!« (Aber wie gelangte der Fötus in den Besitz desjenigen, der ihn der Schwester gegeben hat, vermutlich wurde er im Namen der Wissenschaft entwendet.) Die Schwester sagt, daß *alles* gestohlen würde: kleine, große, dicke, dünne Knochen, Feuchtpräparate. »Ich wurde schon oft gefragt: Könnte ich ein Schädeldach haben, als Aschenbecher?« Vor allem Wurmfortsätze würden entwendet, und zwar von Jungärzten, die irgendwann einmal an einem Blinddarm mitgearbeitet hätten und sagen wollten: Das ist mein erster gewesen! »Tiercranien (= Tierschädel) sowieso«, fügt sie hinzu, »Affenschädel ist immer gut.«

Über einem Türbogen ist ein lateinischer Spruch zu lesen: Hic locus est, ubi mors gaudet securrere vitae (Hier ist der Ort, an dem der Tod sich freut, dem Leben zu helfen).

Der Hofrat definiert das Museum so: »Es ist eine Dokumentation der *Krankheit* im Objekt, Bild, Diagnosticum und Therapeuticum unter Bedachtnahme auf den zeitlichen und geographischen Faktor.« Und außerdem, ergänzt die Schwester, sei es gegen den Aberglauben gerichtet. »Es ist nichts mystifiziert, es zeigt nur die Wirkung und beschreibt die Ursachen.«

Ein wesentlicher Teil der Sammlung sind die Moulagen, form- und farbgetreue Nachbildungen von krankhaften Organen und Körperteilen aus Wachs, Wachs-Paraffin oder Gips. Mehr als 2500, vorwiegend aus der Werkstatt von Vater und Sohn *Henning*, hängen in Schaukästen aus und zeigen oft schon verschwundene Krankheitsbilder.

Der Hofrat betont, daß jedes Lebewesen für ihn »ein Wunder ist. Die Pflanzen haben Magnesium in sich, die Menschen Eisen und der Octopus (= Tintenfisch) Kupfer. Überhaupt der Octopus! Vielleicht sterben wir einmal aus. Könnte ja sein. Und wir tun auch alles dazu, nicht wahr? Ein Wissenschaftler hat mir gesagt, früher oder später wird uns der Octopus beerben. Warum nicht?«

Das wissenschaftliche Interesse an der Krankheit habe ihn immer schon beschäftigt, bestätigt der Hofrat. Er sammele in seinem Museum auch alles, was mit ihr zusammenhänge, ohne daran zu denken, daß man sie je vollständig dokumentieren könne. Es gibt eine Lehrmittelsammlung: vom Uterus aus Pappmachée mit einem fingernagelgroßen Embryo über zerlegbare Hirnmodelle bis zu menschengroßen Querschnitten durch Nase und Ohr, vom alten Röntgenapparat über eine museale Zahnarztpraxis, von Gebissen und Demonstrationsbüsten, bis zu einer orthopädischen Sammlung mit künstlichen Gelenken, Prothesen, Miedern und Korsetts, Knochenbrechern und Korrigierapparaten, von alten Mikroskopen bis zu Votivgaben: silbernen und aus Wachs modellierten Händen und Herzen, Beinen und Augen, Ohren und Brustkörben, »Gebärkröten«, Eseln und Pferden. Immer wieder auch Tiere: ein ausgestopftes Huhn, Hunderte Knochenschädel von Krokodilen und Sägefischen, Dachsen und Gorillas. Alles steht unter dem Aspekt der Krankheit und des Todes und im Widerspruch zur »Normalität«.

Das Krankheitsbild, die »Mißbildung«, doziert der Hofrat später, müsse nicht unbedingt etwas Negatives sein. Den berühmten »Rumpfmenschen« Kobelkoff beispielsweise, der zweiundachtzigjährig in Wien starb, habe er selbst gekannt. Kobelkoff hatte sieben »normale« Kinder. Er trat, wie Hans Scheugl in seinem Buch »Show Freaks & Monster« schreibt, »als Kunstschütze, Maler, Kraftmensch und Entfesselungskünstler auf; für eine besondere Show-Nummer ließ er sich in einen Löwenkäfig sperren.«

»Er war ein so humorvoller, geistreicher Mensch«, sagt der Hofrat, »so entzückend ... Er hat gerne Zigarren geraucht und uns Stories aus seinem Leben erzählt ... und von solchen Menschen können wir enorm viel lernen.« Gleich darauf berichtet er von einem Mann mit drei Augen und zwei Nasen, der »vor langer Zeit bei mir war, mit einer ganz normalen Frau. Wie wir auf der Straße gegangen sind, haben sich die Leute nach ihm umgedreht und seine Frau hat die Passanten ›angepfiffen‹: Haben Sie so etwas noch nicht gesehen? Was schauen Sie so dumm? Sag' ich: Sie machen das so routinemäßig. Sagt sie: Ja, wenn die Leute so dumm schauen, dann muß man ihnen gleich eine draufgeben! Sag' ich: Da haben Sie vollkommen recht!«

In seinem Privatleben, erzählt der Hofrat weiter, sammele er »Paperwights und Coniden« (gläserne Briefbeschwerer und Meeresschnecken). Er habe ferner mit einem Kollegen, der ein großer zoologischer Sammler sei, beschlossen, sich nach dem Tod obduzieren zu lassen, »dann hätten die Studenten schöne Präparate gehabt ... einen ganzen Menschen. Da hat meine Frau gesagt: Das will ich nicht und ich habe mich gefügt.«

Der unzugängliche Teil in den oberen Stockwerken ist von den Schausammlungen durch ein schmiedeeisernes Tor getrennt. 20 000- bis 25 000fach vergrößerte Nachbildungen von Spermien aus Schmiedeeisen zieren diese Tür, »nach den Entwürfen des Hofrates«, wie Schwester Marianne abschließend erklärt. »Das ist ein Wasserfloh, das ist das Spermium eines Vogels und das eines Reptils ... und dazwischen ist der Mensch ... jetzt fragen Sie mich nicht«, fügt sie hinzu, »was der Mensch ist (und meint damit, welches der Spermien das menschliche sei). Das kann ich Ihnen nicht sagen.«

Georg Christoph Lichtenberg, selbst bucklig und zwergenhaft, hat in den »Sudelbüchern« geschrieben: »Der Mensch ist vielleicht halb Geist und halb Materie, so wie der Polype halbe Pflanze und halb Tier. Auf der Grenze liegen immer die seltsamsten Geschöpfe.«

Ich gehe im Freien einmal um den Narrenturm herum und denke mir zuerst, er sei ein Zirkus ohne Kuppel, schließlich der Äquator des Erdballs. Er ist ein merkwürdig österreichisch-habsburgisches Denkmal, denke ich weiter, mit einem Monarchisten als Hüter des vergessenen Schatzes. Velázquez malte am Hof des habsburgischen Königs von Spanien Philipp IV.

und seiner zweiten (österreichischen) Gemahlin Maria Anna nicht nur die berühmten Portraits von deren Tochter und späteren Gemahlin Leopold I., der Infantin Margerita Teresa (die nicht weit vom Narrenturm im Kunsthistorischen Museum zu sehen sind), sondern auch die Hofzwerge Don Diego und Don Sebastian de Morra, den kleinen, schielenden Hofnarren Calabazillas, und das Bild des »zwergenhaften Kretins« Francisco Lezcano, die zu den geistig und körperlich Verkrüppelten gehörten, welche der Erheiterung des Hofes dienten. 110 solcher »Hofnarren« sind in Palastberichten namentlich verzeichnet, darüberhinaus begleiteten Dutzende von anderen den König auf seinen Reisen zu Jagdschlössern und Palästen. Sie alle gehörten zu den »Monstren«, den Wasserköpfen, Schwachsinnigen, Zwergen und anderen »Mißgebildeten«, die man »Palastgewürm« nannte. Philipp IV. hielt sie als Spielzeug außerhalb der höfischen Hierarchie wie Haustiere. Ihre »Possen und Tölpeleien« wurden als Unterhaltung geschätzt.

Die französische Philosophin Simone Weil fragte nach dem »Geheimnis« der suggestiven Wirkung, die von den von Velázquez gemalten »Narren und Verkrüppelten« ausgehe, und sie kam zur Vermutung, sie bestünde in der Eigenschaft der Dargestellten, »die Wahrheit zu wissen um den Preis namenloser Erniedrigung«. Es seien nicht »irgendwelche satirische oder spaßige Wahrheiten«, es sei »die Wahrheit tout court« – kurz und schlicht; »unvermischt, klar, tief, wesentlich«. Denn: »In dieser Welt haben allein die Wesen, welche bis zum letzten Grade der Erniedrigung weit unterhalb der Bettlerschaft gefallen sind, die nicht nur ohne gesellschaftliches Ansehen, sondern auch in je- dermanns Augen selbst der Menschenwürde, nämlich der Vernunft, entblößt sind – nur diese besitzen in der Tat die Möglichkeit, die Wahrheit zu sagen. Alle an- deren lügen.«

Wenn das stimmt, denke ich, den Narrenturm nun schon im Rücken, wird um so klarer, weshalb man sie einsperrt, ankettet, therapiert, »einschläfert«, beru- higt, klassifiziert, beschreibt, inventarisiert, verdrängt und aufbewahrt. Die Wahrheit darf nur stumm und hinter Mauern wie ein präpariertes Studienobjekt im Narrenturm in der Welt sein, denn man fürchtet sich davor, Angesicht in Angesicht mit ihr zu leben.

Der Stephansdom

Der Stephansdom ist sowohl eine versteinerte Arche Noah, in der die Geschichte Wiens in Form von Zeichen und Spuren die Flut der Zeiten überlebt hat, als auch ein »vom Glauben versetzter Berg«. Zuerst wurde Muschelkalksandstein vorwiegend aus dem Leithagebirge in Blöcken abgetragen und nach Wien gebracht. Dort machten sich die Arbeiter und Baumeister daran, den Berg in geometrischen Formen neu zusammenzusetzen, ihm gleichsam eine kristalline Gestalt zu verleihen. Zuallererst ist dieser Dom also Natur. An Versteinerungen sind Austernschalen in seinen Baumaterialien zu finden, aber auch Kalkspatkristalle, die aus dem Zerfall von Seeigelgehäusen stammen. Daneben wurde »altes« Baumaterial verwendet, Steine der Stadtmauer des römischen Lagers Vindobona und römische Grabplatten. Man sieht, die Bauherren waren nicht zimperlich. Die christliche Religion hat mit Vorliebe ihre Kirchen auf alten Kultstätten, die sie »heidnisch« nannte, errichtet, um andere Religionen auszulöschen. Die »Römersteine« im Dom sind die ersten menschlichen Spuren in dieser Arche aus Stein, und zusammen mit anderen oft schwieriger

deutbaren bilden sie ein zersplittertes Gedankengebäude, das den Dom zum Wahrzeichen für das ganze
Land werden ließ: Es ist in erster Linie ein habsbur-
gisch-katholisches Monument, manchmal mehr
habsburgisch als katholisch, manchmal mehr katholisch als habsburgisch. Die Graffiti der Geschichte, aus
denen dieses Gedankengebäude besteht, sind auch in
den Köpfen, im Bewußtsein der Österreicher einge-
kratzt, oft ohne daß sie es überhaupt wissen. So ist die
Untersuchung des Stephansdomes auch die Untersuchung eines österreichischen Kopfes und damit seines
Gedächtnisses und seiner von ihm bewußt oder unbe-
wußt gesteuerten Denkungsweise.

Als ich im Dämmerlicht des riesigen Dachbodens um
ein Modell des Stephansdomes im Maßstab 1:25, das
dort aufgestellt ist, herumging, fielen mir sogleich
»Gullivers Reisen« ein. Gegenüber dem Dom, in dem
ich verschwunden war, bin ich nicht größer als ein Liliputaner – wie ein Riese stand ich jetzt zugleich vor
ihm. Ich konnte mit einer Hand in das Langschiff grei-
fen, und meine Finger, die so groß waren wie die mehr
als zwanzig Meter hohen Säulen, ließen die berühmte
Pilgramkanzel winzig aussehen. Aber das sind Spiele-
reien. Der »wirkliche« Dom, in dem ich mich aufhielt,
ist außen 107 Meter lang und 39 Meter breit. Vom steinernen Fußboden bis zum Deckengewölbe ist er im
Langschiff 28 Meter hoch, im Mittelchor immerhin
noch 22 Meter. Darüber, gleichsam als ein Dom auf
dem Dom, erhebt sich das mehr als dreißig Meter
hohe Dach in 110 Meter Länge. Es hat eine Spann-
weite von 35 Metern und eine Neigung von 64 Grad.
Dieses gewaltige Dach, das bis zu seiner Vernichtung

bei Kriegsende im April 1945 aus 1250 Tonnen Lärchenholz bestand und einen »wiedererstandenen Wald« von nahezu dreitausend Hauptstämmen darstellte (der wiederum eine geschätzte Fläche von 1,5 Quadratkilometern bedeckt hätte), dieses gewaltige Dach also ist mit 230 000 Ziegeln gedeckt. Jeder Ziegel wiegt 2,5 Kilogramm und ist mit zwei Kupfernägeln an die Dachsparren geheftet und zusätzlich in Mörtel gebettet. Die Latten des Daches aneinandergelegt ergäben eine Länge von 51 Kilometern. In zehn Farben: Weiß, Kadmiumgelb, Lichtocker, Siena, Rotbraun, Dunkelgrün, Hellgrau, Blaugraudunkel, Ultramarin und Schwarz, bilden die glasierten Ziegel auf dem Langhaus ein von einem Rautenband unterbrochenes Zickzackmuster, auf der Südseite des Chordaches außerdem den habsburgischen Doppeladler mit der Jahreszahl 1831 und an der Nordseite die Wappen der Republik Österreich und der Stadt Wien mit der Jahreszahl 1950. Die Ziegel wurden nach Kriegsende, als der Dachstuhl durch eine 650 Tonnen schwere Stahlkonstruktion ersetzt worden war, aus Pastorna (Unter-Themenau) in der Tschechoslowakei geliefert. Weitere 40 000 solcher Ziegel sind unter dem Dach für künftige Reparaturen aufgeschichtet.

Um einen Eindruck von der Masse des Gebäudes zu gewinnen, fragte ich den Dombaumeister nach dem Gewicht des Domes, das er mit 200 000 Tonnen schätzte. Innen, unter dem Dach führen Laufgänge zu Fensterluken (die die Dachdecker benutzen, wenn sie Schäden ausbessern), bis unter den Giebel, von wo aus man wie ein Artist in der Zirkuskuppel auf das winzige Modell des Stephansdoms schaut, das in einem Eck des Doppelbodens steht. Da ich nicht schwindelfrei bin, bewegte ich mich mit einem Gefühl der Übelkeit und in den Händen schwitzend über die schwankenden Laufgänge, die dem Dachboden etwas Schnürbodenhaftes verleihen, und blickte sodann nur mit Überwindung aus den Luken hinaus. Wie prachtvolle Gebirgswände aus einem Alpenmärchen dehnte sich das bunte Dach unter mir aus, in der Sonne glitzernd und das Licht reflektierend, das wie Perlenschnüre die farbigen Ziegel verzierte. Nie ließ allerdings mein Schwindelgefühl nach, das sich mir auf den Magen schlug, die Knie schwächte und mich still und stetig in die Tiefe zog. Dann – vom Dachboden auf die Galerie tretend – stand ich vor den steil aufragenden Wänden und fühlte den Schwindel schon beim Hinaufschauen. Zwangsläufig dachte ich an Hitchcocks »Vertigo«. Die Stadt breitete sich unter mir fächerförmig aus, von Fächer zu Fächer bot sie einen neuen und für mich saugenden Anblick, als würden Häuser, Plätze, Menschen, Fiaker in ein unsichtbares Ausgußloch gezogen, ohne aber wirklich in ihm zu verschwinden. Auf der Galerie – geschützt von der glasberghaften Dachkonstruktion und von einer von gotischen Verzierungen durchbrochenen Mauer – spürt man den heftigen Wind, der immer über Wien weht. Von allen Seiten sichtbar steigt der Südturm aus dem Dom auf, der, wie Reinhold Schneider schreibt, an seiner 137 Meter hohen Spitze den »Übergang der Stadt in die Transzendenz« darstellt. Er ist gewissermaßen der Mast der steinernen Arche Noah und seine Spitze: Eine Kreuzrosette mit einer Kugel, dem goldenen Apfel – auf der das spanische Kreuz mit dem habsburgischen Doppeladler befestigt ist –, ist nicht nur Zeichen des christlichen Glaubens, sondern auch eines der Habsburger. Es trägt die Inschrift: »In hoc signo vinces« (In diesem Zeichen wirst du siegen). Bis zum Jahr 1683, dem Datum der zweiten Türkenbelagerung Wiens, schmückten Sonne und Halbmond, die Zeichen für Papst- und Kaisertum, die Spitze, schon damals als Symbol der Einheit von Kirche und Staat, katholischer Kirche und Habsburgern, den »Kaisern von Gottes Gnaden«.

Ein Blick in die Steinmetzwerkstatt der Geschichte zeigt die österreichischen Traumen, deren erstes großes die Türken waren, weil sie die Glaubensherrschaft der katholischen Kirche und die weltliche Macht der Habsburger bedrohten. Der »Türkenpoldl«, wie später der Volksmund Kaiser Leopold I. nannte, flüchtete während dieser zweiten Belagerung aus der Stadt nach Passau und später nach Linz. In dieser Zeit wurde der Stephansdom von mehr als tausend Kanonenkugeln getroffen. Das Dach wurde immer wieder mit Zeltplanen »ausgebessert«, um den Eindruck zu erwecken, daß genügend materielle Reserven in der Stadt vorhanden seien. Noch heute findet man in den Wänden des Südturms und des Langschiffs eingemauerte »Türkenkugeln«, die an die Zeit der Belagerung erinnern. Als der legendäre Polenkönig Jan Sobiesky die Türken vertrieben hatte, schlug eine andere legendäre Gestalt der österreichischen Geschichte, Prinz Eugen, den türkischen Großwesir Kara Mustafa in neun Schlachten und legte damit den Grundstein für die Donaumonarchie. Es ist nur logisch, daß der Feldherr auch im Stephansdom begraben liegt. Aber das Zeichen der Türken, den Halbmond, der zufällig mit dem

Symbol des Kaisertums, das die Kirchenspitze zierte, übereinstimmte, wollte der »Türkenpoldl« nicht mehr quasi als geschändetes Wahrzeichen vor Augen haben. In einer abenteuerlichen Klettertour entfernte es der Brünner Dachdeckermeister Nikolaus Ressytko mit seinen Söhnen »unter dem großen Jubel des Volkes«, und am 31. Oktober 1687 wurde auf der Turmspitze der Doppeladler mit dem spanischen Doppelkreuz aufgerichtet, das, wie Marlene Zykan schreibt, »Vorbild für alle nachfolgenden Bekrönungen«. Auf dem abgenommenen Halbmond ließ man die »Feige« anbringen, jene eindeutige Geste der Faust, mit dem Daumen zwischen Zeige- und Mittelfinger, die, um es präzise auszudrücken, die anale Penetration symbolisiert, mit der Inschrift: »Haec Solyman – memoria tua A. 1529« (Dies Solyman zu deiner Erinnerung an das Jahr 1529) – womit an die erste Belagerung Wiens durch Sultan Suleiman II. erinnert werden sollte. (Auf ungewollte Weise schmähte man aber auch das bisherige Symbol für das Kaisertum). 1792 wurde eine Tafel am Südturm angebracht, die erst nach Protesten türkischer Gastarbeiter in den achtziger Jahren »übermauert« wurde. Sie zeigte einen Türkenkopf mit der schriftlichen Aufforderung: »Schau du Machame du Hund« (Schau du Mohammedaner du Hund). Diese Tafel war wie ein Wahrzeichen tödlichen Fremdenhasses.

Der »leibliche« Kopf Kara Mustafas, von Kardinal Kollonitz nach Wien gebracht, liegt heute in einer Kiste verpackt in den Depots des Historischen Museums der Stadt Wien. Angeblich haben die Türken eine Übernahme des ihnen angebotenen Hauptes abgelehnt – die Welt liebt überall nur die Ruhmesblätter der Geschichte.

Den Südturm kann man über 343 Treppen bis zur Türmerstube ersteigen. Die schwarze Schneckentreppe windet sich schmal und steil nach oben, man klettert gleichsam vom ohrenförmigen Stephansplatz in das Innere dieses Ohres zum Himmel hinauf. Selbstverständlich verliert man rasch die O(h)rientierung. Ich wußte bald nicht mehr, ob ich nun näher der Türmerstube oder dem Eingang zum Turm war. Vom Wind umspielten – und oft umtosten – Dach kommend, ist es ein eigenartiger Gegensatz, in diesem engen Schraubengewinde in die Höhe zu steigen. Auf der »Starhemberg-Bank«, von wo aus der Graf und die Verteidiger Wiens die belagernden Türken und später Soldaten der Roten Armee 1945 die Kampfhandlungen mit den Deutschen beobachtet hatten, blickte ich wieder aus einer anderen Perspektive auf die Stadt hinunter. Nach der Türmerstube in 53 Meter Höhe, von der aus Adalbert Stifter so poetisch die morgendliche Geburt der Stadt aus dem Schoß der Nacht beschrieben hat, führt der stellvertretende Polier, Herr Wagner, weiter hinauf, zunächst über Stufen, dann über frei im Raum stehende Leitern, von denen die erste 15 Meter hoch ist und an die Kletterei in einer felsigen Klamm denken läßt. Im vergangenen Jahrhundert war der Turm zur Renovierung, einmal bis auf zwanzig Meter und einmal um 78 Meter, abgetragen worden und erschien den Wienern als »Däumling«, so daß der »geistvolle Reisende Mr. Jones« die Frage aufwarf: Wie groß müsse ein Riese sein, der sich des Stephansturmes als Zahnstocher bedienen wolle.

— »Wenn man annimmt, daß ein Mann mittlerer Größe sich eines Zahnstochers von zwei Zoll bedient«, beantwortete Mr. Jones die Frage selbst, »so müßte derjenige, der sich des Stephansturmes zum gleichen Zwecke bedienen wollte, im Verhältnis eine Höhe von 142 156 Fuß oder 2376 Wiener Klafter haben. Er würde ein mittleres Alter von 129 600 jetzigen Jahren erreichen. Zu seiner Kleidung bedürfte er, und zwar zu einem Frack, 6480, zu einem Beinkleide 3888, zu einem Mantel 15 552 Wiener Ellen Tuch – daran würden dreihundert Schneider vier Wochen arbeiten. Als mittelmäßiger Esser würde er zu Mittag verzehren: 13 Eimer Suppe, 56 Zentner Rindfleisch ... 12 000 Paar Hühner oder 3000 Gänse. Sein gewöhnliches Trinkglas würde 160 Eimer fassen. Sein Wohnzimmer müßte 66¼ Meilen groß sein...«

Der Kletterer im Turm empfindet allerdings das umgekehrte Größenverhältnis.

Nach zwei weiteren unter den Tritten schaukelnden Leitern steht man plötzlich vor einer Funkantenne des Polizeisenders von Wien, wie Herr Wagner erklärt. Eine merkwürdige, aber alles in allem nicht ganz erstaunliche Allianz zwischen Kirche und Staat zur besseren Überwachung der Bürger.

Herr Wagner ist mittelgroß, etwa 55 Jahre und trägt Overall und Baskenmütze. Er ist Höhe gewohnt und führt aus, daß es von jetzt ab nur noch außen weiterginge. Durch eine Öffnung in der Wand, die von den Dachdeckern als Angstloch bezeichnet wird, kriecht man in eine Art Korb und gelangt von dort über Eisenleitern zur Spitze. Da der schwindelanfällige Mensch keine größere Angst kennt als die Höhe – Buster Keaton drückte es so aus, daß er, wenn er auf einem dicken Teppich gehend gefilmt werden sollte, dafür bereits ein Double brauche –, ist es leicht vorstellbar, von welchen Gefühlen man überwältigt wird, wenn man auf dem Bauch in diesem Mastkorb liegt und 110 Meter in die Tiefe blickt. Unten liegt der Dom mit seinen Fialen, Rosetten, Wasserspeiern, Krabben und Konsolen und rundherum traumwinzig die sich ausbreitende Stadt: Jetzt spürt man körperlich, wie die Tiefe gähnt und befürchtet, daß sie einen mit dem nächsten Atemzug schlucken könnte. Aber gerade von der allergrößten Höhe, die man fürchtet wie nichts auf der Welt, will man auch stürzen, und dieses eigene Wollen ist es, das einen erschreckt und in Todesangst versetzt.

Welche Bedeutung die außergewöhnliche Höhe des Turmes hatte, geht schon daraus hervor, daß bei der »k. k. Katastralvermessung von 1817 bis 1837« wesentliche Teile des Staates vom Stephansturm aus gemessen wurden. Bis 1937 diente er noch als Ausgangspunkt der Vermessungen in Wien, Niederösterreich, Schlesien, Mähren und Dalmatien.

Die Turmspitze hat die Menschen immer wieder angezogen, ihre Phantasie beflügelt und ihren Tatendrang aufgestachelt. Übrigens waren im sechzehnten Jahrhundert auf ihr Hirschgeweihe angebracht, weil man von der Annahme ausging, daß noch nie ein Hirsch vom Blitz erschlagen worden sei und das Geweih mithin vor Blitzschlag schütze. Als Kaiser Maximilian II. 1566 nach seiner römischen Kaiser- und ungarischen Königskrönung Einzug in Wien hielt, fertigte der Tiroler Uhrmacher Johann Marbig einen neunzig Zentimeter hohen Adler, »sehr künstlich, gleich einem natürlichen mit Haut und Federn zusammengesetzt, mit einem metallenen Schenkel, Glasaugen und Klauen aus Horn. Im Innern aber barg dieser Vogel ein überaus kunstreiches Uhrwerk, vermittels welchem es möglich war, ihn, durch ein dünnes Seil gelenkt, von einer beträchtlichen Höhe mit ausgebreiteten Flügeln bis zum Nordturm fliegen zu lassen... In dem Augenblick, als Kaiser Maximilian II. gegen die Stephanskirche zog, um daselbst dem großen Tedeum beizuwohnen, schwebte der künstliche Adler mit ausgebreiteten Schwingen majestätisch zu allgemeiner Verwunderung von der Spitze des hohen Turmes ... der Majestät seine Huldigung darzubringen«. Der Adler wurde zwar noch einmal verwendet, seine Spuren verloren sich jedoch auf dem Dachboden, wo er entweder zerstört wurde oder abhanden gekommen ist. Eine zweite Feierlichkeit beim Einzug Maximilians II. war das Fahnenschwingen, bei dem ein Fähnrich auf dem Knopf des Turmes eine mächtige schwarzgelbweiße Fahne schwang. Dieser Brauch wurde mehrfach ausgeübt, bis zum Jahr 1658, als beim Einzug des neuerwählten römischen Kaisers Leopold I. der Gärtner Gabriel Salzberger, der die Begrüßung für zwölf Reichstaler vornahm, über Nacht auf der Kirchturmspitze vergessen und erst bei Anbruch des Tages entdeckt und aus seiner Lage befreit wurde. Er soll über Nacht ergraut sein.

Für die Österreicher, dieses »heidnische« Gebirgs- und Schauspielervolk, sind solche Feierlichkeiten aber sozusagen in den Nationalcharakter eingeschrieben. Auf dem zweiten, dem unausgebauten 68 Meter hohen Nordturm fährt man mit einem Lift hinauf, der anstelle der Stiege eingebaut wurde. Allein in den letzten beiden Jahren gab es, erzählt der Liftführer, drei Selbstmorde. »Die Leute nehmen einen Anlauf und springen über das Geländer. Was soll man machen?«

Der Nordturm, auch Adlerturm genannt, weil die »welsche Haube« – eine Kuppel, die ihn abdeckt – von einem Habsburgeradler geziert wird, wurde nach 61 Jahren Bauzeit, aus Geldmangel und weil die italienische Renaissance den gotischen Baustil ablöste, nicht fertiggestellt. Als sein Fundament im Jahr 1450 errichtet wurde, war übrigens der Wein so sauer, daß er allgemein »Reifbeißer« genannt und auf die Straße geschüttet wurde. Auf Befehl Kaiser Friedrichs III. verwendete man ihn für das Ablöschen des Kalks beim Turmbau. Damals wußte man und heute weiß man wieder, daß der Zusatz von Wein eine Verbesserung des Mörtels und eine Erhöhung seiner Widerstandskraft gegen schädliche Einflüsse bewirkt.

Auf dem Plateau des Nordturms ist es kalt, und schwere, gelbe Wolken ziehen so nieder über das Dach, daß sie die Turmspitze eingehüllt haben. Wenn der Nebel sich über die Stadt senkt, steht man wie auf einer Kommandobrücke der Arche Noah, die sich scheinbar in die Vergangenheit zurückbewegt. In einem Gehäuse hängt die berühmte läutende Ikone der österreichischen Gläubigkeit, die »Pummerin«. Es ist die »neue« Pummerin, eine mächtige Glocke, die 21 383 Kilo wiegt. Der Durchmesser ihres Leibes beträgt 314 Zentimeter, die Höhe mißt 294 Zentimeter. Das Gewicht des Klöppels, des Embryos ihrer fortwährenden Schwangerschaft, beträgt allein 813 Kilo. Der

Schlagton ist C + $^4/_{16}$. Ihr ornamentaler Schmuck zeigt sechs Türkenköpfe, die Madonna, eine Szene aus der Türkenbelagerung 1683 und den Brand 1945. Die alte Pummerin, die in der Glockenstube des Südturmes hing, wurde am 12. April 1945 beim Brand des Domes zerstört: Sie stürzte in die Kirche und zerbrach. Bezeichnenderweise aus 180 eroberten Türkenkanonen (vom Sohn eines christianisierten Türken, Karl Achamer), gegossen, wog sie 22511 Kilogramm und brachte mit ihrem Geläute den Südturm zum Zittern (Josef II. nannte die Glocken die »Artillerie der Kirche«). Schließlich wurde sie nur noch angeschlagen, wobei acht Männer den Klöppel zogen. Geschmückt war sie mit dem heiligen Josef, der Unbefleckten Empfängnis und dem heiligen Leopold, sowie dem kaiserlichen Wappen und den Wappen von Böhmen, Ungarn und Österreich. Ihre Trümmer wurden zum Großteil in die neue miteingegossen. Als der Dom in den letzten Kriegstagen 1945 brannte, verbreitete sich rasch die Mär von Bomben und Artilleriegeschossen (die der Dom tatsächlich erhielt) als Ursache. Sogar die SS geisterte als Brandstifter durch die Literatur.

Bald stellte sich heraus, daß sogenannte zivile Einheimische schuld an der Katastrophe waren, die die umliegenden Häuser und Geschäfte geplündert und in Brand gesteckt hatten, um ihre Spuren zu verwischen. Die Flammen griffen auf den Dom über. Das Feuer des Dachstuhles – die Säulen schossen achtzig, hundert Meter hoch gegen den Himmel – wurde plötzlich ein Wahrzeichen für den Brand, der schon mehr als zehn Jahre das ganze Land erfaßt hatte und anfangs ein Lauffeuer, später ein bejubeltes Sonnwendfeuer und zuletzt ein Steppenbrand gewesen war. Aber daß dieser Brand keine Naturkatastrophe, sondern ein selbstverschuldetes Menschenunglück war, leuchtete den noch ein Jahrzehnt lang mit dem Wiederaufbau des Domes beschäftigten Österreichern trotz des gewaltigen und weithin sichtbaren Feuerscheines nicht ein. Jeder Österreicher »konnte einen Ziegel für das Dach des Stephansdomes kaufen und damit spenden«, aber man hat den Eindruck, daß damit nur die Bretter, die die österreichische Welt zur Außenwelt vernagelten, geschmückt werden sollten. Siebentausend Tonnen Schutt wurden aus der schwerbeschädigten Geschichts-Arche Noah geschafft, um den Dampfer des Nationalbewußtseins wieder flottzumachen. Die Kirche selbst, der Steuermann, der den Dom hatte mit auf Grundeis laufen lassen, jene Kirche, die jahrhundertelang an einem Kirchenstaat und einer Staatskirche mitgearbeitet hat (vor lauter Habsburgeradlern und Habsburgerglorifizierungen sieht man bald den gesamten Dom nicht mehr) und damit ein Teil jener Macht war, die das freie Denken der Bevölkerung der ganzen Monarchie in Eisen gelegt hatte, jene Kirche also, die selbst keine Demokratie kennt und keine demokratischen Traditionen und die den aufflammenden Brand zu Beginn bejubelt hatte, löschte nicht das Feuer, sondern wusch mit dem spärlich fließenden Wasser lieber ihre Hände in Unschuld wie auch das ganze übrige Land. Daß dieser symbolische Brand, der ebenfalls von österreichischen Plünderern gelegt worden war, schließlich gelöscht werden konnte, wenngleich noch immer Glutnester schwelen, war nur der Hilfe von außen zu verdanken. Solche

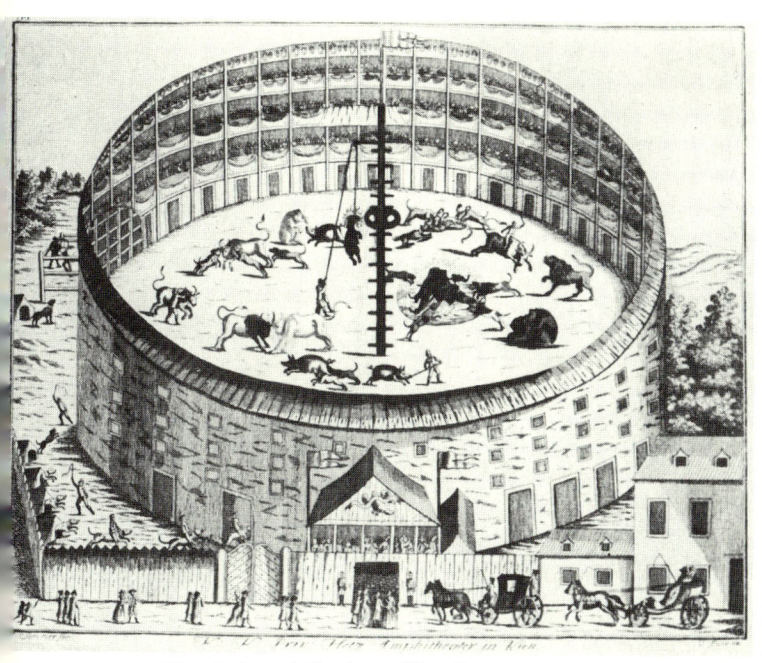

Das k. k. privilegierte Hetztheater 1790

Der unterirdische Bücherspeicher der Nationalbibliothek

In den Abwässerkanälen

Das Gipsstatuendepot in der Hofburg

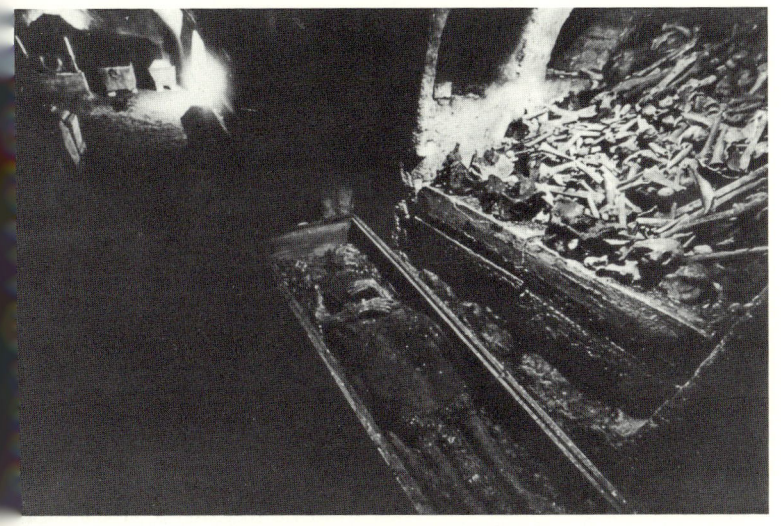

Die Krypta der Michaelerkirche

August Walla in der Anstalt Gugging

Oswald Tschirtner beim Zeichnen

Johann Hauser und Primarius Leo Navratil

Franz Kamlander vor seinen gemalten Kühen

Fritz Koller und August Walla

Gruppenbild der Gugginger Künstler

Die Synagoge in der Seitenstettengasse

Der aufgelassene jüdische Friedhof in der Seegasse

Unterricht

Karl Berger auf dem Platz, an dem vor der Reichskristallnacht
die »Schiffschul« stand

Im Hof des Grauen Hauses

Eine Zelle im »alten Trakt«

Das Gerichtsarchiv

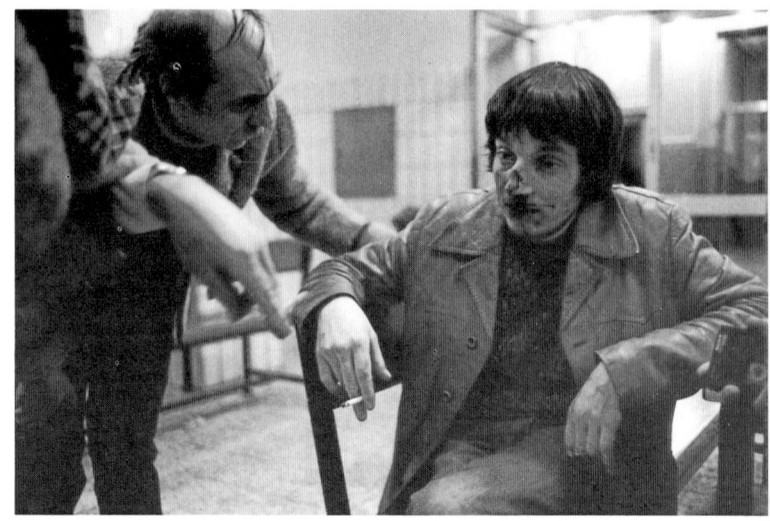

Durch eine Rauferei verletzt

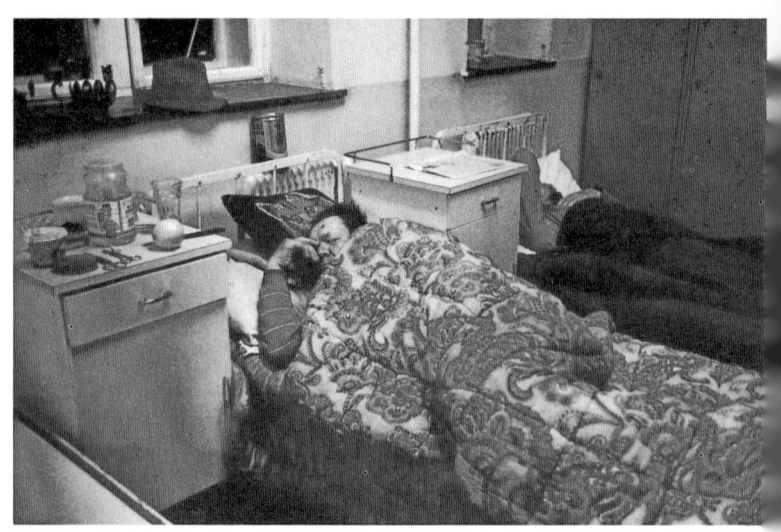

Der Schlafsaal des Obdachlosenasyls

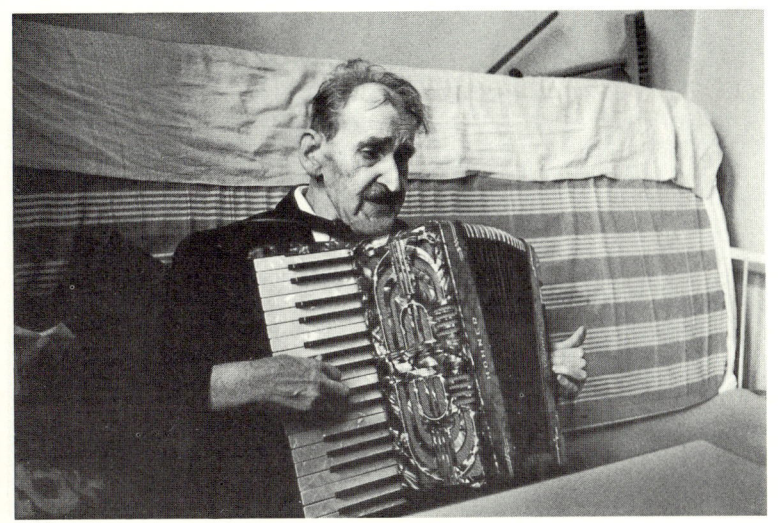
In einer Kabine

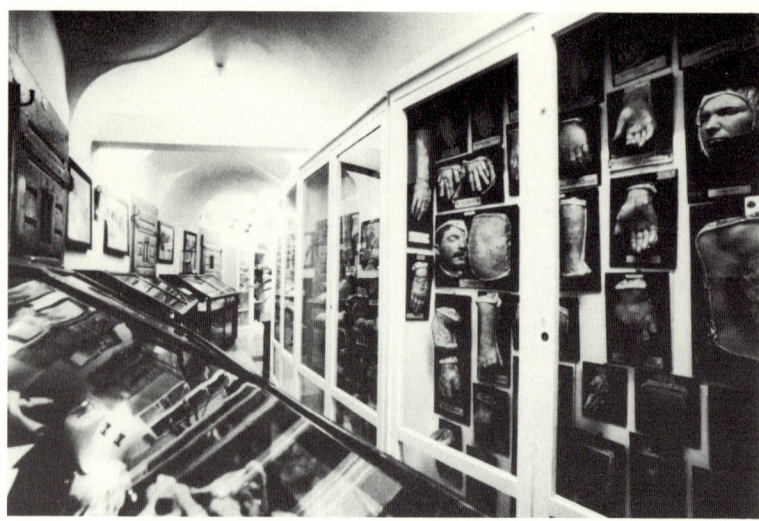

Ein Gang im Pathologisch-Anatomischen Museum

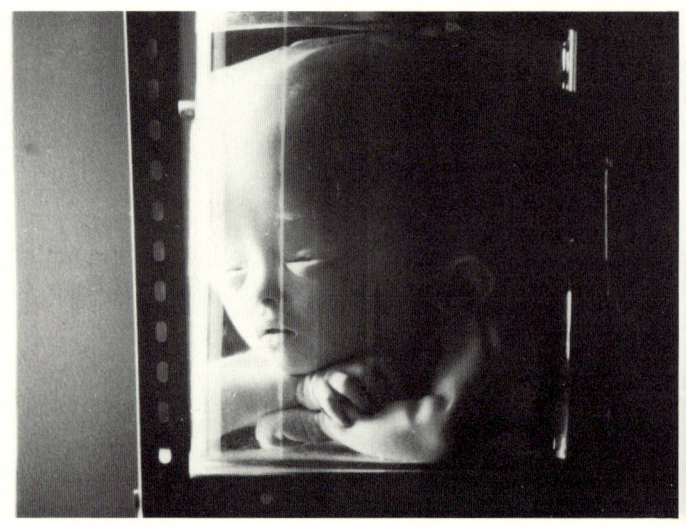

Aus der Präparatensammlung: Ein Hydrozephalus

Die Lehrmittelsammlung

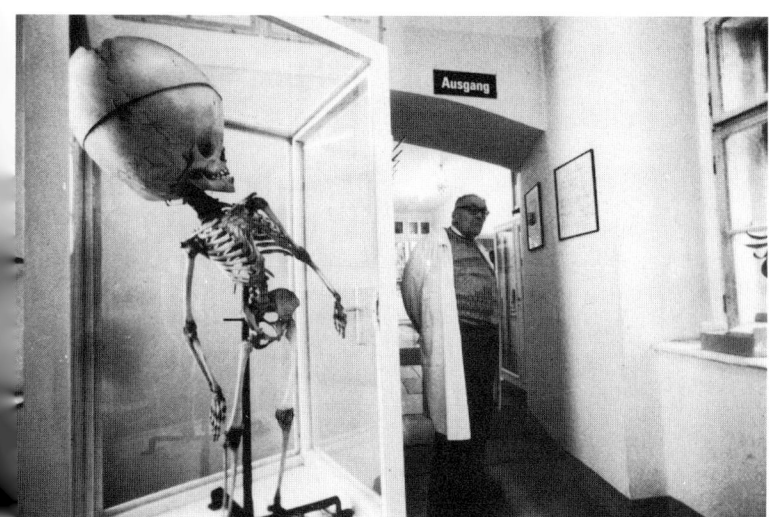

Hofrat Portele vor dem Skelett der »kleinen Gräfin«

Leiter im Glockenturm

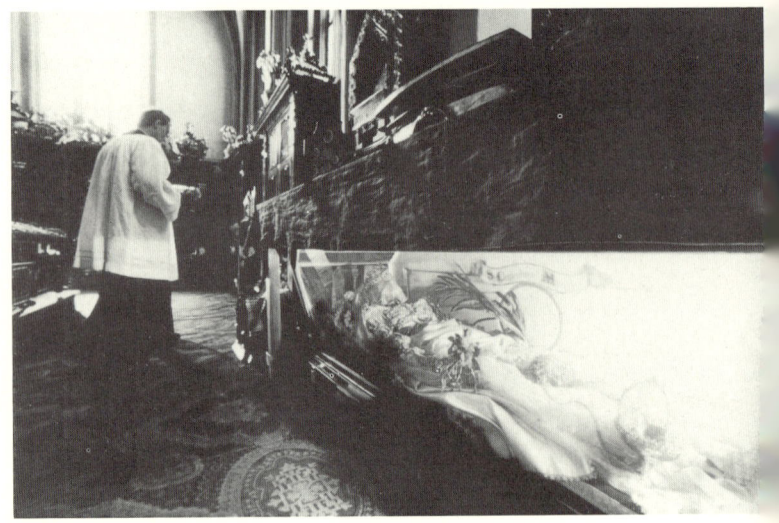

Die Reliquienkammer

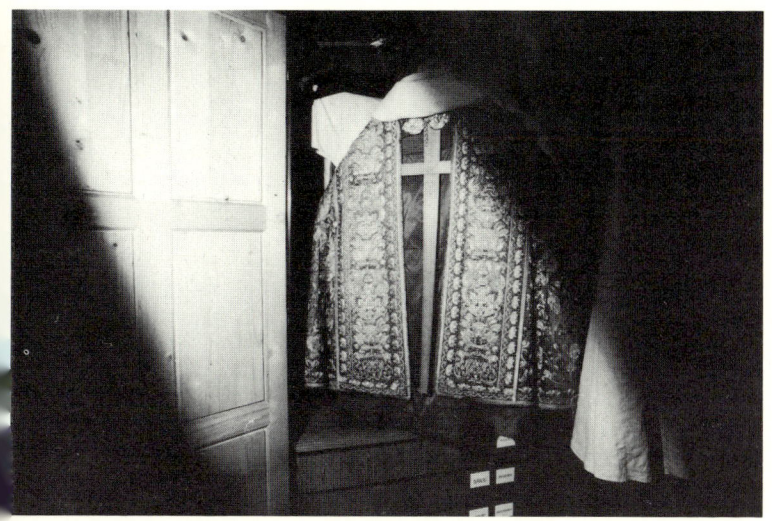

Meßkleid in der Paramentenkammer

Steinfiguren des St. Stephans-Domes

Die Feldherrenhalle im Heeresgeschichtlichen Museum

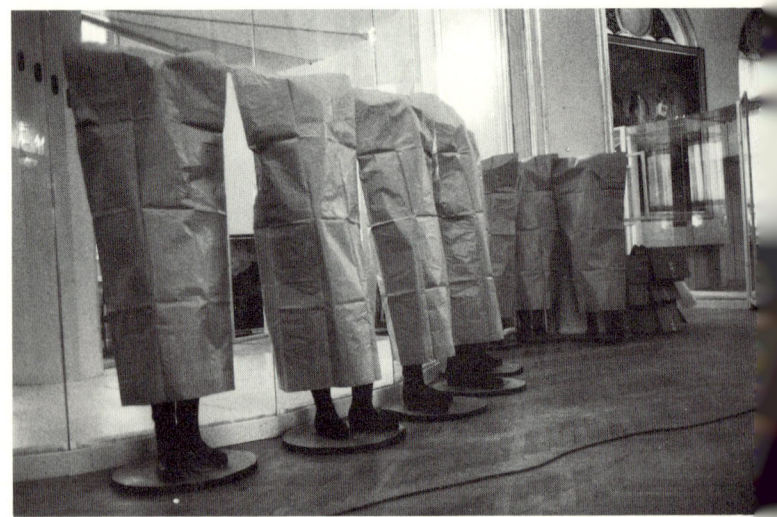

Mit Papiersäcken verhüllte Soldatenfiguren
im Erzherzog-Karl-Saal

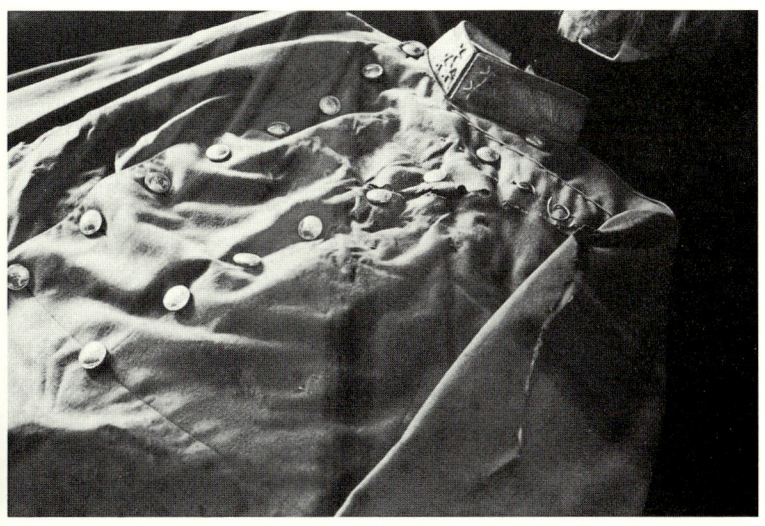

Die Uniform des 1914 erschossenen Thronfolgers Franz Ferdinand

Vitrine mit Gegenständen
aus einem im Ersten Weltkrieg versenkten U-Boot

Historische Abbildung des Arsenals 1848

Überlegungen lassen nebenbei die Spuren der Verhöhnung des türkischen Feindes, die in und am und um den Stephansdom herum zu sehen waren und sind, in einem anderen Licht erscheinen. Und der Gedanke drängt sich auf, daß das österreichische Bewußtsein wie die Pummerin aus der »alten«, der »ehemaligen« Glocke gegossen ist und daß, obwohl alles neu ist, auf diese Weise alles beim Alten blieb (übrigens verwendete man beim Wiederaufbau des Domes Material von Häusern, die bei Bombenangriffen zerstört worden waren).

Der kunstvolle, mächtige Dom ist ein wunderbares und eindrucksvolles Bauwerk. Aber der Schwindel, der mich auf dem Weg zur Spitze des Südturmes und auf dem Nordturm erfaßte, war wie das Feuer im Dachstuhl zugleich symbolisch, ein Schwindel, der einen befällt, wenn man in die Abgründe der österreichischen Geschichte blickt. So stand ich also wieder vor dem Modell auf dem Dachboden, umrundete es noch einmal und folgte schließlich Herrn Wagner auf das erhöhte Mittelschiff. Dort kann man durch eine kreisförmige Luke, von der man einen Deckel hochzieht, wie durch einen Tubus tief hinunter zur Pilgramkanzel in die Kirche schauen. Unten auf dem Steinboden bewegten sich die Menschen vorbei. Wie Bauernfiguren schienen sie auf dem Schachbrettboden von einer unbekannten Kraft hin und her geschoben zu werden, und still blickten sie in das jahrhundertealte künstliche Universum, das der Wiener Architekt Adolf Loos so bewundert hatte: »Der schönste Innenraum: der Stephansdom ... Man kann es nicht oft genug sagen: wir haben den weihevollsten Kirchenraum der Welt. Das ist kein totes Inventarstück, das wir von unseren Vätern übernommen haben. Dieser Raum erzählt uns unsere Geschichte. Alle Generationen haben daran mitgearbeitet, alle in ihrer Sprache...« Auch einem anderen Österreicher, Adolf Hitler, gefiel der Stephansdom. Er zeichnete ihn mehrfach und fand, wie Friedrich Heer schreibt, in der katholischen Kirche, die er haßte, verachtete, bewunderte und nachahmte, keinen einzigen Gegenspieler, der ihm gewachsen war. Hitlers Freund Gustl Kubizek berichtete, daß Hitler sich an dem weiten Innenraum nicht sattsehen konnte, die Beleuchtung durch die farbigen Fenster fand er »übernatürlich mystisch«.

Bis der Dom in den dreißiger Jahren eine elektrische Beleuchtung erhielt, die ihm ein ganz anderes Aussehen im Inneren verlieh, war er wohl der dunkelste im deutschen Sprachgebiet. Von den gotischen Fenstern sind nur noch drei hinter dem Hochaltar erhalten. Ursprünglich aber war der Stephansdom gotisch, und tatsächlich ist er eigentlich die dritte Kirche in der Kirche. Die erste, eine kleinere romanische Pfarrkirche, wurde 1137 begonnen und um 1160 als zweischiffige Basilika mit zwei Westtürmen vollendet. Die zweite, wesentlich größere, eine romanische Hallenkirche, wurde zwischen 1230 und 1263 errichtet und durch den Stadtbrand 1258 in Mitleidenschaft gezogen. Von dieser Kirche sind die Westfassade mit dem Riesentor, die »Heidentürme« und die Westempore im Inneren erhalten. Die dritte, die dreischiffige gotische Hallenkirche, wurde in zweihundert Jahre langer Bauzeit, von 1304 bis 1523, wie ein Mantel um die frühere Kirche errichtet. Die Fundamente sind sehr »seicht«, etwa unter dem Südturm dreieinhalb Meter tief, um so kunstvoller ist die Statik des Gebäudes. Es trägt alle Kennzeichen der Gotik, deren Name aus dem Italienischen »Gotico« stammt und »barbarisch« heißt. In den gotischen Kathedralen kommt durch die Höhe ein bis dahin unbekanntes Raumgefühl zum Ausdruck. Das Gewölbe wird von Rippen getragen, die seinen Druck zu den Pfeilern hinleiten, welche wiederum durch das auf die Außenseite gelegte Strebewerk gestützt werden. Große Spitzbogenfenster durchbrechen zwischen den Strebepfeilern die Wände, ihre oberen Teile sind wie die Wimperge und Fensterrosen mit Maßwerk gefüllt, jenem gotischen Bauornament, das mit dem Zirkel konstruiert wird, zum Beispiel der »Dreipaß« oder »Fünfpaß«, Maßwerkverzierungen mit drei oder fünf in einem Kreis eingefügten Dreiviertelkreisen, oder der »Fischblase«, einem Ornament in Form einer Fischblase mit rundem Kopf und geschwungenem, schwanzartig spitzem Ende.

Vor der Pilgramkanzel hielt ein Domführer eine kurze Einführung in die Zahlenmystik der Gotik, und obwohl ich nicht nachprüfen kann, ob es stimmte, was er ausführte, und manche Zahlen mit den angegebenen in Büchern nicht übereinstimmen, hatte ich den Eindruck, wie durch ein Schlüsselloch in die Geheimnisse des Bauwerkes Einblick zu nehmen. »Das Treppengeländer der Pilgramkanzel«, sagte der Domführer, »setzt sich aus Rädern zusammen, deren Speichen aus drei- und vierpässigem Fischblasenmaßwerk gebildet sind. Drei steht für das Göttliche, die Dreifaltigkeit, Vier für das Irdische: Jahreszeiten, Himmelsrichtungen, Temperamente. Anhand der Zahlen Drei und Vier läßt sich der ganze Dom ausrechnen: Das Grundschema für die Konstruktion der Kanzel ist ein von einem Sechseck (drei plus drei) durchdrungener Kanzelfuß. Drei plus vier ist sieben: die heilige Zahl, wie man zum Beispiel aus den sieben Sakramenten schließen kann. Setzt man vor die Sieben die Drei, erhält man die Zahl 37, drei mal 37 ist 111: 111 Fuß ist der Dom breit. Drei mal 111 ist 333, 333 Fuß ist der Dom lang. Vier mal 111 ist 444, 444 Fuß ist der Südturm hoch. Sieben mal sieben mal sieben, also sieben hoch drei, ist 343. 343 Stufen muß man im Südturm bis zur Türmerstube steigen. Die Fenster an den Seitenschiffen, wo die Gläubigen sitzen, bestehen aus vier Teilen, hinter dem Hochaltar, wo die Dreifaltigkeit angebetet wird, aus drei. Und so fort.«

Märchenhaft und realistisch zugleich wie diese Zahlenspiele war auch das Leben des ersten regierenden Fürsten der österreichischen Geschichte und eigentlichen Erbauers des Stephansdomes, Rudolf IV. Nach 15 kinderlosen Ehejahren brachte die Frau des gelähmten, an Polyarthritis leidenden Herzogs Albrecht II. einen Sohn, Rudolf, zur Welt. Sie war 39 Jahre alt, Albrecht II. einundvierzig. »Das Wunder wiederholte sich noch fünfmal«, schrieb Stephan Vajda in seiner Geschichte Österreichs »Felix Austria«, »ihr letztes Kind bekam die Herzogin mit 51 Jahren. In Wien wurde die Vaterschaft des Herzogs offen bezweifelt. Albrecht II. ließ daraufhin in den Kirchen der Stadt offiziell verkünden, daß seine Kinder in der Tat von ihm stammten; er war ja Vater geworden, nachdem er in seinem Tragsessel und im einfachen Gewand eines

Pilgers eine Wallfahrt nach Aachen und nach Köln unternommen und dabei Bistümer und Klöster mit großzügigen Spenden bedacht hatte«.

Dieser Sohn Albrechts II., von dem zumindest unsicher ist, ob er ein »Habsburger« war (Polyarthritis macht nicht impotent), war ein Fabelwesen der österreichischen Geschichte, »ein königlicher Komödiant, der hastig nach Sternen griff, die er selber auf einen über einer mythischen Welt im unwirklichen Licht strahlenden Himmel projizierte«, schrieb Vajda weiter. Er regierte nur sieben Jahre, erwarb Tirol zu Österreich, gründete 1365 die Universität von Wien, führte die erste demokratische Steuer, die Getränkesteuer, in Österreich ein, schaffte hingegen die Steuerfreiheit des Hochadels und des Klerus ab und befahl die Errichtung des gotischen Langhauses. Außerdem verlieh er sich den von ihm selbst erfundenen Titel eines »Pfalzerzherzoges« und ließ in seiner Kanzlei Urkunden fälschen, in denen von Julius Cäsar und Nero bis Friedrich I. Barbarossa angeblich althergebrachte Vorrechte der Familie Habsburg und des Herzogtums Österreich nachgewiesen werden sollten. Diese Urkundenfälschung ging als »Privilegium majus«, als großes Privileg, in die Geschichte ein. Der deutsche König und römische Kaiser in Prag, Karl IV., übrigens sein Schwiegervater, dem er nacheiferte, ließ die Urkunden vom italienischen Dichter Francesco Petrarca prüfen, der in seinem Gutachten schrieb: Wer dies gemacht habe, sei ein Erzschelm, wer daran glaube, ein Esel. Als Rudolf IV. 1365 in Mailand starb, wo er die Hochzeit seines jüngeren Bruders vorbereiten wollte, war er 26 Jahre alt. Man steckte seinen Leichnam in eine schwarze Ochsenhaut, brachte ihn über die Alpen nach Wien und setzte ihn in den Katakomben des Stephansdoms bei, während man neben dem Altar ein Kenotaph errichtete. Als man 1933 das Grab öffnete, war der Eichensarg »vorzüglich erhalten«. Darin fand man die »beinharte, schwärzlich gefärbte« Ochsenhaut, deren oberer Teil wie ein Deckel abgehoben werden konnte. In ihr »befanden sich – in ziemlicher Unordnung liegend« – ein stark angerostetes Schwert, ein Bleikreuz mit gut erhaltener Inschrift, ein kostbares Gewand aus persischem Seidenbrokat, das man über den Leichnam gelegt hatte, sowie die Gebeine des Herzogs; »diese gut erhalten, aber in würdeloser Unordnung«, heißt es im Protokoll. Rudolf IV. war ein genialischer Luftschloßbaumeister, ein Wachträumer, dem Wirklichkeit und Phantasie ineinanderflossen und der mit seinen Plänen zu Lebzeiten meist scheiterte. Er ist nicht nur der aufgehende Stern der Habsburger-Dynastie, sondern auch deren Vordenker gewesen. In einer den Steinmetzzeichen entnommenen Geheimschrift ließ er zu seinen Lebzeiten noch auf dem linken Strebepfeiler der Vorhalle eine Inschrift anbringen: »Hic est sepultus Dei gratia dux Rudolphus Fundator«. (Hier ist begraben von Gottes Gnaden Herzog Rudolf der Stifter.) Im Erzbischöflichen Palais zeigte mir die Archivarin, Frau Dr. Fenzel, Fotografien von der Graböffnung, den schwarzen Knochenschädel Rudolfs IV., der nach ärztlicher Untersuchung einem vierzig bis sechzig Jahre alten Mann entsprach, das Schwert und das Kreuz. Das kostbare Leichenkleid wurde in das Dommuseum gebracht und dort ausgestellt. Auch errichtete man Statuen, die Rudolf IV. darstellen, die bekannteste zeigt ihn mit dem Dom wie einem Spielzeug in seiner Rechten. Eines seiner Ziele war, St. Stephan vom Bistum Passau und den Erzbischöfen in Salzburg unabhängig zu machen. Als ihm das gelungen war, strebte er die Erhebung der Kirche zum Dom und damit zum Bischofssitz an. Welchen Sinn hätte sonst überhaupt der Umbau der Wiener Pfarrkirche zu einer königlichen »Erzherzogkirche« gehabt? Rudolf IV. brauchte den Stephansdom, um seine Machtansprüche zu untermauern, und die Kirche später die Habsburger, um ihre eigene Macht auszubauen. Eines der Mittel Rudolfs IV., um die Bedeutung der Kirche zu heben, bestand in der außerordentlichen Vermehrung des Reliquienschatzes. Übrigens wurde Wien erst im Jahr 1723 unter Kaiser Karl VI. Erzbistum und St. Stephan Metropolitankirche.

Ich ging langsam durch den Dom, den oft beschriebenen steinernen Wald. Der Dom-Mesner, Herr Weinwurm, hat mir erzählt, daß es viele Mäuse in der Kirche gebe, am Vortag seien in der Unteren Sakristei zehn in Fallen »gefangen« worden, auch würden sie immer wieder in der Nacht die Alarmanlage auslösen. Die riesige Kirchenhalle, in der man sich verliert, faßt sechs- bis achttausend Personen. Früher im Mittelalter gab es keine Bänke, man wohnte dem Gottesdienst stehend bei. In den Beichtstühlen und -zimmern kann man täglich außer Sonntag von sieben Uhr früh bis zehn Uhr abends in englischer, französischer, spanischer, tschechischer, holländischer, ungarischer, slowakischer und slowenischer Sprache beichten, und an den verschiedenen Altären werden an Wochen- und

Feiertagen von früh bis spät zwischen sieben und zwölf Messen gelesen. Der Dom wird dann geschlossen und erst um sechs Uhr wieder geöffnet.

Natürlich wird auch im Dom gestohlen, wie der Mesner Weinwurm klagt; Meßglocken, Gebetsbücher, Teile von Figuren oder Handtaschen. Schilder warnen vor Bettlern. Als der Dom noch dunkel war, machte sich in der Finsternis das Böse breit. Im Jahr 1919 verfaßte die Kurgeistlichkeit eine Eingabe an den Kardinal, in der es heißt: »Einmal wurde ein Mann von einem Kurpriester in einer Bank bei einer direkt unsittlichen Handlung ertappt; im vorigen Jahr wurde ein Mann ergriffen, der einen Angriff auf ein Fräulein gewagt hatte; Leute, die sich das Leben nehmen oder sich verbergen wollen, um dann zu rauben, freuen sich über diese Finsternis; auch Verunreinigungen, selbst der Beichtstühle, kommen vor.«

Im linken Seitenschiff befindet sich vor dem berühmten Wiener Neustädter Altar das Kenotaph Rudolfs IV., im rechten das Hochgrab Friedrichs III., der auf die Ideen Rudolfs IV. zurückgriff und sie in die Tat umsetzte. Er war der erste Habsburger, der römischer Kaiser wurde, erklärte das gefälschte »Privilegium majus« für ein echtes Dokument und erreichte die Erhebung der Stephanskirche zum Bischofssitz. Es kann kein Zufall sein, daß er im urösterreichischen Wahrzeichen seine letzte Ruhe fand. Auf dem Weg dorthin, vor dem Altar, drehe ich mich um und werfe einen Blick auf die riesige Orgel am anderen Ende der Kirche, die als ein silbernes Gebiß der gesamten Basilika den Eindruck einer steinernen Mundhöhle verleiht. Im selben Augenblick beginnt jemand zu spielen und den Raum mit mächtigem Klang zu füllen. Es singt und pfeift in der steinernen Mundhöhle. Die Orgel, erfahre ich später, umfaßt 125 Register auf vier Manualen und Pedal sowie rund zehntausend Pfeifen. Die größten sind über elf Meter lang, die kleinste hat nur sieben Zentimeter.

Das Kaisergrab Friedrichs III. gehört zu den Werken des Domes, welche, wie Hans Georg Tietze meint, »die blendende Schlußapotheose der Gotik in Wien« bilden. Die Tumbaplatte bedeckt das über einen Stufenaufbau hochgestellte rechteckige Freigrab aus rotweiß geädertem Marmor und stellt den Kaiser im vollen Krönungsornat mit Reichsapfel, Krone, Zepter und Schwert dar. Bekannt geworden ist das Vokalsymbol Friedrichs, AEIOU, an dessen Deutung jahrhundertelang gerätselt wurde. Es gibt viele Interpretationen – der Historiker Alphons Lhotsky hat eine Zusammenstellung von 86 der über dreihundert bekannt gewordenen veröffentlicht –, von denen jene am wahrscheinlichsten ist, die darin den Namen Gottes JEHOVA erkennen will. Die populärste heißt: Austriae Est Imperare Orbi Universo oder Alles Erdreich Ist Österreich Untertan. Eine ähnliche lautet: Austria Erit In Orbe Ultima (Österreich wird bestehen bis zum Ende der Welt). Auch wenn diese Deutungen kaum von Friedrich III. gemeint gewesen sein können, so sind es Formulierungen, die zumindest einen geheimen Wunsch der Interpreten ausdrücken.

Friedrich III. ließ das AEIOU auf seinem Tafelgeschirr, im Wappen und später auch auf Bauwerken anbringen. Als man 1443 bei Ausgrabungsarbeiten zwei Mammutknochen unter dem heutigen Adlerturm fand, die man für die Überreste eines »Urwieners«, eines Riesen hielt und neben dem »Riesentor« des Domes zur Schau stellte, gravierte man auch in sie das Vokalsymbol ein. Der kaum bekannte Wahlspruch des Kaisers lautete allerdings: »Felix oblivio – das größte Glück liegt im Vergessen.« Es ist überflüssig auszuführen, welche Rolle dieses Vergessen, das aber gleichzeitig immer mit der Angst des Selbst-von-der-Welt-vergessen-Werdens einhergeht, in der jüngeren österreichischen Geschichte spielte. Kaiser Friedrich III., der selbst von treuen Herren seiner allernächsten Umgebung bestohlen wurde, »erschlief« sich die meisten seiner Erfolge. Die beliebtesten und angesehensten österreichischen Politiker, Staatsmänner und Kaiser sind und waren immer schon jene, die nichts oder nur wenig taten. Friedrich III., ein Oblomow unter den Habsburgern, hieß bald: »Des Heiligen Römischen Reiches Erzschlafmütze«, wenngleich ihm Weisheit nachgesagt wird und daß er »einem yeden das sein gelassen« habe. Im Alter von 77 Jahren begab er sich in das Reich des ewigen Schlafes, nachdem man ihm zuvor ein Bein infolge eines Wundbrandes amputiert hatte. Der Kaiser ordnete an, seinen Leib zu geißeln, ehe er der Gruft übergeben werden sollte. Das amputierte Bein wurde mitbestattet. Da Friedrich III. in Linz gestorben war und überdies das Grab erst zwanzig Jahre nach seinem Tod fertiggestellt wurde, gab es Vermutungen, daß es in Wirklichkeit leer sei. 1969 entfernten Historiker einen Wappenstein des Grabmals und führten eine Sonde mit einem Reflektor ein. Man konnte ein Stück des rotgolddurchwirkten Stoffes sehen, der als Leichentuch gedient hatte.

Es ist auffällig, wie sehr die Österreicher, voran die katholische Kirche, sich mit dem Tod beschäftigen. Die Kirche liebt den Tod geradezu. Neben dem Franz-Xaver-Altar im Dom findet sich ein Epitaph mit der Aufschrift: »Optima philosophia et sapientia est meditatio mortis«. (Es ist die höchste Philosophie und Weisheit, sich den Tod vor Augen zu halten.) Und natürlich arbeitet die Angst vor dem Tod der Kirche sozusagen in die geöffnete Hand. Auf dem Grab Friedrichs III. wimmelt es von bösem Fabelgetier und Totenschädeln, die Tod und Verwesung symbolisieren. Der Sargdeckel hingegen, erklärte mir der Domführer, ist mit den Wappen der Länder des Kaisers verziert, da es aber zu wenige gewesen seien, um damit ein eindrucksvolles Ornament zu schaffen, habe man manche Wappen in abgeänderter Form wiederholt und andere neu erfunden.

Wie eng die Habsburger mit der Kirche verbunden waren, geht nicht nur aus den beiden Gräbern hervor. Leopold Wilhelm, der jüngste Sohn Ferdinands II. und Maria Annas von Bayern wurde schon mit elf Jahren Bischof von Passau und Straßburg; mit zwölf Jahren Titularbischof von Halberstadt, mit 23 von Olmütz und mit 39 von Breslau. Außerdem wurde er zum Hochmeister des Deutschen Ritterordens eingesetzt, war von 1647 bis 1656 spanischer Statthalter in den Niederlanden und kämpfte als Feldherr mit »wechselndem Geschick«. Nach dem Tod seines Bruders, Ferdinand III., wurde er von einer Gruppe deutscher Fürsten »sogar zum Nachfolger im Reich« propagiert. Selbstverständlich war er kein Einzelfall. Der Sohn Friedrichs III., Kaiser Maximilian I., den Franz Grill-

parzer den »Don Quixote seines Jahrhunderts«
nannte, wollte sich sogar zum Papst wählen lassen,
nachdem er zum zweiten Mal Witwer geworden war.
Er ließ zu diesem Zweck eine »Spende« an die Kurie
in Rom überweisen, als Papst Julian II. schwer er-
krankt war. Allein der Papst genas, und dem Traum
des Kaisers war ein abruptes Ende beschieden. Maximilian I. spann die fingierte Ahnenforschung Rudolfs
IV. weiter und stellte ein sechsbändiges Werk über die
Genealogie der eigenen Familie, des »Hauses Österreich«, her, in der seine Spuren bis zu Noah reichen,
Jesus Christus selbst miteingeschlossen, und schließlich zu allen wichtigen Päpsten führen. Ferner gehörten nach Ansicht des Werkes die trojanischen Könige
bis hin zu Hektor, Aeneas und die merowingischen
Herrscher zu den Vorfahren. Die Seitenlinie allein
umfaßte 123 Heilige. »Die ganze Weltgeschichte«,
schreibt Gerhard Herm, »wie auch die christliche
Heilsgeschichte, so lautete die Botschaft dieser Arbeit,
hatte nur einem Zweck gedient: der Hervorbringung
des Hauses Habsburg. Die Casa de Austria war Es-
senz und Verkörperung der gesamten Menschheit
schlechthin und somit auch befugt, über sie zu herr-
schen.« Diese Vorstellung, der Mittelpunkt der Welt
zu sein, ist in Österreich weit verbreitet und um so
mehr, je weniger es stimmt. Kein Wunder, daß das
Land zwischen Minderwertigkeitsgefühlen und Größenwahn schwankt und daß die Einstellung zur
Wahrheit einem Rohr im Wind gleicht. Ist es vermes-
sen, den Größenwahn Adolf Hitlers in diesem Zusammenhang zu erwähnen und sein blutiges Ende?
Berühmtheit erlangte die Doppelhochzeit Kaiser Ma-

ximilians I. im Stephansdom am 22. Juli 1515. Sie bildete die Wurzel der österreichisch-ungarischen Doppelmonarchie und die Besiegelung der Ansprüche auf Böhmen. Des Kaisers elf Jahre alte Enkelin Maria heiratete den neun Jahre alten Ludwig, einzigen Sohn Wladislaws II. von Böhmen und Ungarn. Der 56 Jahre alte Kaiser aber stellvertretend die zwölf Jahre alte Anna, Tochter Wladislaws, mit der Versicherung, sie zur Kaiserin zu machen, falls nicht einer seiner Enkel binnen Jahresfrist als Ehemann zur Verfügung stünde. Zum Zeitpunkt der Trauung war keiner seiner Enkel frei gewesen, und das Problem löste sich erst durch einen Todesfall. Bella gerunt alii, tu felix austria nube. (Andere mögen Krieg führen, du, glückliches Österreich, heirate.) Selbstredend gab es keinen Einwand der Kirche.

Aber nicht nur den überlebensgroßen Habsburgern, auch dem kleinen Mann stand der Stephansdom für Hochzeiten zur Verfügung. 1622 erfolgte sogar eine Zwergenhochzeit. »Das winzige, etwa zwei Fuß hohe Paar wurde in feierlicher Prozession von fünfzig Zwergengefährten, die ebenfalls nur zwei bis vier Fuß hoch waren, zum Traualtar geleitet.«

Zum Grab des Prinzen Eugen ging ich durch das mächtige Langschiff der Kirche zurück, an den zahlreichen Statuen auf den Säulen und den Barockaltären, die Rudimente der Gegenreformation sind, vorbei. Um 1550 waren achtzig Prozent der Wiener protestantisch, in der Zeit der sogenannten »Gegenreformation« wurde Wien mit dem Blendwerk des Barock überzogen und rekatholisiert. Das Barock hat Wien bis in sein Innerstes geprägt. Nicht umsonst wird der Baustil als »Jesuitenkunst« bezeichnet, und nicht zufällig hat sich ein Sprichwort im Volksmund erhalten, wenn man jemanden von gegenteiliger Meinung abbringen möchte: »Dich werden wir schon katholisch machen!« Auf die Zeit der Gegenreformation geht auch die verstärkte Marienverehrung zurück, die im Stephansdom als »Schutzmantelmadonna«, »Dienstbotenmadonna«, »Maria Pötsch« oder als gemaltes »Gnadenbild Maria in der Sonne« ihre Spuren hinterlassen hat. Maria erscheint auf dem letzten Bild »umkleidet mit der Sonne, zu ihren Füßen der Mond, über ihrem Haupt statt der Sterne die von Engeln gehaltene Kaiserkrone Friedrichs III., der im Jahr der Stiftung des Bildes starb«, schreibt Marlene Zykan. Selbst 1880 hielt man den Barockstil, und zwar als Neubarock, »auch zur Errichtung eines neuerlichen Türkenbefreiungsdenkmals für angemessen, doch gab es heftige Kontroversen, ob der Stephansdom der richtige Aufstellungsort dafür sei«. Der bei dem Künstlerwettbewerb eingereichte Entwurf mußte verändert werden, statt der Kaiserstatue wurde eine Marienfigur als Bekrönung gewählt, zu deren Seiten Papst Innozenz XI. und Kaiser Leopold I. knien.

Das Grab »des Savoyen« ist weniger spektakulär als das der Habsburger und durch ein schmiedeeisernes, versperrtes Tor abgeschlossen. Eugens humane Haltung sei klug und zweckgebunden gewesen, schreibt Vajda, seine problemlose christliche Weltanschauung mehr eine moralische als eine religiöse. Am 11. September 1697 brachte Prinz Eugen bei der kleinen Stadt Zenta eine türkische Gegenoffensive zum Stehen, die Siegesmeldung sprach von über 25 000 erschlagenen und ertrunkenen Türken und »nur« 430 gefallenen kaiserlichen Soldaten. Darauf wird noch zurückzukommen sein. Prinz Eugen konnte kaum Deutsch, doch der Hof sprach ohnedies französisch oder italienisch. Sein Privatleben war und blieb geheimnisvoll, nicht zuletzt, weil man ihm nachsagte, »abwegig veranlagt« zu sein, da er nie heiratete und man ihm auch keine Mätresse »nachweisen« konnte. Zu seiner Zeit war noch ein Gesetz in Kraft, das Homosexuelle auf dem Scheiterhaufen verbrennen ließ. Prinz Eugens Erfolge als »Präsident des Hofkriegsrates« und »Katholischer Reichsfeldmarschall« trugen ihm später den Ruf des reichsten Mannes in Österreich ein. Heute hat das Finanzministerium in Eugens Winterpalais in der Himmelpfortgasse seinen Sitz. Als man im Zusammenhang mit dem U-Bahn-Bau die Gruft im Stephansdom 1974 öffnete, fand man darin drei Särge und eine Herzurne. Sie beinhalten die sterblichen Reste von Eugens Neffen und dessen Frau. Auf dem dritten nicht beschrifteten Sarg lag die Urne mit der Inschrift: »Herz Seiner Durchlaucht Eugen Prinz von Savoyen, der in Wien am 21. April anno domini 1736 gestorben ist«. Das Herz des Prinzen war nach seinem Tod nach Turin gebracht worden, wo König Victor Amadeus zur Erinnerung an die Befreiung der Stadt durch Prinz Eugen 1706 eine Kirche hatte bauen lassen. Das Rätsel, ob die Urne wirklich das Herz des Prinzen enthält und wenn ja, weshalb es und wie es wieder nach Wien kam oder ob sie leer ist, ist nicht geklärt. In der Tirnakapelle, in der sich die Eugen-Gruft befindet, stößt man auf eine weitere Merkwürdigkeit, den »Heiland, dem der Bart wächst«. Die

Christusfigur auf dem Kreuz trägt nämlich einen Bart aus echtem Haar, was zu dem Gerücht Anlaß gab, daß dieser Bart wachse und an jedem Karfreitag gestutzt werden müsse.

Ich setzte mich auf eine der Kirchenbänke und schaute lange die romanisch-gotisch-barocke österreichische Arche Noah an, in der die Zeit gefangen und begraben ist und die doch den Eindruck der Zeitlosigkeit vermittelt, wenn man sich in ihr aufhält. Das Paradies, wie man den Zuschauerraum im Theater nennt, das Paradies dieses Geschichtstheaters war allerdings kein Paradies. Und die Arche Noah ist heute ein Touristendampfer. Der Stephansdom ist im Bewußtsein seiner Besucher eher das Markenzeichen jener bekannten Mannerschnitten*-Verpackung als eine archäologisch-historische Fundstätte oder gar ein Ort der Andacht – wie Mozart auf der berühmten Salzburger Schokolade-Marzipan-Kugel auch nicht die »Zauberflöte« suggeriert, sondern einen flüchtigen Gaumengenuß.

Von meiner Bank aus kann ich die Spur einer Gewehrkugel an der Kirchenwand erkennen, die aus dem Revolutionsjahr 1848 stammt. Damals erhoben sich weite Teile der Bevölkerung gegen die Habsburger Monarchie. Auf dem Stephansplatz wurde gekämpft. Die aufständischen Nationalgardisten trieben einen Teil der regierungstreuen Garde bis in den Dom, »im Kirchenschiff wurde weitergekämpft«, heißt es bei Hellmut Andics, »erst vor dem Hochaltar fand das Blutbad sein Ende. 15 Tote, 95 Verwundete«. Der

---

* Eine Wiener Waffel-Spezialität

Aufstand wurde niedergeschlagen. »Obgleich die Revolution keinerlei antikatholische oder antiklerikale Spitzen gehabt hatte und der Klerus selbst häufig an patriotischen Zeremonien teilgenommen hatte, und obgleich die römische Republik selbst, die auf den Trümmern der weltlichen Macht des Papsttums errichtet war, sich wohlweislich hütete, die religiöse Überzeugung anzutasten, beeilte sich die katholische Kirche, sobald die Reaktion eingesetzt hatte, den absolutistischen Regierungen ihre Mitwirkung und Hilfe anzubieten, um an der Verteilung der Beute beteiligt zu sein...«, führt Benedetto Croce in seiner ›Geschichte Europas im neunzehnten Jahrhundert‹ aus. »So konnte man das Schauspiel erleben, daß eine Versammlung der österreichischen Bischöfe den Liberalismus für ›ruchlos‹ erklärte und den Wert der Nationalitäten als ›heidnisch‹ qualifizierte, dessen Ursprung, wie sie sagten, in einer Strafe Gottes bestanden hätte, nämlich in der Sprachenverwirrung am Turme zu Babel! Die Konkordate, die die Kirche damals abschloß, verliehen ihr von neuem Dinge, die auch nur zu erhoffen vorher an Wahnsinn gegrenzt hätte. Das 1855 abgeschlossene Konkordat mit Österreich wurde als gedrucktes ›Canossa‹ bezeichnet: das ganze Lebenswerk Josefs II. wurde damit vernichtet.«

In Gymnasien und Mittelschulen wurden die nichtkatholischen Lehrer entfernt, im Eherecht wurde die Geltung des kirchlichen kanonischen Rechtes anerkannt und der Staat verpflichtete sich, »mit allen geeigneten Mitteln«, irreligiöse Bücher zu verbieten. Das kirchliche Eigentum wurde für die Gegenwart und Zukunft als unantastbar erklärt. Mit dem Konkordat wurde die katholische Kirche zur staatstragenden Kirche erhoben.

Um das Bildnis der Maria Pötsch, vor dem auf langen Eisentischen zweihundert Kerzen brannten, war es ewig Weihnachten. Alte Frauen knieten und beteten, und eine Gruppe japanischer Touristen wohnte der Messe mit der Wandlung bei, wie einem mirakulösen Schauspiel.

Die metallenen Kartuschen des Gitters vor der Kommunionsbank mit den Inschriften und Wappen wurde übrigens aus Patronenhülsen der letzten Kriegsmonate 1945 gegossen – »Zur Erinnerung an den Zweiten Weltkrieg und dessen Opfer«. Als alles vorüber war, zündeten die Japaner Kerzen an und fotografierten sich dabei.

Dem Bildnis der Maria Pötsch werden übernatürliche Kräfte zugeschrieben. Es stammt aus dem Jahr 1676 und soll durch die vielen Tränen, welche am 4. November 1696 aus den Augen der Gottesmutter flossen, zum »Gegenstande der innigsten Verehrung« geworden sein. 56 namentlich angeführte Zeugen, geistliche und weltliche, haben das Wunder bestätigt, schließlich wurde das Bild nach Wien gebracht. Noch während es in verschiedenen Kirchen verehrt wurde, traf die Nachricht des Sieges von Prinz Eugen bei Zenta ein, was den als Prediger berühmten und als Antisemiten berüchtigten Abraham a Santa Clara ausrufen ließ: »Die Weinende Mutter von Petsch ist Ursach', das wir an jetzo lachen.« Es nimmt nicht wunder, daß das Bild als der eigentliche Sieger gefeiert wurde. Überhaupt die Wunder. Der Glaube an das Wunder, dachte ich mir, in der Kirchenbank sitzend, ist dem ganzen Land, dem ganzen Österreich tief eingewurzelt. Obwohl zutiefst mißtrauisch gegen das Wunder, will es gerade das Wunder — so ist es zwischen Wunderglauben und dem Argwohn, betrogen zu werden, hin und her gerissen. Über das Unbekannte aber, das gerade darum so interessant ist, weil man es nicht kennt, wird hierzulande am meisten geredet — je weniger man es kennt, umso mehr und umso leidenschaftlicher. Selbstredend will man aus diesem Grund nicht wirklich wissen, was »dahintersteckt«.

Am rechten Türstock in der Kirche ist ein ehemals weißer, nun aber von der häufigen Berührung tief ausgegriffener, in Messing gefaßter Stein eingemauert, der *Koloman*-Stein. Die Geschichte dieses Steins ist voll unfreiwilligen und geradezu tragischen Humors. Ein Prinz aus Irland, Koloman mit Name, nach dem dieser Stein benannt ist, wallfahrte im Jahr 1012 in einfacher Pilgertracht durch Niederösterreich zum Heiligen Grab nach Palästina. In Stockerau, unweit von Wien, wurde er für einen Spion gehalten und eingekerkert. Durch Foltern wie Geißelung und Zwicken mit glühenden Zangen wollte man ihn zu einem »Geständnis« bewegen. Überflüssig, zu erwähnen, daß niemand seine Sprache verstand und er selbst nicht deutsch sprach. Endlich wurden ihm bei lebendigem Leib die Schienbeine durchsägt. Nachdem auch diese Maßnahme zu keinem Erfolg führte, hängte man ihn an einem dürren Baum auf. Als aber das Holz des abgestorbenen Holunderbaums, an welchem er bis zu seiner Marter gebunden war, zu grünen begann, so berichtet die Legende, kamen Zweifel an seiner Schuld auf. Es geschahen noch andere Wunder mit dem Grab Kolomans, das zum Beispiel von der Hochwasser führenden Donau verschont geblieben sein soll, weshalb Markgraf Heinrich von Österreich es öffnen ließ. Der irische Prinz soll noch unverwest in ihm gelegen haben. Schließlich wurde Koloman in Melk feierlich begraben und heiliggesprochen. Der Stein, auf den sein Blut geflossen sein soll, wurde auf Anordnung Rudolfs IV. im Stephansdom eingemauert. Es ist nur naheliegend, wenn man das Schicksal des Prinzen ein katholisch-österreichisches nennt.

Im Andenkenladen kauften inzwischen die japanischen Touristen Kunststoff-Rosenkränze und Ansichtskarten. Ich stand auf, um zur Pilgram-Kanzel zu gehen. Immer wenn ich im Dom bin, gehe ich zu den beiden Pilgram-Bildnissen unter der Kanzel und dem Orgelfuß. Meister Pilgram wurde 1509 aus Brünn nach Wien berufen, um einen Altarbaldachin mit einer Orgelbühne im Dom zu bauen. Dabei kam es zu einem künstlerischen Wettstreit mit dem damaligen Dombaumeister Jörg Oexel, bei dem Oexel den kürzeren zog, worauf dieser seine Stelle als Dombaumeister aufsagte und Anton Pilgram als *Eindringling* bloßstellte. Die Steinmetzbruderschaft stand auf seiten des Einheimischen und war nicht bereit, dem neuen Dombaumeister Pilgram die Büchse, die Bücher und das Siegelwachs zu übergeben, die vorher immer die Dombaumeister verwahrt hatten; als Begründung dafür, daß Pilgram nicht in die Bruderschaft der Steinmetzen aufgenommen werden konnte, wurden »Verstöße gegen die althergebrachte Steinmetzordnung« angegeben. Der Pilgramsche Orgelfuß ist nach

Feuchtmüller ein »aller steinernen Schwere entrück-
tes, sphärisches Gebilde in Form eines Balkons,
schwebend im Raum wie ein Orgelton«. Angeblich hat
man bezweifelt, ob dieser Fuß die Orgel würde tragen
können. Pilgram stellte sich hierauf mit seinem
Selbstbildnis unter dem Werk dar, auf seinem Rücken
lastet der ganze Orgelfuß. Die Selbstdarstellung ist um
so bemerkenswerter, als ein gotischer Dom der damaligen Überzeugung nach nur von anonymen Meistern
zur Ehre Gottes erbaut werden sollte. Unter der Predi-
gerkanzel hat Pilgram sich ein zweites Mal – aus einem Fenster blickend – verewigt. Im Volksmund heißt
diese Darstellung der »Fenstergucker«; sie ist heute
ein Wahrzeichen im Wahrzeichen. Die Kanzel ist aus
drei übereinandergeschichteten Sandsteinblöcken errichtet und so fein ausgeführt, daß man sie für Holz-
schnittarbeit halten könnte. Sie zeigt die Bildnisse der
vier Kirchenväter: Ambrosius, Hieronymus, Papst
Gregor den Großen und den heiligen Augustinus, die
»am Vorabend der Reformation sorgenvoll von der
Kanzel herabblicken«. Auf den Handleisten des Trep-
pengeländers kriechen Frösche, Kröten, Eidechsen,
Schlangen, zum Teil ineinander verbissen, zur Kanzel
hinauf, zuoberst wacht ein Hund. Es gibt die unter-
schiedlichsten Deutungen dieser Tiere, ob sie nun
überhaupt das Böse oder den Kampf zwischen Gut
und Böse symbolisieren. Die Eidechse galt als Symbol
des Guten, weil sie an der Sonne sitzt, die Kröte, die
sich im Sumpf aufhält, als Symbol des Bösen. Der
Hund, der Wächter, achtet zuletzt darauf, daß das
Böse nicht zur Kanzel vordringen kann, vermutlich
eine Anspielung auf die Prediger, die »domini canes«

(Dominikaner), »Hunde des Herrn«, genannt wurden. Jahrhundertelang war die Kanzel durch einen siebeneckigen Schalldeckel aus Holz abgeschlossen, der nach 1945 aber – bei der Renovierung des Doms – als Deckelkrone des vierzehneckigen Taufbeckens in der Katherinenkapelle erkannt und wieder dort angebracht wurde. Im Dom findet am Hauptaltar inzwischen eine Messe statt. Die Zeit scheint jetzt wirklich stehenzubleiben.

Die Priester ziehen sich in einer der beiden Sakristeien, der kleineren oberen und der größeren unteren, neben dem »Primglöckleintor« um. In Barockschränken lagern Meßkelche und Hostienbehälter (Ziborien), aber auch verschiedene Kaseln, die liturgische Oberkleidung der Priester. Die Kirche ist streng hierarchisch geordnet und ein Ausdruck dieser Hierarchie sind die wenn auch prunkvollen, so doch »uniformartigen« Kleider. Die Farben der Kleider leiten sich von der ursprünglichen Herstellungsart her, bei der der Stoff im verdünnten Sekret der Purpurschnecke gekocht und dem Sonnenlicht ausgesetzt wurde. Je nach Menge des teuren Saftes und Dauer der Lichteinwirkung entstanden Tönungen vom Rosa zum bräunlichen Rot oder Amethystgrün, Violett und rotsatiniertem Schwarz. Daraus ergaben sich die liturgischen Farben: Weiß für die Weihnachts- und Osterzeit, Rot für Palmsonntag, Karfreitag und Pfingsten oder Schwarz für Trauergottesdienste. Herr Weinwurm führte mich später in die »Paramentenkammer«, dem Kostümdepot für das kirchliche Schauspiel, und zeigte mir die kostbarsten der fünfhundert Kaseln, die in vorgewaschenes Molino verpackt sorgsam gefaltet aufbewahrt werden. Zuerst die »Breuner Festkasel«, nach ihrem Stifter Bischof Breuner benannt, mit einem auf Leder gearbeiteten Pflanzenornament aus achtzigkarätigen Goldfäden, übrigens einer Männerarbeit, für die ein Kloster zehn Jahre gebraucht haben mag, eine, wie der Mesner sagte, *Heidenarbeit«*. Dann die »Mohnblumenkasel«, blau und dunkelrot mit Silberfäden über verschiedenfarbigen Mohnblumen bestickt, ferner die violetten, weißen und roten »päpstlichen« Kaseln und den »Theresienornat«, der von Kaiserin Maria Theresia gestiftet wurde, mit einem Schwertlilienmuster, auf dem in Bändertechnik Chinoiserie-Stickereien angebracht sind. Die Kaseln müssen fortlaufend restauriert werden und sind aus Samt und Seide, Damast und Brokat. Der schwarze »Erzbischöfliche Trauerornat« wurde für das Requiem beim Begräbnis Kaiser Franz Josephs und der »letzten Kaiserin« Zita verwendet. Jeder dieser Kaseln und Ornate ist ein Unikat und unbezahlbar. In den Läden, in denen sie aufbewahrt werden, riecht es nach Mottenkugeln. Herr Weinwurm breitete die liturgischen Gewänder auf einem Tisch aus und beschrieb sie. Eine künstliche Pflanzenwelt lag vor uns, ein mystisches Abbild der Natur. Auch die nicht mehr verwendeten Handschuhe der Bischöfe zeigte mir Herr Weinwurm und die bestickten Schuhe. Wertvolle Bischofsstäbe gebe es keine mehr, führte er aus, sie mußten bei Edelmetallsammlungen anläßlich verschiedener Kriege abgeliefert werden. In einem Safe lag neben Monstranzen, Ziborien und Kelchen auch die *Rosa Mystika*, der Festrahmen für das »Gnadenbild der

Maria Pötsch« aus Gold und Edelsteinen, den Kaiserin Eleonore gestiftet hat.

Das Schauspiel, allen voran das kirchliche, hat sich tief in die österreichische Mentalität eingegraben, diese Lust am Gepränge und an Umzügen, Feierlichkeiten und Verwandlungen aller Art. Die Kirche ist unser wahres Nationaltheater, nicht das Burgtheater. Bevor ich in die zweite Schatzkammer des Domes, die St.-Valentins-Kapelle, gelangte, wies mich der Dom-Mesner auf das Fresko an der Nordseite des Orgelchors hin. Auf ihm ist die Belehnung der Herzöge Albrecht und Rudolf mit Österreich durch König Rudolf von Habsburg im Jahr 1282 dargestellt. Es handelt sich um das einzige zeitgenössische Bild dieses Rechtsaktes, der den Beginn der Habsburg-Herrschaft in Österreich darstellt. Das Fresko ist durch Möbel verstellt und für den Besucher nur schwer zu finden.

In der Reliquienkammer, die in der Valentins-Kapelle untergebracht ist, ist es braun, goldfarben und hell. In verzierten Schränken, Vitrinen, Pyramiden, Monstranzen, Schreinen und Glassärgen sowie hinter Glas gerahmt sind Knochensplitter, Knochenschädel und Skelette von Heiligen aufbewahrt. In der Mitte, in einem großen goldverzierten Glassarg, ruht das Skelett des heiligen Valentin, um die knöcherne Stirn ein Lorbeerkranz, der Gesichtsschädel mit einem halbdurchsichtigen Tuch bedeckt, an den Füßen goldbestickte Schuhe. An einer Wand Sankt Clementia, einen Rosenstrauß aus Silber- und Goldfäden in der Knochenhand, die Rippen mit ebensolchen Silber- und Goldfäden kunstvoll umwickelt. Das Skelett ist auf schwarze, blumenbestickte Samtkissen mit Goldkordeln gebettet. Der Reliquienschatz geht auf Rudolf IV. zurück, der der Stephanskirche mehr Glanz verleihen wollte. Der Grund für die Beliebtheit der Reliquien liegt darin, daß sie handfeste *Beweise* für die Richtigkeit des Glaubens darstellten. Ansonsten ist sie nur aus den autoritären Strukturen der Habsburger-Zeit erklärbar: Als man mit dem eigenen Herrn kaum zu reden wagte, getraute man es sich noch viel weniger mit Gott. Daher suchte man Heilige und Maria als *Für*-Bitter, wie man *Für*-Sprecher bei seinem Herrn brauchte. Die Kirche hat übrigens den Reliquienglauben nie bindend vorgeschrieben, die Sammlung in der Stephanskirche wurde inzwischen geschlossen. Während ich durch den Raum wandere und mich in jenem *todesseligen* Österreich wähne, jenem nekrophilen Bezirk des österreichischen Denkens, in dem die katholische Kirche immer ein geschickter Zeremonienmeister war, ja, die Nekrophilie zur Kunst erhob, erklärt Herr Weinwurm, daß wir uns am kältesten Punkt des Doms befänden.

Tatsächlich ist es eiskalt. Herr Weinwurm zeigt mir ein »Kalendarium«, ein Reliquienbild mit einem Knochensplitterchen für jeden Tag des Jahres und eine Reliquie mit einer Träne der Maria Pötsch: ein goldgerahmtes Stück Stoff. »Früher«, führt er aus, »fand im Dom an jedem fünften November das Reliquienfest statt, an dem der Altar mit Reliquien der Valentinskapelle geschmückt war.« Wir sehen noch Staub vom Körper Franz von Assisis und ein Reliquienkreuz, ein Geschenk des abessinischen Kaisers Haile Selassie für Kardinal Innitzer. Herr Weinwurm öffnet die Büchse

eines der Reliquien-Behälter, um mir die »Authentik«
zu zeigen, die jeder Reliquie beigegeben ist: mehrfach
gefaltete Urkunden mit besiegelter Bestätigung durch
einen Bischof. Im Inventurverzeichnis der Reliquien-
kapelle aus dem Jahr 1904 sind ferner ein Holzsplitter
aus der Wiege Jesu Christi, ein Stück des letzten
Abendmahltischtuches, mehrere Stücke des Schleiers
der Seligen Jungfrau Maria, goldene Kelche mit dem
Heiligen Blute Christi, ein Teil des Schweißtuches
Christi, ein Kreuzpartikel in einen Brillantring gefaßt,
sowie der rote Pontifikalschuh des Papstes Innozenz
XI. angeführt. Als Verlust wird »ein silbernes Christ-
kindlein mit vier Edelsteinen in einer Krippe auf einer
Windel angebracht, in welchem das Jesuskind einge-
wickelt gewesen sein soll« bedauert. Es ist nicht
schwer, sich vorzustellen, welches ehrfürchtige Er-
staunen diese Reliquie hervorrief. Die Zerstörungswut
geht aber immer Hand in Hand mit der Verehrungs-
wut. Wo zu tief verehrt wird, wird gleichzeitig am gna-
denlosesten zerstört.
Vor dem Stephansdom befand sich übrigens ein eigenes Gebäude für diese Reliquien, der Heilthumsstuhl,
in dem sie einmal im Jahr der Bevölkerung gezeigt
wurden. Zu sehen war dann die ganze Pracht: das
gold- und silbergeschmückte Schauspiel des Todes.
Draußen vor dem Stephansdom auf dem Platz, der
früher ein Friedhof war, beginnt es zu dämmern.
Zweimal hat mich Herr Schwarz, ein pensionierter
Postbeamter, der eine Bibliothek und ein Archiv über
den Stephansdom besitzt, um das Bauwerk geführt
und mich auf Zeichen, Spuren und Eigenarten im Ge-
mäuer aufmerksam gemacht. Herr Schwarz ist ein

mittelgroßer, humorvoller »echter Wiener, der nicht untergeht«. Unter dem Hauptportal, dem »Riesentor«, dessen Name sich auf ein ehemals hier angebrachtes Fallgitter (»Riestür«) bezieht, zeigte er mir die Ziersäulen, über denen, friesartig aneinandergereiht, Sinnbilder des menschlichen Übels dargestellt sind: Fabeltiere, Drachen, ein Affe, ein Vogel Greif, Taube und Adler, Löwen und fratzenhafte menschliche Gestalten, sogar die Darstellung eines Mordes. Der Fries entspricht dem Wunsch, die bösen Dämonen von der Kirche abzuweisen, sie zu bannen. Unter den Wesen, machte mich Herr Schwarz aufmerksam, befindet sich auch ein Mann mit einem Hut, dessen Spitze abgebrochen ist.

Es ist der »pileus cornutus«, der gehörnte Judenhut, jenes Kleidungsstück, das den Juden 1267 nach einer Kirchenversammlung in Wien als Erkennungszeichen zu tragen vorgeschrieben war. Dieser Jude wird in nahezu allen Beschreibungen des Stephansdoms verschwiegen und auch nirgendwo abgebildet. Später stieß ich auf die Tatsache, daß man am sogenannten »Fürstenhügel« des Stephansfriedhofes bis 1830 am Karfreitagmorgen um sieben Uhr die »Volkssitte« des *Judverbrennens* übte, die in manchen Gegenden des österreichischen Kaisertums, besonders in Böhmen und verschiedenen Landorten Niederösterreichs, üblich war. Dabei wurde ein aus Stroh gemachter »Popanz« von der Bevölkerung vor die Kirche getragen und dort mit »jubelnder Begeisterung« verbrannt. Solche antisemitischen Ausfälle waren keine Seltenheit. In der Hernalser Kalvarienbergkirche gibt es ein Bild, das in der von der Pfarrgemeinde herausgegebenen

Broschüre so beschrieben wird: »Maria lehrt die Tugend des Eifers: ›das Kreuz ist leer, der Herr ist im Grab‹. Der ›Körberljud‹ sammelt noch Hammer und die herumliegenden Nägel ein.« Eine Fußnote weist dann darauf hin: »Hier ereigneten sich in vergangenen Zeiten häßliche Szenen ›christlichen Eifers‹ gegen die Juden. Der ›Körberljud‹ wurde geohrfeigt, angespien. Es mußte zuerst die Nase, dann auch der Kopf aus Eisen angefertigt werden.« Aber damit hat die Expedition in die österreichische Seele mitten in das sogenannte »goldene Wienerherz« noch kein Ende gefunden.

Ein anderer Brauch der Kirche, aber auch weltlicher Behörden, war die öffentliche Buße vor der Kirchentür des Stephansdoms; »besonders wurde sie jenen weiblichen Personen auferlegt, die sich gegen die Sittlichkeit ›vergangen‹ hatten. Diese mußten, in ärmliche Kleider gehüllt, mit bloßen Füßen und einem Strohkranz in der Hand oder auf dem Haupte ihr Vergehen abbüßen. Nur äußerst selten fand eine solche Frau noch einen Mann«, heißt es weiter. »Die ... Volksmenge, die sich ... sehr zahlreich einfand, verglich den Strohkranz mit einem Abreibewische, und Hunderte von Stimmen forderten die ... Verhöhnte auf, die Schwelle des Kircheneingangs ... abzureiben.« Unter Kaiserin Maria Theresia wurden solche Frauen vor dem Riesentor an den Pranger gestellt, ausgepeitscht, in einen Sack gesteckt und öffentlichen Insulten ausgesetzt; ihre Haare wurden geschoren und der Kopf mit schwarzem Pech bestrichen. Später entstand daraus ein sogenannter Volkswitz. »Man drohte noch den Großmüttern, auch wenn sie sittsam waren«, sagte

Herr Schwarz, »sie müßten bald den Stephansdom reiben, wenn sie mit einem Mann ausgingen.«

Auch die Zeiten, die durch diese Schilderungen in das Gedächtnis gerufen werden, sind vor dem Riesentor des Stephansdoms als Zeichen in den Mauern zu finden. Ein großes und immer wieder neu nachgeritztes Buchstabenzeichen, o5, das eine Widerstandsgruppe gegen die Nazis in den letzten Kriegstagen des Jahres 1945 dort angebracht hat, wurde zum Symbol des Antifaschismus. o5 bedeutet den Buchstaben O und den fünften Buchstaben des Alphabets E, also OE für Österreich, das ja bis zu Kriegsende Ostmark hieß. Die die Stadt befreiende russische Armee malte nicht weit davon mit einer Schablone ihr Kontrollzeichen an den linken Pfeiler des mittleren Torbogens als Hinweis, daß sie das Gebäude frei von deutschen Soldaten vorgefunden hatte. Es ist mittlerweile durch die Abgase fast gänzlich verschwunden.

Herr Schwarz weist mich auch auf die beiden romanischen Heidentürme links und rechts vom Riesentor hin. Die Türme sind 65 Meter hoch und gehen nach dem dritten Geschoß aus einem quadratischen Grundriß in eine achteckige Form über. Ihre zierlichen Turmhelme, die man mit der Spitze von Minaretts verglich – daher der Name »Heiden«-Türme –, entstammen bereits der Gotik. Eine andere Deutung besagt, daß ihr Material von den römischen Stadtmauern und Grabmälern stammt und daß sie deswegen diesen Namen erhalten hätten.

»Zur ewigen Warnung«, sagt Herr Schwarz und deutet mit dem Finger nach oben, »hat man zwei türkische Soldaten aus Kupferblech angebracht ...

sehen Sie? Sie halten ein Glockenspiel, ein türkisches Musikinstrument und einen Säbel in den Händen, ja? Und jetzt am Turm links sehen Sie einen riesigen Phallus und darüber, im Giebel des linken Heidenturms, sind die Verzierungen rund, also weiblich, ja? Am rechten Turm eine Vulva, und die Verzierung des rechten Turms ist eckig, also männlich... Das sind Symbole für Mann, Frau und Familie ... Ana allan könnt net weiterlebn, sonst sterbn ma aus!« Tatsächlich hat man diese Zeichen von Naturreligionen übernommen, um neue Gläubige zu gewinnen.

Als wir um das Gebäude herumgehen, an dem Herr Schwarz immer neue Merkwürdigkeiten entdeckt, kommen wir an der »Dombauhütte« vorbei, in der Steinmetze plastische Bauschmuckteile nach der überlieferten Methode herstellen. Der Dom verfällt, und sein Verfall ist natur- und zivilisationsbedingt. Nimmt man alle Reparaturen inklusive der Kriegsschäden her, so wurde der Dom wahrscheinlich schon zu zwei Dritteln erneuert – allein 1945 waren vierzig bis fünfundvierzig Prozent der Bausubstanz zerstört. Als Ursachen werden angeführt: Rostsprengungen, Pressungserscheinungen, das Treiben von Zement, Frostwirkung, aufsteigende Grundfeuchte, Kondensfeuchte, Absprengungen an den Gesteinen durch Hitze, Windkorrosion und vor allem der Umstand, daß das Regenwasser mit Schwefeldioxyd aus Abgasen belastet ist. Noch 1842 war der hohe Südturm an manchen Teilen von Moosen bedeckt. Sogar eine Birke sproß aus dem Adlerturm. Nur mit Spenden, zwanzig Millionen Schilling im Jahr, können die Ausbesserungsarbeiten durchgeführt werden, ohne fortwährende Renovierung würde das »Gedächtnis« des »steinernen Zeugen« nachlassen und sich schließlich selbst vergessen.

Unter dem Dom, in den Katakomben, liegt, was von den Menschen, die dort begraben sind, übriggeblieben ist. In einem »Lapidarium« (Steinmuseum) sind auch Steine des Doms aufbewahrt, Epitaphe vom aufgelassenen Friedhof, der Klöppel der alten Pummerin und eine Steinzange, mit der man das Material früher auf den Dom beförderte. In der Herzogsgruft liegen neben Rudolf IV. und seiner Frau Särge von Habsburgern des vierzehnten und fünfzehnten Jahrhunderts. Außerdem sind die Eingeweide der Habsburger, die in der Kapuzinergruft liegen, in Kupferurnen aufbewahrt. Die Katakomben sind düster und dunkel. Früher waren sie ein Labyrinth, in dem man sich verirren konnte und wo man zwischen den aufgestapelten vermodernden Särgen noch Stoffetzen und Schuhe finden konnte. Dreißig Grabkammern, die zum Großteil zugemauert sind, sind mit Überresten von dreihundert bis fünfhundert Toten aus den Jahren 1711 bis 1783 gefüllt. In die zugänglichen Kammern kann man durch ein Gitter auf die Knochenschädel und Sargreste schauen, die in trauriger Unordnung dort zuhauf liegen. Andere Knochen hat man aufeinandergestapelt wie Brennholz. »Im Zweiten Weltkrieg«, sagt der Domführer, »wurden die Grabstätten teilweise ausgeräumt, um sie als Luftschutzkeller zu verwenden.«

Ein Sakristeidiener, der uns in die Katakomben gefolgt ist, hat sich Arbeitshandschuhe angezogen und stöbert suchend zwischen den Knochen, bis er Teile eines Rosenkranzes findet, die er achtlos wieder beiseite wirft. Die Katakomben des Wiener Stephansdoms sind unappetitlich und unwürdig und nur wegen ihres ekelerregenden Zustandes eine Sehenswürdigkeit. Tief unter dem Dom gibt es offenbar keine Scham mehr. In der neueren »Bischofsgruft«, in der neun Kardinäle und drei Bischöfe beigesetzt sind, herrscht hingegen Ordnung. Schamhaft verschwiegen wird allerdings, kommt die Rede auf den »Wiedererbauer des Doms«, Kardinal Innitzer, der zuerst ein katholischer Universitätslehrer war, dann Bundesminister für soziale Verwaltung, ehe er 1932 Erzbischof von Wien wurde (eine Karriere vom Priester zum Priester-Staatsmann, wie sie auch der Priester-Mandatar Dr. Ignaz Seipel machte, der von 1922 bis 1929 österreichischer Bundeskanzler war), schamhaft verschwiegen also wird, sobald die Rede auf Kardinal Innitzer kommt, daß dieser 1938 die katholische österreichische Bevölkerung mit »Heil Hitler!« aufgefordert hatte, für den Anschluß an das nationalsozialistische Deutschland zu stimmen. Immerhin erkannte er seinen Fehler später und bestärkte die Wiener Katholiken in einer Predigt, »ihrem Gott treu zu bleiben«, worauf jugendliche Nazis das erzbischöfliche Palais stürmten und den Domkuraten Krawarik aus dem zweiten Stock in den Hof warfen. Mit gespaltener Kniescheibe und gebrochenen Oberschenkeln blieb dieser dort liegen. Aber in der katholischen Kirche, die von Anfang an den Faschismus der Demokratie als kleineres Übel vorgezogen hat, fanden sich noch nach dem Krieg Priester und sogar Bischöfe, die die Niederlage des Nationalsozialismus bedauerten. In seinem

Lebensrückblick schrieb der österreichische Bischof Alois Hudal, der ab 1944 unter Kardinal Giovanni Battista Montini – dem späteren Papst Paul VI. – das Vatikanische Paßbüro führte: »Alle diese Erfahrungen haben mich schließlich veranlaßt, noch 1945 meine ganze karitative Arbeit in erster Linie den früheren Angehörigen des NS und Faschismus, besonders den sogenannten ›Kriegsverbrechern‹ zu weihen, die von Kommunisten und ›christlichen‹ Demokraten verfolgt wurden, oft mit Mitteln, deren Methoden sich nur wenig von manchen ihrer Gegner von gestern unterschieden haben; ... Ich danke ... dem Herrgott, daß Er meine Augen geöffnet hat und auch die unverdiente Gabe geschenkt hat, ... nicht wenigen mit falschen Ausweispapieren ihren Peinigern durch die Flucht in glücklichere Länder entrissen zu haben.« Zu den armen Verfolgten zählte Martin Bormann, Chef der Parteikanzlei der NSDAP. »Nach Irrwegen durch österreichische und italienische Klöster kam er, versehen mit einem von Pius XII. persönlich gezeichneten vatikanischen Reisepaß mit der Nummer 073.909, lautend auf den staatenlosen Jesuiten Eliezer Goldstein, im Jahre 1948 nach Brasilien«, schreibt Anton Szanya. Ebenso verhalf Hudal dem Chef der Gestapo, Heinrich Müller, den er im Collegio Croato des Vatikans einquartierte und mit einem Paß, lautend auf Jan Belinski aus Lodz (!), zur Flucht. Bezeichnenderweise hatte sich Müller als Mönch verkleidet. Auch den kroatischen »Poglavnik« Ante Pavelic versteckten Franziskanerinnen in St. Gilgen am Wolfgangsee und Barmherzige Schwestern in Bad Ischl, bevor er in Priesterkleidern nach Rom gelangte und als Pablo Aranyoz Buenos Aires erreichte. Als letzter sei Franz Stangl erwähnt, Kommandant der Vernichtungslager Treblinka und Sobibor. Ein österreichischer Bischof verschaffte ihm Personaldokumente des Roten Kreuzes. Ende der vierziger Jahre erhielt Stangl von Hudal einen vatikanischen Paß, mit dem er und seine Frau nach Brasilien emigrierten. Als Hudal 1951 abgesetzt wurde, da er für die vatikanische Diplomatie zunehmend zu einer Verlegenheit wurde, schrieb ihm der Grazer Bischof Pawlikowski: »Wir sind vor den Kopf gestoßen worden, und dem Heiligen Stuhl hat man auch nichts Angenehmes bereitet. Auch Ihr Vorfall zählt zu den Katastrophen, die Österreich getroffen haben.« Mehr als dreißig Jahre später wurde in einen Kreuzbalken der Barbarakapelle des Stephansdomes ein »Aschenreliquiar aus dem Konzentrationslager Auschwitz« eingesetzt. (Dieses Reliquiar wurde von Kardinal Macharski von Krakau anläßlich des ersten Besuches von Papst Johannes Paul II. in Österreich überreicht). Darüber mag sich jeder seine eigenen Gedanken machen.

Ein anderer berühmter Kardinal in der Bischofsgruft ist Melchior Khlesl (1553–1630), den der österreichische Dichter Franz Grillparzer in seinem Stück »Ein Bruderzwist in Habsburg« dargestellt hat. An seinem Beispiel läßt sich andeuten, aus welcher Tradition das Verhalten der katholischen Kirche kommt und wie sie selbst mit gegensätzlichen Meinungen umging. Khlesl war der Sohn eines Bäckermeisters und wuchs im protestantischen Glauben auf. Später konvertierte er und nahm »mit dem Übereifer des Renegaten«, wie es heißt, »die Gegenreformation als seine persönliche

Aufgabe in die Hand«. Er sorgte dafür, daß das Professorenkollegium der Universität nur noch aus Katholiken bestand; vor Promotionen mußten die Studenten das Tridentinische Glaubensbekenntnis ablegen. Khlesl war der Wegbereiter der Jesuiten in Wien. Die »ecclesia militans«, die kämpferische Kirche, die im Zuge der Gegenreformation die Rekatholisierung Österreichs in Angriff nahm, fand ihren Feldherrn in Khlesl. Er errichtete ein Netzwerk von Klöstern und Kirchen. Von 1612 an führte er unter Kaiser Mathias praktisch die Regierungsgeschäfte. Der lutherischen Lehre gehörten um 1570, wie gesagt, mehr als drei Viertel der Bevölkerung Wiens an. 1576 hatte Wien sogar einen protestantischen Bürgermeister, Christoph Hutstocker. Aber schon 1577 wurden der öffentliche protestantische Gottesdienst und die Abhaltung protestantischer Schulen unter strengste Strafe gestellt.

Genug, denke ich, genug, und eile aus den Katakomben. Den Österreichern, so sie einmal eine eigene Meinung hatten, wurde immer das Genick gebrochen. Das freie Wort, die freie Meinung, zählt nichts in diesem Land – im Gegenteil. Dieses Volk wurde ein Volk der Musiker, weil es nicht reden und sich äußern durfte. In den Schulen hängt heute noch das Bild des Bundespräsidenten neben dem Kreuz, der höchste Repräsentant des Staates neben dem Kirchensymbol. Das österreichische Denken war in der ganzen Geschichte dieses Landes noch nie ein freies. Wir hatten lange keinen bedeutenden Schriftsteller, keine bedeutenden literarischen Verlage, keine bedeutenden Zeitungen außer der »Fackel«. Aber wir haben lange schon bedeutende Komponisten und Orchester, Wien heißt von jeher die »Stadt der Musik«. Als ich mich im Freien umdrehe, sehe ich über dem Ausgang der Katakomben jene Tafel, die darauf hinweist, daß Mozart am 6. Dezember 1791 hier aufgebahrt lag. Mozart ist in keinem Dom begraben, in Kirchen und Domen wird nur seine Musik gespielt. Das Grab auf dem St. Marxer Friedhof ist nicht bekannt. Dort, wo man seinen Leichnam vermutete, hat ein Totengräber die abgebrochene Säule einer Gruft aufgestellt und zwanzig Jahre später ein zweiter einen steinernen Engel. Die Bundeshymne ist ein Anhang der von Mozart komponierten »Kleinen Freimaurerkantate«, der »Maurergesang«. Ausgerechnet ein Freimaurergesang, auch wenn er nicht von Mozart ist, in diesem zutiefst katholischen und zugleich heidnischen Land. Zum Stephansdom, dem Wahrzeichen Österreichs, denke ich, während ich in die nun schon einbrechende Dunkelheit flüchte, paßt nur das Requiem.

Im Heeresgeschichtlichen Museum

»Der Aufenthalt in diesem Raum«, sagt der Auskunftsoffizier im Heeresgeschichtlichen Museum in Wien, Oberst *Krach*, »zählt zu den Höhepunkten jeder Führung. Wir stehen vor den stummen Zeugen des Mordes von Sarajewo ... stumme Zeugen nenne ich sie: die Uniform, die der Thronfolger zum Zeitpunkt seiner Ermordung getragen hat und das Auto, in dem der Doppelmord geschah ... Damit Sie gleich den Stellenwert dieses Ereignisses einschätzen können: Die Ermordung des österreichisch-ungarischen Thronfolgerpaares in Sarajewo war der unmittelbare Anlaß zum Ersten Weltkrieg.« Der Oberst, ein hagerer, großer Mann in Zivil mit der Frisur eines römischen Senators und dem Habitus eines Don Quichottes, der sich auf Abenteuersuche in das Märchenland der österreichischen Geschichte begeben hat, hat die Augenlider halb geschlossen und trägt in einer Hand eine Teleskopantenne als Zeigestab, mit der er »Tick-Tick« und »Pin-Pin« abwechselnd auf den Holzrahmen und die Glasscheibe der Vitrine klopft. Der rote Saal mit Spitzbögen an der Decke, hohen Fenstern und knackenden Parketten, riecht nach Bodenwachs.

Auf der rechten Seite, an der Wand, steht das viersitzige Cabriolett der Marke Gräf & Stift, Baujahr 1910, in dem Franz Ferdinand und seine Frau erschossen wurden, in der Mitte des Saales die schwarz gerahmte Vitrine mit der Hose, dem blutigen Uniformrock und dem Stulphut des Thronfolgers, die auf schwarzem Tuch ausgebreitet liegen, wie die Reliquien eines Märtyrers. Der Thronfolger begriff die politischen Gegebenheiten der k. u. k. Monarchie zwar besser als Kaiser Franz Joseph, war aber bei aller Bigotterie ein Mann, der mit dem Giftzahn der Gewalt ausgestattet war. Als er eine Ausstellung mit Werken Oskar Kokoschkas sah, soll er das zukunftsweisende Urteil abgegeben haben: »Dem Kerl sollte man die Knochen im Leibe zerbrechen.« Er war jähzornig und sein Ungarnhaß sprichwörtlich. Seine Zeitgenossen sahen den »guten Familienvater« und »Oberbefehlshaber der Bewaffneten Armee« als »Meisterschützen«. Während seiner Erkrankung an Lungentuberkulose im Frühjahr 1895 stutzte er von einer Liege aus einen in der Nähe stehenden Baum durch Pistolenschüsse so zurecht, »wie es ein Gärtner nicht hätte besser schaffen können«. Schon mit neun Jahren erlegte er »sein erstes Tier« und die vollständig erhaltenen Schußlisten weisen auf eine ins Gigantische verzerrte Jagdleidenschaft hin. Während seines einundfünfzigjährigen Lebens schoß er 274 889 Stück Wild aller Art. Seine »Jahresbestleistung« erzielte er 1911 mit 18 799 Stück, die höchsten »Tagesleistungen« bestanden in der Regel aus Hasen, Fasanen und Rebhühnern, sein Tagesrekord, am 17. 6. 1908, waren 2763 Lachmöwen. Auf seiner Brust hatte Franz Ferdinand einen Drachenkopf tätowiert.

Der Oberst dreht sich zu dem mit einer geflochtenen Schnur umzäunten Wagen und weist mit der rechten Hand und gestrecktem Zeigefinger auf den Rücksitz. »Es war Sonntag, der 28. Juni 1914, 10 Uhr, da wurde auf das Thronfolgerpaar anläßlich seines Besuches das erste Attentat verübt. Es verlief glimpflich. Das zweite jedoch, um 10.45 Uhr, das entscheidende, werde ich Ihnen kurz beschreiben ... Der zwanzigjährige Student Gavrilo Princip, gab aus allernächster Entfernung, etwa so wie ich hier zum Wagen stehe, rasch hintereinander zwei Schüsse auf das Thronfolgerpaar, das auf dem Rücksitz des Wagens saß, ab. Der erste Schuß durchschlug die rechte Bordwand und tötete die Gemahlin des Thronfolgers durch einen Bauchschuß. Gleich aber krachte der zweite, traf den Thronfolger in den Hals und zerfetzte ihm die rechte Schlagader. Was der erste Schuß angerichtet hat, können Sie sich mit einiger Phantasie vorstellen.« Der Oberst macht eine Pause, schließt kurz die Augen und fährt dann, mit dem Zeigestab auf die Glasplatte der Vitrine klopfend, fort: »Wir suchen den zweiten Treffer auf der Uniform, der ihren Gemahl Franz Ferdinand von Österreich tötete ... In Verlängerung meines Zeigestabes blicken Sie bitte auf die Uniform ... Da sehen Sie unter der rechten Kragenstelle ein ganz kleines Einschußloch. Dort trat das tödliche Projektil in den Körper ein. Das Blut rann aus der Wunde in einem dünnen Strom, unter der Uniform von rechts nach links hinunter, sickerte auf der linken Brustseite, also ganz wo anders durch den Stoff und färbte die Uniform dunkelrot. Zwei rasch herbeigerufene Ärzte nahmen irrtümlicherweise an, der Treffer müsse hier sitzen« – »Pin-Pin« macht der Zeigestab – »und schnitten die Uniform mit einer Schere in dieser Richtung auf, um sich das zeitraubende Öffnen der acht Knöpfe auf der rechten Seite zu ersparen, aber jede Hilfe war vergeblich ... Und nun zum Schnitt hinter dem Kragen« – wieder klopft der Oberst mit dem Zeigestab auf die Glasplatte –. »Als der Thronfolger tot war, hat man ihm die Uniform ausgezogen, indem man sie rückenwärts von oben bis hinunter durchschnitt und sie von vorne abnahm wie einen Mantel – können sich die Herrschaften das vorstellen?« Im allgemeinen Schweigen der Zuhörer, die um die Vitrine stehen und auf die Uniform blicken, fährt der Oberst fort: »Der Generalshut ist stark beschädigt von Andenkenjägern – die Uniform noch deutlich behaftet mit Blutspuren. Hier sehen Sie außerdem die Feldbinde und die Handschuhe.« Angeblich soll die tödliche Kugel durch den tätowierten Drachenkopf in Franz Ferdinands Körper eingedrungen sein. Nach dem Attentat, das der Anfang vom Ende der Habsburger Monarchie war, herrschte in Wien zunächst wenig Bestürzung. Als Kaiser Franz Joseph – nachdem er aus Ischl nach Wien zurückgekehrt war, den Vorstand der Erzherzoglichen Militärkanzlei Oberst Bardolff zur Berichterstattung empfing, fragte er: »Und wie hat sich der Erzherzog gehalten?« Bardolff antwortete: »Wie ein Soldat, Euer Majestät.« Der Kaiser entgegnete daraufhin, das sei von ihm auch nicht anders zu erwarten gewesen. Nach einer kurzen Pause fragte Franz Joseph sodann: »Und wie waren die Manöver?« – Oberst Bardolff kommentierte das später so: »Das war weder Gemütelosigkeit noch Pose, da war nur Soldatenart und Führerpflicht.«

Von Soldatenart und Führerpflicht, aber vor allem von der Überzeugung der Habsburger, daß mehr Land mehr Macht bedeutet, weswegen sie es sich während ihrer langen Geschichte aneigneten, wann immer sich die Gelegenheit dazu bot und ohne Rücksicht auf daraus entstehende Probleme, ist in österreichischen Geschichtsbüchern wenig zu lesen. Die österreichische Geschichte ist eine gewalttätige, auch wenn es nicht den Anschein hat und alles verklärt und im Dreivierteltakt dargeboten oder, so nicht anders möglich, in zwölftonreihige Kammermusik zersplittert und in atonalen Opernarien zu Gehör gebracht wird; die Gewalttätigkeit, und sei es die einer Bürokratenarmee, die mit spitzen Schreibfedern und blaublütiger, schwarzer und später brauner Tinte den stillen Krieg gegen das freie Denken führte, ist in der Buchhaltung des Landes festgehalten, auch wenn noch so viele Konten gefälscht, durch Tintentod und Radierkunst unsichtbar gemacht und Konkurse und Insolvenzen durch geschickte oder plumpere Manipulationen zu Gewinnen umfrisiert wurden. Es ist unumgänglich, sich der Geschichte des Arsenals zuzuwenden, will man den Geist verstehen, der im Heeresgeschichtlichen Museum herrschte und nun dahindämmert, wie die Erinnerung im Kopf eines greisen Generals.

Der Anlaß zum Bau des Arsenals war das von der österreichischen Geschichtsschreibung als »Sturmjahr« bezeichnete Jahr 1848. In der Auseinandersetzung um ein neues demokratisches Wahlrecht in Paris, mußte der Bürgerkönig Louis Philippe abdanken und eine provisorische Regierung beschloß, die Republik zu proklamieren. Die Nachricht von der Pariser

Februarrevolution löste in den Ländern der österreichischen Monarchie Aufstände aus, so in Mailand,
der Hauptstadt der Lombardei, in Prag, in Ungarn
und nicht zuletzt in Wien. Nebenbei gesagt, waren die
sozialen Umstände, unter denen die Bevölkerung das
Haus Habsburg bewohnte, katastrophal. 1845 gab
beispielsweise der unter dem Ehrenschutz des Erzherzogs Franz Karl gegründete »Wiener Allgemeine
Hilfsverein« an die Armen eine aus Blut und Knochen
gekochte Suppe, nach ihrem Erfinder Benjamin
Thompson Graf von Rumford, einem in den bayerischen Staatsdienst getretenen britischen Kavallerieof-
fizier, »Rumford-Suppe« genannt, zur Linderung der
größten Not aus. Die Revolution wurde von der Armee
niedergeschlagen, in Wien kosteten die Kämpfe rund
zweitausend »Aufständischen« das Leben. Der am
22. Oktober verhängte Belagerungszustand wurde erst
1853 aufgehoben. Im Laufe der Auseinandersetzungen war der Kriegsminister Graf Latour gelyncht und
das Kaiserliche Zeughaus in der Renngasse, aus dem
die Bevölkerung sich mit Waffen versorgte, gestürmt
worden. Die Ereignisse ließen das Kaiserliche Haus
ein bereits 1820 geplantes Projekt rasch in die Tat um-
setzen. Der erste Plan sah eine oktogonförmige Festung vor. Zur Ausführung kam schließlich eine Zita-
delle mit zahlreichen Objekten. Angeblich gab es unterirdische Gänge vom Objekt 16 bis zur Hofburg und
den Holzwerken des Arsenals bis Schönbrunn, um im
Notfall die kaiserliche Familie vor der Bevölkerung
retten zu können. Das Fort lag und liegt auf einer Anhöhe, von der aus man mit den damaligen Mitteln »bis
zum Stephansplatz schießen konnte«. Es ist überflüs-

sig festzuhalten, daß es vornehmlich als Zwingburg gegen die »eigene Bevölkerung« gedacht war, wie übrigens auch die beiden anderen Kasernen, die in günstiger strategischer Lage zur gleichen Zeit errichtet wurden: die Franz-Joseph-Kaserne auf der Dominikaner-Bastei und die Roßauerkaserne.

Das Arsenal lag damals in der Nähe einer Wasserstraße und zweier wichtiger Bahnhöfe, von denen man rasch Truppen und Waffen in die »Länder« verschieben konnte: dem Wiener Neustädter Kanal, dem Südbahnhof und dem Ostbahnhof. Bei der 1851 vollendeten »Verbindungsbahn«, die vom Nordbahnhof zum Südbahnhof führte, war für die Trassenführung teilweise der Aufstand von 1848 maßgebend, da die Militärs eine Bahn verlangten, die eine Verschiebung von Truppen durch Wien möglich machte, ohne daß die Bevölkerung es bemerkte. Die Anlage des Arsenals war auch die Vorbedingung für die Errichtung der Wiener Ringstraße, da man in den beiden anderen Kasernen und der Zwingburg einen Ersatz für Stadtmauer und Basteien als Befestigung sah.

»Der Bogen der Ringstraße wurde an seiner Sehne, dem Donaukanal, zwischen den beiden Kasernenanlagen ... eingespannt, deren Vorfeld nicht verbaut werden durfte, um es für den Fall eines Ansturmes rebellierender Menschenmassen aus den Vorstädten mit flankierendem Feuer belegen zu können«, schreibt Fred Henning. Zur Sicherung des Burgbereiches wurde nach der Schleifung der Wälle das Eisengitter zwischen dem Goethedenkmal und dem Burgtheater errichtet. Auch die an der Außenseite des Ringes gelegene einstige »Reitallee« hatte den Zweck, »eine rasche Verschiebung von Kavallerieverbänden entlang des Ringes zu ermöglichen«. Was die Architektur des »Historismus« betrifft, war das Arsenal, im speziellen das Heeresgeschichtliche Museum, das Probestück der Baumeister der Ringstraße: Siccardsburg und van der Nüll, den Planern der Staatsoper, sowie Förster und Theophil Hansen, die das Heeresgeschichtliche Museum in maurisch-byzantinischem Stil entwarfen, und Karl Rösner. Hansen erstellte später noch die Pläne für das Parlament, die Akademie der Bildenden Künste und die Börse. Für den Bau des Arsenals, der 1848 begonnen und 1856 beendet wurde, benötigte man 117 268 205 Wienerberger Ziegel, das sind zwei Ziegel pro Einwohner der Monarchie. Die Gesamtkosten beliefen sich auf 9 377 985 Gulden, wovon allein 1,5 Millionen für das Museum aufgewendet wurden. Eine Vorstellung von den Ausmaßen der Anlage erhält man aber erst durch die Längen- und Breitenmaße des Umfassungsbaues, die 689 × 480 Meter betragen.

Oberst Krach beugt sich über das eingeglaste Modell des viereckigen Gebäudekomplexes, das in der Feldherrenhalle des Heeresgeschichtlichen Museums aufgestellt ist, lehnt sich zurück und scheint mit halbgeschlossenen Augen eine imaginäre Schrift zu lesen. »Das Arsenal bestand ursprünglich aus 31 Objekten, von denen heute noch die meisten erhalten sind. Es gliederte sich unter anderem in sieben Kasernen für fünf- bis sechstausend Mann, eine Gewehrfabrik, Geschützgießereien mit Geschützbohrwerk sowie eine Adjustierungswerkstätte, die täglich 50 000 bis 60 000 Patronen erzeugen konnte, ferner das Kommandaturgebäude und von Anfang an das Heeresgeschichtliche Museum, damals noch als ›Waffenmuseum‹ und später als ›Armeemuseum‹ bezeichnet«, führt er aus. »Mit 235 Metern Frontlänge verdeckte es für den Besucher die dahinterliegenden Fabrikanlagen. Sie sehen das Museum in der Mitte der Anlage. Man hat gleichsam als versöhnlichen, kultischen Bau dem damaligen Heer einen *Weihetempel* errichtet. Hier«, und jetzt tritt wieder der Zeigestab in Aktion, »befand sich ab dem Jahre 1893 auch eine ›Militär-Aeronautische Anstalt‹ – der erste Militärflughafen für Fesselballone mit einer Ballonhalle. Bis zum Ersten Weltkrieg waren Aufklärungsballone zur Feuerleitung der Artillerie in Verwendung.« Der Oberst läßt eine Pause einfließen, dann fragt er: »Ist Ihnen der Name Uchatius ein Begriff?« Franz von Uchatius war 1849 in das Komitee zum Ausbau des Arsenals berufen worden und 1871 als Feldmarschall-Leutnant sein Kommandant geworden. Er war ausgebildeter Physiker und Chemiker und interessierte sich darüber hinaus für die Fotografie. »Er richtete eine Anzahl im Halbkreis aufgestellter ›Laterna magica‹ konzentrisch auf einen Wandschirm aus, füllte sie mit gezeichneten Diapositiven (Phasenbildern) und führte eine Fackel blitzschnell dahinter vorbei. Er entdeckte, daß dort, wo die Bilder auf dem Schirm nacheinander auftauchten, Bewegung entstand«, berichtet C. W. Ceram in »Eine Archäologie des Kinos«. »1853 projizierte er in einem neu konstruierten Bildwerfer bereits zwölf Phasen, die als Diapositive in Kranzform angeordnet waren …«. Uchatius verkaufte seine Apparatur vorschnell an den Wiener »Prestidigateur« (was soviel heißt wie Schnellfinger

und ein etwas hochgestochener Ausdruck für »Ta-
schenspieler« ist) Ludwig Döbler, der damit ein riesiges Vermögen erwarb. Die kurze Anmerkung soll
gleichsam das Licht beschreiben – Uchatius erfand
übrigens eine der ersten Petroleumlampen –, das notwendig war, um den Schatten zu erzeugen, den dieser
Mann warf. 1849 entwickelte er mit seinem Bruder Josef ein Verfahren, »mittels Ballons kleine Bomben zu
schleudern«. Das Verfahren bestand darin, daß eine
an einen Ballon gehängte Bombe vom Wind zu einem
bestimmten Ziel getrieben werden sollte. Eine schon
beim Start gezündete Luntenschnur löste den Abwurf
aus.
»Uchatius hat damit das erste Luftbombardement der
Weltgeschichte möglich gemacht«, erklärt der Oberst.
»Am 2. Juli 1849 um 14.00 Uhr explodierte auf Befehl
von Feldmarschall Radetzky die Bombe über dem
›aufständischen‹ Venedig, genauer gesagt der Insel
Murano. Am 15. Juli 1849 eine zweite über dem Lido
und eine dritte über dem Arsenal von Venedig. Allerdings war diese Form der Kriegsführung sehr vom
Wetter abhängig, der Wind mußte in die entspre-
chende Richtung wehen – daher hat man sie bald ein-
gestellt.« Die sogenannten »Uchatius-Bomben« sind
Ausstellungsstücke im Heeresgeschichtlichen Museum und auf einer »zeitgenössischen Darstellung« ist
auch der Ballonbombenangriff auf Venedig zu sehen.
Uchatius entwickelte darüber hinaus eine Bronzele-
gierung für Geschütze, die noch im Ersten Weltkrieg
im Einsatz waren.
»Ich habe mein Zimmer früher in der Direktion gehabt«, sagt der Oberst, »es war der selbe Raum, in dem

Uchatius sein Büro hatte. 1888 ließ er ein Riesengeschütz gießen, bei dessen Erprobung ein Riß auftrat. Das haben natürlich andere Offiziere zum Anlaß genommen, dem berühmten Mann eins auszuwischen ... und das konnte der hervorragende Offizier nicht verkraften. Er hat sich in seinem Direktionszimmer eingeschlossen und ließ sich tagelang nicht blikken. Sein Adjutant hat schließlich nachgeschaut – durchs Schlüsselloch – und sah ihn auf dem Fußboden liegen. Er hatte sich mit einer Schrotflinte erschossen.«

Ein weiterer Fall, den der Oberst schildert, ist Gunther Burstyn, Oberleutnant des Eisenbahnregiments, der den ersten geländegängigen Panzerkampfwagen auf Raupen unter dem Namen »Motorgeschütz« dem Technischen Militärkomitee 1911 vorlegte. Dem »Proponenten« wurde allerdings mitgeteilt, »daß auf die Verwirklichung seines Projekts auf Kosten der Heeresverwaltung nicht eingegangen werden kann«. Die verkleinerte Rekonstruktion von Burstyns Erfindung ist, ebenso wie die Patentschrift, im Heeresgeschichtlichen Museum zu sehen. »Die Generale damals sagten sich, das brauch ma net, die Pferde werden scheu ... wir bleiben bei der Kavallerie ... da haben sich die Leute natürlich geirrt. Das Motorgeschütz sollte eine Besatzung von drei bis vier Mann haben und eine Geschwindigkeit von dreißig Stundenkilometern auf der Straße und zehn im Gelände erreichen. Burstyn mußte erleben, wie die Panzerwaffe des Gegners den Ersten Weltkrieg entschieden beeinflußt hat. Er zog sich immer mehr in seine Konstruktionspläne zurück und hat sich in den letzten Tagen des Zweiten

Weltkriegs gemeinsam mit seiner Frau das Leben genommen«, sagt der Oberst ergriffen.

Als dritte österreichische Waffenerfindung, die im Heeresgeschichtlichen Museum in Form eines Modells zu sehen ist und in der »Entwicklung stecken blieb«, führt der Oberst das Torpedo an. Ein österreichischer Marineoffizier mit Namen Johann Luppis, so erklärt er, bastelte an der Konstruktion einer beweglichen Mine, die sich im Wasser aus eigener Kraft ihrem Ziel nähern sollte. Luppis konnte die Konstruktion jedoch nicht zu Ende führen, erst der Engländer Robert Whitehead entwickelte daraus das Torpedo. (Es kann nicht die Rede davon sein, diesen Erfindungen nachzutrauern, im Gegenteil, das Versagen der österreichischen Konstrukteure oder Heeresoffiziere, was ihre Umsetzung betrifft, ist das einzige – zwar lächerliche – aber sinnvolle Faktum daran.)

Wir stehen noch immer in der Feldherrenhalle um das Modell des Arsenals. Der Oberst hat die Teleskopantenne zusammengeschoben und denkt mit geschlossenen Augen nach. Dann sagt er unvermittelt: »Wissen Sie, ich brauche für mein Dasein einen *historischen Schauer*. Ich gehe, um den historischen Schauer zu erleben – metaphysisch jetzt gesehen – in die Kaisergruft oder nach Schönbrunn in die Wagenburg und last but not least in die Schatzkammer, verstehen Sie? Ich versetze mich in die Zeit, wie es damals war, sozusagen durch Autosuggestion hinein.« Wir wandeln durch die Feldherrenhalle, eine Friedhofsgrotte aus Stein, in der die Marmorfiguren von 56 »der berühmtesten immerwährender Nacheiferung würdigen Kriegsfürsten und Feldherren Österreichs« wie Stalagmiten aus

dem Boden wachsen. Jeder dieser Stalagmiten ist 1,86
Meter groß. Am Ende der Feldherrenhalle, einige
Stufen höher, über die ein roter Läufer gelegt ist,
thront eine Büste des Kaisers Franz Joseph. Die Bekrönung der Stiegen bildet eine Figurengruppe aus
Marmor, die »Austria«, dahinter öffnet sich die sogenannte *Ruhmeshalle*, die sich in drei Säle gliedert. Der
Mittelsaal wird von einer 26,5 Meter hohen Kuppel
überwölbt. Die Wände sind mit Stuckmarmorintar-
sien geschmückt. Der Mosaikfußboden ist aus Marmor. Alle drei Säle sind mit Fresken bemalt, die, wie
der Oberst anführt, »bedeutende Momente aus der
österreichischen Militärgeschichte darstellen«. Den
Kopf im Nacken betrachten wir den künstlichen Himmel, von dem die historischen Wolkenbilder herunter-
leuchten: angefangen mit Rudolf I. von Habsburg,
nach der Schlacht bei Dürnkrut im Jahr 1283 an der
Leiche König Przemysl Ottokars, bis Feldmarschall
Radetzky nach der Schlacht bei Novara am 24. März
1849. Insgesamt sind es 45 Deckengemälde, aus denen dieser himmlische Lichtbildervortrag zur österreichischen Geschichte besteht, der gleichsam ein
ewiges Gedächtnis darstellt. Der Saal mit diesem Gedächtnis ruht auf den darunterstehenden Feldherrn
aus Carraramarmor. Vergeblich wartet man auf eine
Belebung der kalten Feierlichkeit. Nur Gruppen mit
Schülern und Soldaten bevölkern die steinerne Deko-
ration, wie Neugierige am Tag der offenen Tür ein
Theater besichtigen. Auf den Fresken findet man übrigens das Volk, wenn überhaupt, nur als Statisterie.
Unbeabsichtigt sind die Deckenbilder so exemplari-
sche Lehrstücke der Geschichtsschreibung. Das Volk

spielt in ihr keine Rolle, infolgedessen bildet es »nur« den Hintergrund oder ist eine Summe von austauschbaren Partikeln in Uniform. Würden aber die Fresken das Leben der Soldaten zeigen, die in den Schlachten die Opfer waren und das Fest nicht bis zum Ende miterleben durften oder es als Krüppel verließen, die während der Kriege geschändeten Frauen und ermordeten Kinder, dann würden die Feldherren auch für die Blicke der Besucher bis zum Hals im Blut stehen, wie die Tyrannen in Dantes Inferno.

An den Wänden des linken Saals sind 43 Tafeln aus rotem Marmor angebracht, auf denen in Goldschrift die Namen der Obersten und Generäle verzeichnet sind, die in der Zeit zwischen dem Dreißigjährigen Krieg und dem Ende des Ersten Weltkrieges gefallen sind. Insgesamt sind es 473 Namen. Hätte man die Namen aller Gefallenen dieser Kriege, denke ich mir jetzt, auch nur mit einem Bleistift an die Wände geschrieben, das gesamte Gebäude des Heeresgeschichtlichen Museums wäre zu klein dafür.

Als wir den ersten Schausaal »von den Anfängen des stehenden Heeres bis zum Ende des 17. Jahrhunderts« betreten, erklärt der Oberst: »Der Dreißigjährige Krieg von 1618 bis 1648 bestand eigentlich aus vier Kriegen: dem böhmisch-pfälzischen, dem dänisch-niedersächsischen, dem schwedischen und dem schwedisch-französischen.«

Der Dreißigjährige Krieg war in der Tat eine höchst verwickelte und komplizierte Angelegenheit. In ihm wurden – wie man weiß – die verschiedensten Gegensätze ausgetragen: Der konfessionelle zwischen Katholiken und Protestanten und im Zusammenhang damit der politische zwischen Kaiser Ferdinand II. und den Reichsstädten. Später traten diese Gegensätze in den Hintergrund und es ging nur noch um die Hegemonie in Europa.

Kaiser Ferdinand II. von Habsburg war ein militanter Katholik. Auf einer Wallfahrt nach Rom traf er mit Papst Clemens VIII. zusammen und legte das Gelöbnis ab, lieber Land und Leben zu verlieren, als »seinem heiligen Auftrag« – den Protestantismus auszurotten – »untreu zu werden«.

Es ist unumgänglich, die Entwicklung des Militärs bis zu diesem Zeitpunkt zu skizzieren.

Im Mittelalter boten im Kriegsfall die Landesfürsten »Lehensleute« auf, die Ritter auf ihren Burgen und deren Knechte. Allmählich warb man jedoch Söldner an. Selbstverständlich riefen die Landesstände, vor allem jene an der östlichen Grenze, an die die Türken nachdrücklich klopften, auch »Landvolk zu den Waffen«. Es liegt auf der Hand, daß man sich dabei an die sozial Schwächsten hielt. Die Begeisterung darüber war übrigens äußerst gering, die Eingezogenen liefen lieber davon und die Gutsherren hatten Angst, die leibeigenen Bauern bewaffnet zu sehen. Im Winter dankten die Heere ab und die Landsknechte wurden ausbezahlt. War dafür kein Geld vorhanden, blieben die Söldner zusammen und *marodierten* – sie überfielen die Bauern und brandschatzten. Im nächsten Frühjahr wurde ein neues Heer aufgestellt, oft mit Landsknechten, die noch im letzten Sommer auf der Gegenseite gekämpft hatten.

Erst gegen Ende des sechzehnten Jahrhunderts blieb ein Teil der Truppen ständig unter Waffen. Da es bis

zur Zeit Maria Theresias und vor allem Josephs II.
keine Kasernen gab, wurden die Soldaten bei den
Bauern, aber auch in Festungen an der Grenze im
Osten stationiert.

Wallenstein, um den es im ersten Saal des Heeresgeschichtlichen Museums geht, war ein erster Kriegsun-
ternehmer. Unter ihm wurde das Militär ein monströser, wirtschaftlicher Faktor.

Der kaiserliche Generalissimus stammte aus mäßig
begütertem, protestantischem, böhmischem Adel. Mit
23 Jahren trat er zum Katholizismus über. Er erheira-
tete sich ein Vermögen und erwarb nach dem Tod seiner Frau riesigen Grundbesitz aus konfiszierten, protestantischen Gütern in Nordböhmen. 1623 wurde er
in den Fürstenstand erhoben. 1625 warb er auf eigene
Kosten eine Armee an, die Kaiser Ferdinand II. eine
unabhängige militärische Macht geben sollte. Jedermann, der über genügend Geld verfügte, konnte von
jetzt an ein Regiment aufstellen und es in Wallensteins
Heer eingliedern. Nachdem einem Bewerber vom
Kaiser oder vom Hofkriegsrat ein *Patent* ausgestellt
worden war, das ihn gleichzeitig zum Oberst machte,
ging dieser daran, *Werbetische* aufzustellen. Die Obri-
sten verkauften den Angeworbenen von den Waffen
bis zum Pferd alles, was sie benötigten. Wenn ein Regiment aufgelöst wurde, kauften sie die Ware billig zurück, um sie zu einem anderen Zeitpunkt neuerlich
teuer zu verkaufen. Außerdem wurden die Nachlässe
von Offizieren, die aus dem Heer ausschieden, vom
Regimentsinhaber eingezogen. Auch an der Beförde-
rung der Offiziere verdiente er. Das System, mit dem
ein Regiment aber *lukrativ* wurde, war die »Kontribu-

tion«. Wurde eine Stadt eingenommen, preßten Wallensteins Oberste Geld und Nahrungsmittel aus der Bevölkerung, bis alle Möglichkeiten erschöpft waren, erst dann zogen sie weiter. Dabei war es ihnen egal, ob sie sich im Land des Feindes oder im eigenen befanden. Am schlimmsten war der Krieg dort, wo die Armee im Winter liegenblieb. Sie fraß wie eine biblische Heuschreckenplage das Land leer, *verheerte* es. Selbstverständlich gehörte diese Maßnahme zur Taktik der Kriegsführung. Offene Schlachten wurden ungern geführt, das Regiment, der Wirtschaftsfaktor, sollte erhalten bleiben. Der Dreißigjährige Krieg war bekanntlich ein Krieg der Exzesse. »Die Truppenführer trieben Kleinkrieg«, schreibt Curt Hohoff, »zwischen den Garnisonen war Niemandsland. Hier operierten Banden von entlaufenen Soldaten, Glücksjägern, Räubern, Zigeunern und Schnapphähnen.« Grimmelshausen hat die gnadenlose Gewalttätigkeit, mit der Katholiken aus Protestanten Katholiken und Protestanten aus Katholiken Protestanten machen wollten, im »Simplicius Simplicissimus« beschrieben. »Das Fouragieren (Futterholen) aber ist nichts anders, als daß man mit großer Mühe und Anstrengung, oft unter Gefahr an Leib und Leben, auf die Dörfer ausschwärmt, dort drischt, mahlt, backt, stiehlt – man nimmt, was man findet, plagt und schikaniert die Bauern, schändet wohl auch ihre Mägde, Frauen und Töchter ... man haut sie nieder, wenn man sie hat, oder schickt zumindest ihre Häuser im Rauch zum Himmel«, heißt es. Im Kapitel »Simplicii Residenz wird erobert, geplündert und zerstört, darin die Krieger jämmerlich hausen«, schildert Grimmelshausen die Vorgänge im einzelnen: »Den Knecht legten sie gebunden auf die Erd, stecketen ihm ein Sperrholz ins Maul und schütteten ihm einen Melkkübel voll garstig Mistlachenwasser in Leib, das nenneten sie ein Schwedischen Trunk ... da fing man erst an ... der Bauern Daumen aufzuschrauben, und die armen Schelme so zu foltern, als wenn man hätt Hexen brennen wollen ... einem anderen machten sie ein Seil um den Kopf ..., daß ihm das Blut zum Mund, Nas' und Ohren heraussprang ... von den gefangenen Weibern, Mägden und Töchtern weiß ich sonderlich nichts zu sagen ...: das weiß ich noch wohl, daß man sie hin und wieder in den Winkeln erbärmlich schreien hörte.« Der französische Kupferstecher und Radierer Jacques Callot stellte in 18 Radierungen 1633 »Die großen Schrecken des Krieges« dar. Von der »Anwerbung der Truppen« über die »Schlacht«, die »Plünderung«, die Zerstörung eines Dorfes und eines Klosters, den »Überfall auf eine Kutsche«, die »Entdeckung der Übeltäter« bis zu den Hinrichtungen: den »Wippgalgen«, die »Gehängten«, die »Erschießung«, den »Scheiterhaufen« und das »Rad«. Er vergaß aber auch nicht die »Sterbenden am Straßenrand«, die »Rache der Bauern« und das »Krankenhaus«. Zuletzt ist die »Verteilung der Belohnung« dargestellt. Auf einem Drehbildständer sind Reproduktionen dieser Stiche zu sehen.

»Der Saal schaut düster aus und das, was er zeigt, war auch düster«, sagt der Oberst. An den Wänden und in der Mitte stehen große Vitrinen, wie Aquarien, in denen Figurinen die Kleidung der Soldaten aus dem Dreißigjährigen Krieg tragen. In anderen Schaukästen liegen Waffen, Bilder hängen an den Wänden, die Decken aus Spitzbögen sind bemalt. Hier hat der Krieg seinen festen Platz in der Geschichte, spielte die Hauptrolle im »Theatrum mundi«. Geschmiedete Bleibüchsen, Harnische, Spieße, Degen, Hakenbüchsen, verzierte Pulverflaschen, Radschloßpistolen, Zündkrautfläschchen, Handsäbel, Musketen, Helmbarten, Luntenbündel haben sich von Tötungswerkzeugen in Fundgegenstände der menschlichen Geschichte verwandelt. »Am Beginn sehen wir eine Rüstung aus dem sechzehnten Jahrhundert«, führt der Oberst aus, »sie schützte die Männer im Kampf gegen Degen- und Säbelhiebe. Als sie erfunden wurde, gab es noch keine Feuerwaffen. Die haben diese Rüstungen dann bald durchschlagen und die Männer verletzt und getötet. Wie sahen die Soldaten im Dreißigjährigen Krieg aus?« – Der Oberst zeigt auf ein Bündel langer Lanzen. »Das hier sind *Piken*«, erklärt er, »sechs Meter lang und nicht einmal drei Kilogramm schwer. Pikeniere sind die untersten Soldaten, zur Abwehr der Reiterei. Wenn einer in die Armee eintrat, so mußte er ›von der Pike auf dienen‹ … und dann gab es schon neue Waffen, das waren die Musketen. Die Musketiere sollten die Pikeniere unterstützen, und auch schützen. Gelang das, kam die eigene Reiterei zum Zug. Da gab es zwei große Gruppen. Über zehntausend Kürassiere, die kämpften mit dem Degen und dem Säbel, und ungefähr fünftausend Lanzierer mit kurzen Rennspießen.«

An den Wänden hängen zwölf gewaltige Schlachtenbilder, 2 × 2,70 Meter von Peeter Snayers, die dieser für den Heerführer der Kaiserlichen, Octavio Graf

Piccolomini in zehn Jahren gemalt hat, wofür er aber »trotz wiederholten Bitten und Klagen« von seinem Auftraggeber kein Geld erhielt. Auf ihnen sind neben der Schlacht bei Lützen, der Entsatz von Löwen, die Schlacht bei Diedenhofen in drei Phasen und die Belagerung von Einbeck dargestellt. Insgesamt malte Snayers mehr als fünfzig große Gemälde über den Dreißigjährigen Krieg. Es sind merkwürdige Perspektiven aus der Vogelschau auf die kriegerische Menschheit. Die Städte sind von bizarren, sternförmigen Wehrmauern umgeben und liegen in riesigen, weiten Landschaften. Immer machen sie den Eindruck, erfunden zu sein und als ob sie menschenleer gewesen seien, bevor die Krieger kamen. In diesen grünen Weiten sind Heere aufmarschiert, aus winzigen Soldaten, die *Körper* bilden. Alles macht den Eindruck von Sinnlosigkeit und Verlorenheit. Die Heere rücken heran, gruppieren sich um, rücken weiter. Es gibt nur wenige einzelne Existenzen in diesen Bildern, zumeist sind es Menschenmassen, Ameisenheere, die die Landschaft bevölkern. Eine Befestigung brennt an einer Ecke, aber auch in ihr sind kaum Menschen zu sehen. Es ist, als sei die Welt vom Keim des Todes befallen.

Der Oberst klopft mit dem Zeigestab auf eine Bronzebüste Wallensteins und berichtet von dessen militärischen Erfolgen. »Die Erfolge verleiteten den Generalissimus, *eigenmächtig* zu handeln – er wurde abgesetzt«, trägt er vor. »Kaiser Ferdinand II. konnte sich das leisten. Der Krieg war in eine ruhigere Phase getreten. Die Absetzung Wallensteins sollte sich jedoch bitter rächen. Der Schwedenkönig Gustav II. Adolf landete in Deutschland und zog nach Süden. Der Kaiser mußte Wallenstein daher neuerlich berufen. Als Wallenstein geheime Friedensverhandlungen mit dem Gegner aufnahm, wurde er das zweite Mal abgesetzt, diesmal geächtet und aufgrund einer Verschwörung, die man in Wien gegen ihn anzettelte, am 25. 2. 1634 zu Eger ermordet.« Die Ermordung Wallensteins ging, genauer gesagt, von Kaiser Ferdinand II. aus, der sich von ihm in seiner Macht bedroht fühlte und befahl, ihn »tot oder lebendig« gefangen zu nehmen. Während sich die designierten Mörder sechs Wochen Zeit bis zur Ausführung der Tat ließen, schrieb der Kaiser weiter Briefe an seinen »Hochgeborenen lieben Oheim und Fürst«. Gleichzeitig mit Wallenstein ließ der Stadtkommandant von Eger, Oberst Gordon, während eines von ihm geladenen Gastmahls auf der Burg die kaiserlichen Generale und Getreuen Wallensteins, Christian Freiherr von Illov, Adam Graf Tercka, den Schwager Wallensteins und Inhaber von sechs Regimentern, und Wilhelm Graf Kinsky, von Dragonern niedermetzeln. In seiner »Geschichte des Dreißigjährigen Krieges« beschreibt Friedrich Schiller den Tod Wallensteins: »Wallenstein war durch den Knall, den eine losgehende Flinte erregte, aus dem Schlaf aufgepocht worden und ans Fenster gesprungen, um der Wache zu rufen ... ehe er Zeit hatte ... nachzudenken, stand Deveroux mit seinen Mordgehilfen im Zimmer. Er war noch im bloßen Hemde, wie er aus dem Bett gesprungen war ... ›Bist du der Schelm‹, schreit Deveroux ihn an, ›der des Kaisers Volk zu dem Feind überführen und seiner Majestät die Krone vom Haupte herunterreißen will? Jetzt mußt du sterben.‹ Er hält einige Augenblicke inne, als ob er eine Antwort erwartete; aber Überraschung und Trotz verschließen Wallensteins Mund. Die Arme weit auseinanderbreitend, empfängt er vorn in der Brust den tödlichen Stoß der Hellebarde und fällt dahin in seinem Blut, ohne einen Laut auszustoßen.« Der größte Widersacher Wallensteins, Gustav II. Adolf von Schweden, war zuvor in der Schlacht bei Lützen gefallen. Sein Tod war nicht weniger grausam. Zuerst erhielt er eine Musketenkugel in den linken Arm. Bei seinem Weg aus der Schlacht wurde er von anstürmenden Kaiserlichen Reitern aufgebracht und aus nächster Nähe von einem zweiten Schuß unter dem rechten Schulterblatt getroffen. Als der König kurz darauf vom Pferd fällt, bleibt er in einem der Steigbügel hängen und wird von dem Tier ein Stück am Boden entlang geschleift. Trotzdem soll er noch gelebt haben. Nun stürmten Kaiserliche Kürassiere heran und ein Obrist mit dem sprechenden Namen *Mortellini*, der bald darauf selbst fallen sollte, gab einen Kopfschuß auf Gustav II. Adolf ab. Außerdem wurde dem Schwedenkönig mit einem Schwertstreich noch die rechte Brust aufgerissen. »Gierige Hände«, schildert Günter Barudio Gustav II. Adolfs Tod, »griffen nun nach seiner Halskette, nach dem Koller, den Hemden, Stiefeln und Sporen. Einige der Reiter wollen ihn sogar mit sich wegziehen wie ein Beutestück, ließen den Leblosen aber zurück, als sie von Schwedischen in eigene Bedrängnis gebracht wurden. Einer der Plünderer verpaßte dem geschundenen und aus vielen Wunden blutenden Leib des Königs noch einen Schwertstreich in den Rücken, ehe er im Nebel verschwand.«

Von ursprünglich 18 Millionen Einwohnern im

deutschsprachigen Raum überlebten nur sieben Millionen Menschen den Dreißigjährigen Krieg.

Im Saal tauchen Schulkinder auf, die dem Vortrag ihrer Lehrerin ohne sonderliche Aufmerksamkeit folgen. Ich begleite den Oberst »jetzt durch die Türkenzeit bis zu Prinz Eugen«, wie er sagt. Was im Zeitabschnitt des Dreißigjährigen Krieges beschrieben wurde, setzt sich nahtlos fort, allerdings kommt eine exotische Note ins Spiel. Die Christenheit zerfleischt sich nicht mehr untereinander, sondern vereint sich – soweit es machtpolitisch von Nutzen scheint – gegen den angreifenden »*Heiden*«, den Mohammedaner. (Die Franzosen beispielsweise sehen nur zu, wie die Habsburger »die Christenheit und Europa« verteidigen.) Selbstverständlich werden Frauen geschändet, Dörfer verbrannt, Menschen erschlagen. Der Geschichtsschreiber Silihdar Findiklilili Mehmed Aga schrieb, die türkischen Soldaten bei der Belagerung von Wien seien oft betrunken und verübten die »mannigfachsten Übeltaten und unbegreiflichsten Schändlichkeiten«. Es wurde Beute gemacht an Tier und Edelmetall, »an schlankwüchsigen und blondhaarigen Mädchen mit Augenbrauen wie der Halbmond und mit mandelförmig geschnittenen Augen«. In türkischen Lagern vor Wien konnte man »die schönsten Sklavinnen schon um vierzig bis fünfzig Piaster erstehen, eine mittelmäßige um fünfzehn bis zwanzig Piaster, ein Mutterschaf samt Jungen um drei Piaster«. Umgekehrt wurden Tausende gefangene Türken nach Wien gebracht und »christianisiert«. Es war geradezu Mode, einen getauften Türken zum Diener zu haben.

Nach dem Dreißigjährigen Krieg waren die Heere stehengeblieben, aber zusehends reglementiert und uniformiert worden. Natürlich waren die Uniformstoffe ungefärbt, möglichst billig, also perlgrau. Wusch man sie, bleichten sie aus und wurden zuletzt weiß. Die katholischen Armeen, die Spanier, die Österreicher und auch die Franzosen trugen schließlich weiß aus Tradition. Als Folge des Dreißigjährigen Krieges versuchte jetzt der Kaiser, seine Armeen selbst anzuwerben. Von den Ständen verlangte er als Unterstützung dafür Geld, statt wie bisher Menschen.

In den Vitrinen sind Turbane mit Tapferkeitsauszeichnungen ausgestellt, Faustkolben, Streitkolben, Streitäxte, Beile, Dolchmesser, Krummsäbel, Bögen und Pfeile, kunstvoll verzierte Gewehre und türkische Kettenhemden. Mit dem Krummsäbel konnten die türkischen Reiter ihren Gegnern so geschickt die Köpfe vom Leib schlagen, liest man, daß diese es – erschrocken und erstaunt über diese Fertigkeit – anfangs ohne Gegenwehr mit sich geschehen ließen. Auch ihre Handhabung von Pfeil und Bogen war zu Recht gefürchtet. Die Sultane, die türkischen Kaiser, wenn man so will, waren nicht immer Feldherren. Sie überließen die Führung der Heere meistens einem Offizier, einem »fähigen«, das heißt brutalen Mann. Er erhielt aus der Hand des Sultans zum Zeichen seiner militärischen Befehlsgewalt vor dem versammelten Heer, das oft 200 000 Mann stark war, das Großwesirzeichen, einen Roßschwanz – quasi als Marschallstab – verliehen. (Man sieht, es gibt Parallelen.)

»Wir haben hier das Gemälde eines unbekannten Meisters vor uns, es ist beschriftet im damaligen

Deutsch«, trägt der Oberst vor: »»Die Belögerung Wiens von Türggen 1683‹ – auf engstem Raum zusammengerückt, die Entfernungen stark verkürzt. Sehen Sie auf der oberen Bildmitte das kleine Städtchen Wien, umgeben von den Stadtmauern? Der Stephansturm ragt heraus, im Hintergrund die weitverzweigte Donau, links der Kahlenberg.« Und nun schildert der Oberst beredt die »Befreiung Wiens« durch die »Kaiserlichen« und die Polen unter Johann III. Sobiesky, die Kara Mustafa und die Türken in die Flucht schlugen.

Freilich erhielten die Polen wenig Dank dafür, Kaiser wie Volk behandelten ihre Befreier schlecht.

Über dem Bild hängt ein Gerät, eine sogenannte *Sturmsense,* die von den Verteidigern Wiens verwendet wurde, »um die Türken, die oft nachts die Krone der Stadtmauern erreicht hatten, wachsam in die Tiefe zu stoßen. Aber wir kommen aus dem Staunen nicht heraus«, fährt der Oberst fort, »was Sie über meinem Kopf hier hängen sehen, ist eine *Blutfahne.* Die hißten die Türken im Kampf um Wien, als Zeichen, daß sie keine Gefangenen machen würden, daher von uns Blutfahne genannt. Übrigens machten auch die Verteidiger kaum Gefangene. Zuletzt schauen wir uns noch einmal das Bild des unbekannten Meisters an: Die Türken belagerten Wien und haben in solchen Zelten gewohnt ... Sie sehen diese unglaubliche Zahl 25 000!... wir haben eines aus der Belagerung gerettet.«

In einer Vitrine hängt der Rest eines Zeltes. Auf einem Grundstoff, der schwach rot ist, sind in feinster Applikationsarbeit Pflanzenteile aufgenäht. »Die Araber,

oder besser gesagt die Anverwandten von Mohammed, man muß sie auf der zweiten Silbe betonen, nicht
MOhammed, sondern MohAmmed, sind ja Wüsten-
söhne gewesen«, erklärt der Oberst. »Und die Pflanze
war für sie das Symbol des Lebens. Sie haben aus diesen Pflanzen ein Wunderwerk gemacht, sie zusam-
mengefügt zu geometrischen Konstruktionen. Sie sehen da Vasen abgebildet, da sprießt die Pflanze, das
Leben heraus.«

Auch eine silberne Taschenuhr mit verziertem Ziffer-
blatt findet sich unter den »kostbaren Beutestücken«,
wie das den Toten und Gefangenen, mit einem Wort
dem geschlagenen Gegner, abgenommene Eigentum
im Krieg genannt wird. Es handelt sich um eine
Mondphasenuhr mit türkischem Kalender, die – über-
setzt in die westliche Zeitrechnung, Freitag, den
1. August 1664, anzeigt, den Tag der Schlacht von
St. Gotthard Mogersdorf, an dem auch die Uhr auf
dem Schlachtfeld gefunden wurde. Auf der Rückseite
des Uhrwerks sind die Namen zweier Uhrmacher –
Waniek und Raabe – eingraviert, die darauf hinwei-
sen, daß sie kein orientalisches Fabrikat ist, sondern in
Augsburg, Nürnberg oder Prag für den Handel mit
den Türken hergestellt wurde.

Als »kostbarstes Stück« wird das Siegel des Sultans
Mustafa II. aufbewahrt. »Die Petschaft«, vermerkt
dazu der Museumsführer von Allmeyer-Beck, »war im
Feldzug von 1697 dem Oberbefehlshaber Großwesir
Elmar Mehmed Pasa übergeben worden, der sie stän-
dig bei sich zu tragen hatte. Als der Großwesir in der
Schlacht bei Zenta fiel, versuchte ... ein gewisser Is-
mail das Siegel dadurch zu retten, daß er es an sich

nahm und bei seinem eigenen Siegel verwahrte. Aber auch Ismail dürfte gefallen sein; jedenfalls wurden beide Siegel auf dem Schlachtfeld aufgefunden. Prinz Eugen erwähnt dieses außergewöhnliche Beutestück in seinem Bericht ... an den Kaiser, dem er es auch persönlich als Siegeszeichen überreichte.«

Wie sehr es um das Beutemachen ging, zeigen die Beispiele von Kara Mustafa II. und Prinz Eugen. Kara Mustafa II. belagerte Wien vor allem deshalb so lange, weil eine Stadt, die im Sturm genommen wurde, nach türkischem Kriegsrecht für eine dreitägige Plünderung durch die Armee freigegeben werden mußte. Wurde eine Stadt aber übergeben, so gehörte sie dem Oberbefehlshaber. »Der Großwesir, ein besessener Liebhaber von Geld, Gold und erlesenen Kunstwerken, wußte nur allzugut, wie viele Kostbarkeiten im Lauf einer dreitägigen Massenplünderung gestohlen, beschädigt, zertrampelt und verbrannt worden wären«, schreibt Stephan Vajda in seiner Geschichte Österreichs. Prinz Eugen seinerseits war ein »tüchtiger« Generalgouverneur in den Niederlanden, auch teilte er seine Beute nie mit den Soldaten. Man sagt, er sei zum Zeitpunkt seines Todes der reichste Mann der Monarchie gewesen. 1683 flüchtete er in Frauenkleidern aus Frankreich, weil ihm Ludwig XIV. wegen seiner geringen Körpergröße und seines häßlichen Äußeren eine Offiziersstelle verweigerte. Ein halbes Jahr später wurde er von Leopold I. in die kaiserliche Armee aufgenommen und mit nur zwanzig Jahren zum Obersten befördert. Er erhielt das Dragonerregiment »Khueffstein«. Im Alter besaß er Schlösser, unter anderem das »Belvedere«, das »Winterpalais in Wien«,

»Schloßhof« in Marchfeld, »Rackeve« und »Bellye« in Ungarn, eine kostbare Bibliothek von 15 000 Büchern, die später zum Grundstock der Nationalbibliothek gehörte, erlesene Einrichtungsgegenstände, Bilder, Skulpturen und eine Münzensammlung. Allein 1500 Gärtner hielten die Parks und Grünanlagen seiner Schlösser instand. Seine »Menagerie« im Gartengelände des Belvedere beherbergte einen Auerochsen, Hirsche, einen Affen, einen Löwen, einen Kasuar, Pfauen, Kraniche, ein Stachelschwein, Perlhühner, einen Vogel »Nimmersatt«, einen moskowitischen Fuchs, ein Rentier, Hyänen und einen Weißkopfgeier. Nach Eugens Tod kam der Großteil in die kaiserliche Menagerie nach Schönbrunn. Als Napoleon 1805 das erste Mal dort residierte, betrachtete er lange den Weißkopfgeier, »den letzten überlebenden und persönlichen Augenzeugen der Zeit des großen Prinzen Eugen«. Eugen war äußerst konsequent in der Vermehrung seines Vermögens. Bei der Schlacht von Zenta fielen ihm drei Millionen Goldgulden des Sultans in die Hände, bei der Eroberung von Belgrad dreitausend »beladene Wagen« der Türken. Daneben verdiente er selbstverständlich an der Kriegsführung. Noch bis zur Zeit Bismarcks waren hohe finanzielle Belohnungen für siegreiche Generäle üblich. (Überdies war Eugen Abt zweier Klöster in Piemont, von denen er Einkünfte bezog.) Er vergaß jedoch nicht auf seine Untergebenen und beschäftigte sie in Friedenszeiten beim Bau seiner Schlösser. Eugen wußte, schreibt Vajda, »daß der Soldat bedeutend mehr leisten kann, wenn er nicht in zerfetzten Lumpen herumlaufen muß, wenn er ausreichend ernährt wird

und menschenwürdige Quartiere zugewiesen be-
kommt.«

Selbstverständlich waren diese Soldaten Analphabe-
ten. Es herrschte das Prinzip, daß die Angst vor dem
eigenen Vorgesetzten größer sein sollte, als vor dem
Feind. Desertion war deshalb (oder trotzdem) an der
Tagesordnung. Zwei Mal am Tag waren »Betstunden«
angesetzt: Das Morgen- und das Abendgebet. Die Kosten für ärztliche Behandlung – soferne es überhaupt
eine gab – wurden vom Sold abgezogen, der aber nicht
regelmäßig ausbezahlt wurde. Die Feldschere waren
schlecht ausgebildet, Feldspitäler wurden oft gar nicht
eingerichtet. An Strafen für Vergehen wurden verhängt: Stundenlanges Mantel- oder Flintentragen bei
der Infanterie und »Reiten« auf einem scharfkantigen
Holzpferd, verschärft durch Anhängen von Gewichten
an die Beine, beziehungsweise Kugeln bei der Artillerie, wo der Delinquent auf dem Geschützrohr »reiten«
mußte; außerdem alle Arten von Prügelstrafen, das Ab-
schneiden von Nasen und Ohren bis zu Hinrichtungen
auf verschiedenste Weise.

»Es stimmt, Prinz Eugen war klein«, sagt Oberst
Krach jetzt. »Die Künstler, die ihn gemalt haben, haben ihm geschmeichelt. Er war nur 1,56 Meter groß:
der beste Beweis ist dieser Rückenpanzer dort hinten.«
Wir gehen an den drei Ölbildern der Kaiser Leopold I.,
Joseph I. und Karl VI., denen er »diente«, vorbei, zur
sogenannten »Trauerdekoration«. Selbstverständlich
ist auch das Heeresgeschichtliche Museum eine
Stätte, die den österreichischen Hang zur Nekrophilie
pflegt. In einem gläsernen Schrein ist ein Podest mit
einem schwarzen Bahrtuch aus Seidensamt zuge-

deckt. Das Tuch ist mit dem Savoyer-Wappen Eugens in Goldstickerei und goldenen Borten geschmückt. Die Fähnchen neben dem Wappen zeigen Namen und Jahre seiner Schlachten von Zenta 1697 bis Belgrad 1717. Auf dem Podest steht wie eine surrealistische Plastik der schwarze Brustpanzer Eugens mit sieben Kugelmalen. Oberst Krach macht eine kurze Pause, bevor er sich dem historischen Schauer überläßt.

»Prinz Eugen starb friedlich«, hebt er sodann an. »Er wurde 72 Jahre alt. Erst drei Monate nach seinem Tod fanden die Trauerfeierlichkeiten statt. Der Panzer hat ein Gewicht von 15 Kilogramm und einen Außenumfang von 1,05 Metern. Auf den Bildern ist Eugen immer in einer prächtigen Rüstung dargestellt. Er ließ sich auch gerne mit Heracles – es dürfte ein Komplex bei ihm gewesen sein – abbilden. Mit Kaiser Karl VI., dem letzten männlichen Habsburger, verstand er sich nicht sehr gut. Der Kaiser war eine differenzierte Persönlichkeit. Wir würden heute sagen, in der modernen Psychologie, ein gespaltener Charakter. Seine Frau mußte ihn stets mit ›Eure Majestät‹ ansprechen, selbst wenn sie ihren ehelichen Pflichten nachkam. Er war sehr dem spanischen Hofzeremoniell verbunden.« Tatsächlich war der Alltag Karls VI. peinlich geregelt und von steifer Etikette bestimmt. Noch bei seiner Letzten Ölung beanstandete er, daß nur zwei Kerzen brannten, statt, wie es ihm als Kaiser zustand, vier. Er war von Jesuiten erzogen worden, spielte Klavier, komponierte Opern und dirigierte seine 134 Mitglieder zählende Hofkapelle. Neben der Musik war die Jagd seine große Leidenschaft. Sogar Regierungsgeschäfte mußten sich nach seinen Jagdgewohnheiten richten. Oft begleitete ihn Prinz Eugen nach Böhmen. In Iglau wurden bei einer Jagd, an der sie teilnahmen, 1058 Sauen zur Strecke gebracht, bei einer anderen 50 Hirsche und 600 Fasane. Neben der Parforce-, der Pirsch- und Beizjagd betrieb Karl VI. gerne das »Deutsche Jagen«. Dabei wurden die zu jagenden Tiere an den Schießständen der Schützen vorbeigetrieben. Ferner nahm er auch an »Lustkampfjagden« und am Ende der Fastenzeiten dem »Fuchsprellen« teil. Die Lustkampfjagden fanden im Hetztheater statt, das Fuchsprellen im Prater. Dabei wurden Füchse, Dachse, Marder, wilde Katzen und Iltisse aufeinandergehetzt und, wenn sie flüchten wollten, mit Prelltüchern und Prellnetzen wieder in die Mitte des Kampfplatzes geworfen. Natürlich sollten sie sich gegenseitig zu Tode beißen. Die Leidenschaft Karls VI. gipfelte in der Erschießung seines Oberstallmeisters Fürst Adam von Schwarzenberg auf der Jagd. Schwarzenberg war angeblich der Liebhaber der Kaiserin. Sterbend soll er seinem Herrn noch versprochen haben, im Himmel ein gutes Wort für ihn einzulegen. Wie weit Absicht hinter dem Unfall steckte, ist nie ganz geklärt worden. Nach einer zeitweisen Entsagung seiner Jagdleidenschaft machte der Kaiser weiter. Beim Begräbnis seines Feldherrn Prinz Eugen, dem er einiges zu verdanken hatte, weilte er auf der Schnepfenjagd. Ein weiteres Faible dieser merkwürdigen Erscheinung in der österreichischen Geschichte war ein geradezu pathologisches Interesse an der Überwachung von Menschen und Auskundschaftung von Geheimnissen. Kardinal Richelieu behauptete, daß der Kaiser der Korruption seiner Minister durch ausländische Mächte zustimmte, wenn die Hälfte der Geldsummen an seine Geheimkasse abgeführt wurde. Seine politische Karriere war von zahlreichen Rückschlägen gekennzeichnet. Er wollte spanischer König und deutscher Kaiser werden. »Mit wechselndem Glück«, so Wilhelm Knappich, »kämpfte der Habsburger sieben Jahre in Spanien ... und war ... bald Sieger, bald Besiegter. Zweimal hielt er seinen Einzug in Madrid und zweimal räumte er die Residenzstadt Iberiens.« In seiner Todesstunde soll er noch den Namen der Stadt Barcelona ausgesprochen haben. Nach dem Spanischen Erbfolgekrieg kam es zur Teilung des Reiches und Karl VI. wurde Deutscher Kaiser. Am 19. April 1713 verkündete er die später so bezeichnete »Pragmatische Sanktion«, in der die Unteilbarkeit und Untrennbarkeit aller zur Habsburgischen Monarchie gehörigen Länder und die alleinige Erbfolge »in Ermangelung männlicher Nachfolger« auf seine Töchter festgelegt wurde. Seine Vorliebe für die katholischen Spanier am Wiener Hof verleitete ihn zur Verfolgung der Protestanten: er zwang die Evangelischen in den Alpenländern zur Auswanderung und erließ für Böhmen das harte »Protestanten-Patent«. Selbst zu Hinrichtungen von Protestanten auf dem Scheiterhaufen kam es noch in seiner Regierungszeit. Kriege und Hofhaltung verschlangen ungeheure Summen. »Anno 1726«, so Knappich, »kostete die Hofmusik allein 159 000, die Jägerei 34 000 Gulden. 1736 betrug der Schuldenstand des Reiches über 100 Millionen Gulden.« Auch Karl VI. hatte eine Vorliebe für Heracles, in der Mitte des ovalen Kuppelsaales der Nationalbibliothek ist sein Standbild als »Hercules Musarum« aufgestellt.

Im Heeresgeschichtlichen Museum finden sich das Artilleriebesteck und der Luntenstock des Kaisers neben gläsernen Handgranaten.

Wir sind inzwischen in einen weißen Saal eingetreten, der von mehreren Lustern hell erleuchtet ist. Die Handgranaten hinter der Glasscheibe schauen aus wie runde Tintenfässer. »Sie waren«, erläutert mittlerweile der Oberst, »mit Schwarzpulver gefüllt und besaßen einen Docht. Zum Zünden benötigte man eine Lunte. Sie mußte immer glosen und steckte in einem kleinen ›Luntenverberger‹. Der Grenadier, der sie trug, war daher in eine Gestankwolke eingehüllt. Wenn man Lunte roch, roch man Gefahr. Ist das klar?«

Im Nebensaal beginnen Handwerker plötzlich heftig zu hämmern, die Schläge dröhnen durch den menschenleeren Saal, als ob ein mächtiger Sarg zugenagelt würde. Und solange wir die Exponate betrachten, hält das Hämmern an, ein kaltes Totentrommeln, das so gar nicht zum lieblichen Bild der Kaiserin Maria Theresia paßt. Maria Theresia war übrigens nie selbst Kaiserin, sondern »nur« die Frau eines Kaisers, ihres Mannes Franz Stephan von Lothringen. Ihr richtiger Titel war König von Ungarn, wie Friedrich II. von Preußen sie auch nannte. Edward Crankshaw bezeichnete sie in seiner Biographie schlicht als »die mütterliche Majestät« und überschrieb den ersten Teil »Ein Meer der Unbill«. Tatsächlich war ihre Regierungszeit von Konflikten und Kriegen geprägt, die sie nicht daran hinderten, 16 Kindern das Leben zu schenken. In den weißlackierten Vitrinen des Saales finden sich das verkleinerte Modell eines hundertpfündigen Mörsers, Soldatenfiguren aus Porzellan, preußische Standarten und Grenadiermützen mit getriebenen Schildern aus Messing, zwei Pauken und silberne Signaltrompeten. In einer kleinen Waffenkammer sind Hand- und Faustfeuerwaffen der österreichischen Armee des siebzehnten und achtzehnten Jahrhunderts ausgestellt: Vorderlader mit Batterieschloß, Infanteriegewehre, Karabiner, Stutzen, ein Trombon, Kavalleriepistolen und verschiedene Bajonettformen »zum Stechen« und »zum Hauen«.

Auf die Schlachtengemälde an den Wänden schaut man wie in einen martialischen Adventkalender. Die Ausschnitte sind mit verzierten Rahmen umgeben und dadurch in eine Dimension der Unwirklichkeit gerückt. Doch ist die Künstlichkeit nicht wie bei Snayers angelegt, der trotz allem Realist bleibt, sondern historisch verklärt, ein gemaltes Marionettentheater. Bei einer Seeschlacht sinken die brennenden Segelschiffe burgtheaterreif, jedenfalls edel. Besonders merkwürdig ist ein Gemälde von August Querfurt, »Die Schlacht bei Kolin am 18. 6. 1747«[*]. Der Horizont auf dem Bild ist hoch, und die Truppenmassen sind aus der Vogelperspektive gesehen. Überdies sind die Bewegungen der Truppenkörper durch strichlierte Einzeichnungen ihrer Positionen festgehalten sowie durch eine Bildlegende erklärt. Es ist das Gemälde eines Schachspieles mit Menschen und als eine Art blutiges Schach werden und wurden Schlachten von

---

[*] Die Schlacht bei Kolin war die erste Niederlage Friedrich II. und veranlaßte ihn, die Belagerung Prags aufzugeben und Böhmen zu räumen. Maria Theresia bezeichnete Kolin als den »Geburtstag der Monarchie«.

Feldherrn seit je gerne gesehen. Damit die Strategie aufgehen kann, müssen die »Truppenkörper« gut *gedrillt* sein, das heißt, »wie aufgezogen reagieren«. Im Weißen Saal kann man eine Faksimile-Kopie des Exerzierbuches Hans Friedrich von Flemings durchblättern: »Der vollkommene teutsche Soldat«, Leipzig 1726 und das »Exercitium für die Infanterie« aus dem Jahr 1757. Wir sind längst in ein neues Zeitalter der Heeresgeschichte eingetreten, in die Ära Friedrichs II. von Preußen, der noch das Lager des alten Prinzen Eugen »aus Studiengründen« besucht hatte. Unter ihm, aber vor allem unter seinem Vater, dem »Soldatenkönig« Friedrich Wilhelm I., wurden militärische Abteilungen besonders zielstrebig zu mechanischen Uhrwerken gedrillt. Der wichtigste Vorgang bei dieser Manipulation war das Zerstören der Individualität des Einzelnen. Friedrich II. wurde von seinem Vater schon in frühester Kindheit zum Soldaten »abgerichtet«. Die Vorlieben des Sohnes waren, wie man weiß, das Flötenspiel und französische Literatur. Sein Vater versuchte, sie ihm mit allen Mitteln auszutreiben. Er beschimpfte und schlug ihn vor den Offizieren und Lakaien. Nach einer solchen Züchtigung verhöhnte er ihn, daß er sich totgeschossen hätte, wäre er von seinem Vater so behandelt worden. Georg Holstern bemerkt dazu in seiner Biographie über Friedrich II.: »Es sah ganz so aus, als ob sich in Berlin ein ähnliche Vater-Sohn-Tragödie anbahnte, wie wenige Jahre zuvor in Petersburg. Den russischen Thronfolger Alexej hatte die harte Behandlung durch seinen Vater, den Zaren Peter dem Großen, zur Flucht ins Ausland veranlaßt. Nach seiner Rückkehr wurde der Zarewitsch von seinem Vater ohne triftige Gründe des Verrates bezichtigt und ... der Folter unterworfen. Alexej starb an den Folgen der Martern.«

Mit 16 Jahren nannte Friedrich II. die Uniform verächtlich »Sterbekittel«. Schließlich legte ihm der Vater einen Vorhangstrang um den Hals und versuchte, ihn zu erwürgen. Ein Kammerdiener befreite den Kronprinzen mit Gewalt aus den Händen des Königs. Im Alter von 18 Jahren unternahm Friedrich II. den bekannten Fluchtversuch mit seinem Freund Leutnant Hans Hermann von Katte. Beide wurden gefaßt und in die Festung Küstrin gebracht. Vor dem Fenster des Kronprinzen wurde Katte auf Befehl Friedrich Wilhelm I. hingerichtet.

Interessant ist der Vergleich zwischen der Jugend Friedrich II. und den Erlebnissen eines späteren Soldaten in seiner Armee: Ulrich Bräker. Als Schweizer zwangsweise rekrutiert, beschreibt er seine Erlebnisse beim Exerzieren in der »Lebensgeschichte ... des Armen Mannes im Tockenburg« so: »Da war des Fluchens und Karbatschens von prügelsüchtigen Jünckerlins und hinwider des Lamentierens der Geprügelten kein Ende. Es tat uns in der Seele weh, andre um jeder Kleinigkeit willen so unbarmherzig behandelt und uns selber Jahr ein Jahr aus kujoniert zu sehen; oft ganzer Stunden in unserer Montur eingeschnürt wie geschraubt stehen, in die Kreuz und Quere pfahlgerade marschieren und ununterbrochen blitzschnell Handgriffe machen zu müssen; und das alles auf Geheiß eines Offiziers, der mit einem furiosen Gesicht und aufgehobenen Stock vor uns stund und alle Augenblicke dreinzuhauen drohte. Jeder

Knopf an der Montur, alles mußte spielblank geputzt sein. Zeigte sich an einem dieser Stücke die geringste Untat oder stand ein Haar in der Frisur nicht recht, so war die erste Begrüßung eine derbe ›Tracht Prügel‹.« Friedrich II. verlangte von seinen Soldaten – wie er in seinem Testament schrieb – vor allem »*blinden* Gehorsam«. Murrte ein Soldat gegen seinen Unteroffizier oder »stellte er sich mit dem Säbel zur Wehr – über all diese ist die Todesstrafe verhängt … Die geringste Lockerung der Disziplin würde zur Verwilderung führen, diese zur Aufsäßigkeit«. Vielleicht ohne es zu wissen, nahm er die Rolle seines Vaters an.

In allen Heeren der damaligen Zeit waren die Militärstrafen drastisch. Einfaches Prügeln mit dem Stock und das Schlagen mit flacher Degenklinge gehörten zum Exerzierdrill und waren *keine* Strafe. Für schwere Vergehen gab es das Spießrutenlaufen, das zum Tode des Verurteilten führen konnte. Es wurde vor allem bei Desertion angewendet. Der Verurteilte »durchlief« eine »Gasse« von Soldaten und wurde mit Ruten und Stöcken geprügelt. Schlug ein Soldat nicht zu, mußte er selbst spießrutenlaufen. Die Strafe stammte aus dem sechzehnten Jahrhundert und wurde in Preußen 1807, in Österreich erst zwischen 1850 und 1860 abgeschafft. Die Prügelstrafe gab es auch in der französischen Armee bis zur Revolution, in Preußen wurde sie 1852, in Österreich erst mit Einführung der allgemeinen Wehrpflicht 1868 außer Kraft gesetzt. Im Jahr 1859 wurde sie beim Österreichischen Militär an insgesamt 10290 Soldaten vollzogen. Die Züchtigung geschah mit einem »unbeschlagenen Stocke von Haselholz ohne Vorgewächs und nicht dicker als zwei Drittel Wiener Zoll auf den mit dem Ober- und Unterkleid bedeckten Hinterleib und nie mit den Spitzen, sondern mit dem vollen Stocke«. Die Pausen zwischen den einzelnen Schlägen durften maximal sechs bis acht Sekunden dauern. Die Kriegsgerichte verhängten als Höchststrafe hundert Stockstreiche, beziehungsweise zehnmaliges Gassenlaufen durch ein Spalier von je dreihundert Soldaten auf jeder Seite. Die Höchststrafe bestand also theoretisch aus sechstausend Stockstreichen und war, wie man annehmen kann, tödlich. Wenn sich der Delinquent weigerte, wurde er auf einem Brett festgeschnallt und die Soldaten marschierten an ihm prügelnd vorbei; dieser Strafvollzug nannte sich »Contre marsch«. Die Ärzte stellten sich in den Dienst der guten Sache und ermittelten in einer vorherigen Untersuchung, ob der Verurteilte die Strafe aushalten werde. In Österreich ging man insofern »humaner« als in Preußen vor, als man im allgemeinen auf das Gesäß schlug, statt auf den Rücken, was die Gefahr von Knochenverletzungen einschränkte. Die fortschrittlichen Bemühungen hatten in Österreich sogar zur Folge, daß man ein Äquivalent aus Prügelstrafe im Verhältnis zu Kerker- und Arreststrafen ersann: sechsmonatigem Arrest entsprachen zwanzig, einjährigem dreißig, zweijährigem vierzig und dreijährigem fünfzig Streiche. Erst am 14. Oktober 1867 kam es zu einer allerhöchsten Entschließung des Kaisers, in der es heißt: »es ist mein Wille, daß fortan die gesamte Mannschaft meiner Land- und See-Macht von allen Vorgesetzten in und außer Dienst mit ›Sie‹ angesprochen werde.«

Bei der Marine war ein anderes Arsenal von Strafen üblich: das Kielholen (das Durchziehen einer Person unter dem Kiel, eine Strafe, die oft tödlich endete) und das Hängen in die Wanten.

Die Soldaten desertierten trotz angedrohter Todesstrafe seit je in Massen. Aus diesem Grund marschierte man nicht bei Nacht und vermied Wälder. Der Vater Friedrich II. war auch der Urheber der kuriosen Potsdamer Riesengarde, in einer Stärke von zweitausend Grenadieren zu drei Bataillonen. Kein Grenadier der Riesengarde war kleiner als 1,86 Meter. Friedrich Wilhelm, der geizig war wie ein Greis im Märchen, opferte ungeheure Geldsummen für die Beschaffung der »langen Kerls« und erlaubte seinen Werbekommandos die »schrecklichsten Gewalttaten«. Manche späteren Gardisten wurden ihm von anderen Fürsten zum Geschenk gemacht. Gemessen an den preußischen Verhältnissen waren die Leibgrenadiere aber Günstlinge des Königs.

Der Staat Preußen war militärisch straff durchorganisiert, vom Bauern bis zum Beamten. Charakteristisch war die Identität von Offiziers- und Adelsstand. Die Bauern waren auf diese Weise ihren Herrn sowohl als Gutsuntertanen als auch als Soldaten Gehorsam schuldig – nur die Erstgeborenen waren vom Militärdienst ausgenommen. Zur »Robot«, dem unentgeltlichen Frondienst für die Herrschaft – in Österreich unter Maria Theresia maximal drei Tage in der Woche oder 104 Tage im Jahr – kam der kaum ertragreichere Militärdienst für »Gott, Kaiser und Vaterland« dazu. Der Bauer, hieß es jetzt, sollte aber nicht mehr vom Krieg betroffen sein wie bisher; über das ganze Land

Preußen wurden Nahrungsmittel für das Militär in Magazinen gesammelt.

Der sogenannte »Raub Schlesiens« löste die langjährige Auseinandersetzung zwischen Österreich und Preußen, Maria Theresia und Friedrich II., aus. Die Habsburger hatten Schlesien 1546 unter fragwürdigen Umständen ihrer Monarchie »einverleibt«. Die überwiegende Mehrheit der Bevölkerung bestand aus polnischen Bauern. Das städtische Bürgertum war deutsch und protestantisch.

Friedrich II. bot Maria Theresia für eine Abtretung Schlesiens zwei Millionen Taler sowie weitgehende politische Unterstützung. Als Maria Theresia diesen etwas merkwürdigen Vorschlag ablehnte, marschierte er 1740 ohne Kriegserklärung ein. Er wurde von den Schlesiern übrigens freundlich empfangen, war er doch andererseits ein »aufgeklärter« Herrscher. Er versprach, den Frondienst auf ein Mindestmaß zu senken, schränkte die übliche herrschaftliche Jagd auf den Bauerngütern ein, schaffte die Folter ab und verbot Hexenprozesse. Am Ende vieler Schlachten, nach zwei Schlesischen und dem Siebenjährigen Krieg, nach schweren Niederlagen und überschätzten Siegen der Österreicher, behielten 1763 die Preußen im Frieden von Hubertusburg Schlesien. Es wäre logisch, an dieser Stelle über das sinnlose Sterben im Krieg zu philosophieren, doch erscheint es mir überflüssig, den trockenen Fakten noch etwas hinzuzufügen.

Unter Maria Theresia wurde das Heer in Österreich »verstaatlicht« – nach dem Vorbild Preußens. Die privatwirtschaftlichen Einflüsse – bis Maria Theresia durften die Obersten noch ein Regiment besitzen –

wurden ausgeschaltet. Dadurch wurde es notwendig, Kasernen zu bauen. Der Sohn Maria Theresias, Joseph II., beschlagnahmte zu diesem Zweck später Klöster und widmete sie in Kasernen um wie beispielsweise die »Klosterkaserne« in Innsbruck. Die freiwilligen und »ausgelosten« Soldaten dienten lebenslang mit größeren oder kleineren Unterbrechungen. Sie wurden unbezahlt »beurlaubt«, konnten aber jederzeit »einberufen« werden. Natürlich gab es weder Fürsorgen- noch Invalidenrente. Die ärztliche Betreuung war nach wie vor katastrophal und änderte sich erst langsam unter Joseph II. In die Zeit Maria Theresias fiel die Gründung der »Militärakademie Wr. Neustadt«. Eine Erfindung der Österreichischen »Kaiserin« ist der nach ihr benannte Militär-Maria-Theresienorden. Die *Mater Castrorum,* wie sie auch hieß, belohnte damit eine Tat, die *über* einen Befehl hinausging (nicht aber *gegen* einen Befehl gerichtet war, wie oft behauptet wird). Ein Militärorden ist ja eine geniale Erfindung. Er kostet nicht viel, kommt der menschlichen Eitelkeit entgegen und spornt die Leistung im Vernichten des »Feindes« an.

Immer wieder findet man in Geschichtsbüchern die Schlachten der großen Feldherren dargestellt, daher ist es nur gerecht, auch der Schilderung des sogenannten kleinen Mannes Platz einzuräumen. Ulrich Bräker beschrieb die Schlacht bei Lowositz, an der er am 1. Oktober 1756 teilnahm, folgendermaßen: »Potz Himmel! Wie saußten da die Eisenbrocken ob unsern Köpfen weg ... und spickten uns die Leute aus den Gliedern weg, als wenns Strohhälme wären ... allein kaum währte es eine Viertelstunde, so kam unsere

Reuterei, von den Österreichischen geschlagen, und bis nahe unter unsere Kanonen verfolgt, zurücke. Da hätte man das Spektackel sehen sollen: Pferde, die ihren Mann im Stregreif hängend, andere die ihr Gedärm der Erde nachschleppten.« Und weiter: »Nun setzte es ein unbeschreibliches Blutbad ab, ehe man die Panduren aus jenem Gehölz vertreiben konnte ... da mußten wir über Hügel von Toten und Verwundeten hinstolpern ... Preußen und Panduren lagen überall durcheinander; und wo sich einer von diesen letzern noch regte, wurde er mit der Kolbe vor den Kopf geschlagen, oder ihm ein Bajonett durch den Leib gestoßen.« Bräker desertierte bei dieser Schlacht.

Einer der erfolgreichsten Feldherrn Maria Theresias und Josephs II. war Feldmarschall Laudon. Im Weißen Saal, in der Vitrine 237, sind Gegenstände ausgestellt, die mit ihm in Zusammenhang stehen. Darüber hängt ein mächtiger Ölschinken von Sigmund l'Allemand, hundert Jahre nach dem Tod Laudons gemalt: Der Krieger reitet über das Schlachtfeld von Kunersdorf, ein toter Soldat liegt auf dem Boden, doch der Stratege hält seinen Kopf von ihm abgewandt.

Laudon, der Livländer, begann seinen Kriegsdienst bei den Russen, wechselte zu den Schweden und versuchte es sodann bei den Preußen. Da dort keine Offiziersstelle frei war, trat er in die Dienste der Österreicher. Nach dem Siebenjährigen Krieg beabsichtigte er, in das Sächsische Heer einzutreten, das zerschlug sich jedoch. Eine Geschichte, die aus dem Ölbild nicht zu lesen ist, zählt zum Merkwürdigsten des an Merkwürdigkeiten reichen Heeresgeschichtlichen Museums. Als Adolf Hitler in den Jahren 1907 und 1908 zur Aufnahmeprüfung in die Akademie der Bildenden Künste in Wien antrat und durchfiel, mit der Begründung »wenig Köpfe« (Hitler hatte in erster Linie Architektur gezeichnet), war er vor eine Prüfungskommission getreten, deren Zusammensetzung sich nicht mehr belegen läßt. »Er kann sowohl von Christian Griepenkerl, als auch von den Professoren Rudolf Bacher, Alois Delug und Sigmund l'Allemand ... geprüft worden sein«, schreibt Werner Maser. Christian Griepenkerl assistierte dem Maler Carl Blaas bei der Ausschmückung der Ruhmeshalle des Heeresgeschichtlichen Museums und Sigmund l'Allemand war ein bekannter Schlachtenmaler. Die Vorstellung, daß ein Hilfshistorienmaler und ein Schlachtenmaler Adolf Hitler als Student der Malerei abwiesen und ihn vielleicht dadurch aus der Kunst zurück in die kriegerische Wirklichkeit schickten, wo er zum Feldherrn und zur geschichtlichen Figur wurde, ist so grotesk und banal zugleich, daß man sich scheuen würde, sie zu erfinden. Auch die Überlegung, daß noch vor dem Attentat in Sarajewo gleichsam ein anderes, völlig alltägliches in Form einer Zurückweisung den Zweiten Weltkrieg erst möglich gemacht hat, ist nicht weniger absurd.

Ich hatte mich inzwischen vom Oberst entfernt, der einer kleinen Gruppe von Unteroffizieren die Zeit Maria Theresias näherbrachte. Vor dem Bild ihres Sohnes, Josephs II. im Soldatenrock, stieß ich wieder auf ihn, als er gerade einen Vortrag über dessen Pallasch hielt. Noch immer war das Hämmern der Handwerker laut hallend aus dem Nebensaal zu hören. »Kaiser Joseph

II.«, führte der Oberst mit gehobener Stimme aus, »war ein hervorragender Offizier. Sie sehen ihn auf dem Ölbild als Großkreuzträger und hier unter Glas sein Pallasch. Ich habe seinerzeit den Schah von Persien geführt, als er noch ein mächtiger Mann war. Und als wir vor dem Pallasch Josephs II. standen, habe ich ihn gefragt, was die arabische Inschrift auf der Klinge bedeute. Der Schah hat daraufhin seine Brille abgenommen und im besten Französisch geantwortet: ›Komm und nimm mich in dein Herz‹.«

Kaiser Joseph II. war in Wirklichkeit kein hervorragender Offizier. Als Feldherr in den letzten Türkenkriegen rief er Konfusion im eigenen Lager hervor. Er trug häufig den Soldatenrock, veranlaßte aber auch zahlreiche Reformen, wie das Toleranzpatent und die Aufhebung der Leibeigenschaft der Bauern. (Der Robot wurde allerdings erst im Revolutionsjahr 1848 aufgehoben.)

Als die großen Flügeltüren zum Saal hinter mir zufielen, war das Hämmern, das immer heftiger geworden war, nur noch gedämpft zu hören und um die nächste Ecke endlich nicht mehr zu vernehmen.

Die Zeit von 1792 bis 1866 ist geschlossen. Der sogenannte Erzherzog-Karl-Saal und der Radetzkysaal werden umgebaut. Wie sieht eine renovierte Zeit aus?

Hofrat Kaindl, der Direktor des Heeresgeschichtlichen Museums, ein wendiger Beamter, übernimmt in der Mittagspause die undankbare Aufgabe, für mich die Säle zu öffnen. Travées und Vitrinen sind in den Räumen durcheinandergeschoben und in Decken und Packpapier gehüllt, um sie vor den Malerarbeiten zu

schützen. Das große Ölbild des Feldmarschalls Radetzky liegt quer an die Wand gelehnt, so daß der
Oberbefehlshaber der k. u. k.-Armee in der Luft zu
schweben scheint. Im wesentlichen aber entsteht der
Eindruck, als habe sich der Verpackungskünstler
Christo der österreichischen Geschichte des neunzehnten Jahrhunderts angenommen oder als hätte das
Verpackungskünstlertum österreichischer Historiker
hier seinen sprechenden Ausdruck gefunden.

Es war ein konfliktreiches Jahrhundert für die Habsburger: Zuerst die Auseinandersetzung mit Napoleon,
Aufstände in allen Teilen der Monarchie, die Niederlagen von Solferino und Königgrätz. Was sich in
diesem Saal angehäuft hat, ist das Treibgut, das die
Zeit den Österreichern als Geschenk hinterlassen hat.

An einer Wand hängt ein seltsamer, riesiger Ballon,
eingerahmt und hinter Glas, ein archäologischer
Fundgegenstand gleichsam aus der napoleonischen
Zeit. Der Ballon ist nicht aufgepumpt, sondern flach,
wie ein Vorhang und von einem Netz umgeben. Im
aufgeblasenen Zustand ist er fast kugelförmig, sein
Durchmesser beträgt 9,8 Meter. Die Gondel ist aus
Holz mit blaubemaltem Leinwandüberzug. Der Fes-
selballon wurde von österreichischen Truppen nach
der Schlacht von Würzburg 1796 erbeutet. Er ist
vermutlich einer der sechs Ballone, die die französische Armee zwischen 1794 und 1799 in eigenen Luft-
schifferkompanien zu Aufklärungszwecken verwendete.

»Möglicherweise wurde er aber auch als Rettungsbal-
lon verwendet«, ergänzt der Hofrat, »man trachtete
danach, daß man hohe Persönlichkeiten aus einer

Schlacht ausfliegen konnte. Gefüllt war er mit Wasserstoffgas. Der Ballon ist im Lauf der Zeit derart verschmutzt, daß er brüchig geworden ist. Wir haben ihn völlig restauriert und hinter Glas gegeben, aus konservatorischer Rücksicht.«

Wir gehen zwischen mit Packpapier umhüllten Figurinen zu einer leeren großen Vitrine:

»Es ist geplant«, fährt der Hofrat auf den nackten Schrein zeigend fort, »in den beiden großen, jetzt leeren Vitrinen, französische Fahnen und Standarten zu zeigen, während hier in der Mitte, um das Reiterbild Erzherzog Karls herum, gleichsam die Armee stehen soll, dargestellt mit diesen Uniformfigurinen. Um sie vor Staub zu schützen, haben wir sie in Papiersäcke gestellt. Sie sind auch noch nicht voll adjustiert, es fehlen die dazugehörigen Waffen ...«

Der Hofrat zieht einen Papiersack in die Höhe und unter lautem Rascheln und Knistern kommt der von einer Uniform bedeckte Körper eines Grenadiers zum Vorschein. Schließlich gelingt es uns zu zweit, den Papiersack zu entfernen.

»Die Figurinen, auf die die Uniformen gezogen werden, sind aus dem vorigen Jahrhundert ... alle Waffengattungen sind vertreten.« Der Hofrat blickt sich um und deutet auf die noch verpackten Figurinen: »Das müßte ein Kavallerist sein ... das ein Husar. Insgesamt sind es zehn ... einige befinden sich noch im Depot, wo sie restauriert werden.«

Es ist die Ära Napoleons und wie Napoleon auf dem berühmten Bild von Jacques Louis David über den St. Bernhard Paß reitet, ist auch der österreichische Erzherzog Karl hoch zu Roß für die »Ewigkeit« festgehal-

ten. Der Heldenverklärung in der Malerei stehen –
unsichtbar in diesem Museum, aber für immer einge-
prägt in der Erinnerung derjenigen, die sie jemals zu
Gesicht bekamen – die 82 Radierungen des Francisco
de Goya gegenüber, die der spanische Künstler zum
französisch-spanischen Krieg unter dem Titel »Los
Desastres de la Guerra« veröffentlicht hat. »Es sind
Bilder eines Infernos«, wie Richard Schickel anmerkt,
»das den Menschen zu Brutalitäten gegen seine Mit-
menschen verleitet, die die grauenhaftesten Bilder der
Phantasie in den Schatten stellen.« Die französische
Armee unter Napoleons Schwager Joachim Murat
und die spanischen Guerilla-Kämpfer (auf sie geht die
Bezeichnung zurück) »fochten ohne Pardon. Die
Franzosen folterten und verstümmelten ihre Gefangenen und schlugen sogar noch den Toten Haupt und
Glieder ab. Die Spanier vergalten Gleiches mit Glei-
chem.« Der Französische Hauptmann François no-
tierte in seinem Tagebuch: »Ich spreche nicht vom Hö-
rensagen, sondern ich habe gesehen, Leichen von
Frauen, aufgeschlitzt, mit abgeschnittenen Brüsten, in
zwei Teile zersägte Männer, andere bei lebendigem
Leibe verbrannt und auf die furchtbarste Weise ver-
stümmelt; wieder andere in Schornsteinen aufgehängt
und auf diese Weise geröstet ... und so weiter.« Den
Gefangenen war ein qualvolles Martyrium bestimmt.
In Cadiz bringt man 17 000 Mann in bereitliegenden
Schiffen unter, die »schwimmende Särge« genannt
werden. Als Nahrung gibt es Zwieback voller Würmer
und Pökelfleisch im Zustand der Zersetzung. Das
Trinkwasser ist knapp und faul, schließlich wüten
Epidemien wie Ruhr und Typhus, ärztliche Hilfe gibt

es keine. Die Gefangenen beißen sich gegenseitig, heulen wie die Tiere, reißen sich die Haare aus. Die Toten werden über Bord geworfen. Raubvögel kreisen über den Schiffen.

1813, als sich Napoleons Niederlage schon abzeichnete, soll der französische Kaiser den späteren österreichischen Haus-, Hof- und Staatskanzler Metternich in Dresden angebrüllt haben, er schere sich einen Dreck um das Leben von einer Million Menschen. Nach der Schlacht von Eylau meinte er angesichts der Berge von Gefallenen: »Eine Nacht in Paris macht das wieder gut.« Napoleon, diese Wundergestalt in der Geschichte, den Heinrich Heine als »weltlichen Heiland« und »jeder Zoll ein Gott« bezeichnet hat, und für den die katholische Kirche einen eigenen Heiligen erfand, St. Napoleon, einen römischen Offizier, der den Märtyrertod gestorben sein soll und den es natürlich nie gab, weshalb er auch nach dem Sturz des Kaisers in keinem Kalender mehr zu finden war, Napoleon also war einer der größten Schlächter auf dem Schlachtfeld der Geschichte. Im Alter von fünf Jahren wurde er als Kadett in die Militärschule von Paris aufgenommen, mit 16 Jahren als Sekondeleutnant zum Artillerieregiment La Fere in Valence versetzt. »Man regiert nur mit Stiefel und Sporen«, war seine Überzeugung. Jacques Presser hat in seiner Biographie eine Anatomie der Psyche dieses Mannes vorgenommen, die ihn als Inbegriff des skrupellosen Machtmenschen ausweist. (Es ist nicht Napoleons Schuld, daß ihn andere später noch an Gewalttätigkeit übertreffen sollten: Hitler und Stalin.) Seine Armee plünderte und raubte, brandschatzte und mordete und hielt sich in vielem in der Kriegsführung an das Vorbild Wallenstein. Zunächst waren seine Soldaten noch vom Prinzip »Gleichheit, Freiheit und Brüderlichkeit« beseelt, was sie auf bis dahin in der Militärgeschichte unbekannte Weise beflügelt haben soll. An allen Orten entstand nun als Antwort auf Napoleon der »vaterländische Geist« in den Heeren. Die »Vaterlandsverteidiger« waren aber nur so lange gefragt, als es den französischen Kaiser gab.

Napoleon vergoß ihr Blut reichlich; die Schlacht von Borodino am 7. September 1812 forderte 52 000 tote und verwundete Russen und 28 000 Franzosen (die zur Hälfte angeworbene Ausländer waren), die Völkerschlacht von Leipzig vom 16. bis 19. Oktober 1813, die das Ende Napoleons besiegelte, 22 605 tote und verwundete Russen, 16 033 Preußen, 14 958 Österreicher, 178 Schweden und 37 000 Franzosen. Über die Verwundeten und deren ärztliche Betreuung kann man sich eine bessere Vorstellung machen, wenn man weiß, daß das Chloroform um 1850 in Verwendung kam und Äther nur einige Jahre früher. Das Desinfizieren bei Operationen setzte sich erst in den siebziger Jahren des neunzehnten Jahrhunderts durch. Der persönliche Feldscher Napoleons war dafür berühmt, daß er – es kam ja auf die größte Schnelligkeit an, damit überhaupt eine Überlebenschance für den Verwundeten bestand – eine Oberschenkelamputation in eineinhalb Minuten durchführte. Mehr noch als durch Kriegsverletzungen wurden die Soldaten durch Infektionen und Seuchen getötet: Kaum trat bei einer Truppe eine Infektion auf, erkrankten Tausende daran.

Als Napoleon ins erste Exil nach Elba fährt, ist man in der Stadt Orgon gerade dabei, ihn symbolisch »aufzuhängen« ... »Ein Steinregen trifft seine Kutsche ... der zu Tode ermüdete Flüchtling zieht am folgenden Morgen eine österreichische Uniform an und läßt den Adjutanten des russischen Generals in seiner eigenen Kutsche Napoleon spielen, während er selbst in eine Kutsche der Österreicher kriecht«, schreibt Presser. Der russische Offiziersmantel, mit dem Napoleon sich tarnte, hängt in einer rot ausgeschlagenen Vitrine des Heeresgeschichtlichen Museums, ebenso wie ein Schlachtengemälde von Peter Krafft, das den Oberbefehlshaber der verbündeten Heere, Feldmarschall Karl Fürst Schwarzenberg zeigt, der den alliierten Herrschern Alexander I. von Rußland, Kaiser Franz I. von Österreich und Friedrich Wilhelm III. von Preußen den Sieg über den französischen Kaiser meldet. Es ist gemalt wie jene panoptischen Bilder, die in der Dunkelheit der Apparatur ihre Leuchtkraft empfangen und eine Wirklichkeit zur Schau stellen, die keine neue ist, sondern eine schwarzkünstlerisch gefälschte. Selbstverständlich ist von Leichenbergen nichts zu sehen, dafür ein schön gemalter Himmel und eine Gruppe von Offizieren mit offenbar während der Schlacht frisch gewaschenen und gebügelten Uniformen. Daß die Umstände des Krieges andere sind, belegen Zitate aus Pressers Napoleon-Biographie über den Feldzug 1813: »Als das Heer am 26. August Dresden erreicht, zu Tode ermattet nach den langen Märschen, geht ein ›deluvialer Regen‹ nieder, und alles ist so naß, daß man weder liegen noch sitzen kann. Von der Garde bleiben jetzt so viele zurück, daß Napoleon befiehlt, jeden zehnten zu füsilieren.«*

Am Tage vor der Schlacht bei Katzbach verlegen sich Dreiviertel von Napoleons Heer auf das Betteln in den Wäldern und Häusern und weder Drohungen noch Schläge können daran etwas ändern. Bei Blücher ist es nicht viel besser: Von seiner schlesischen Landwehr, meistenteils Weber, verdrückt sich die Hälfte. Blücher gibt Befehl, »die Ermüdeten mit dreißig Stockschlägen zu erfrischen«. Die Zahl von Selbstverstümmelungen im französischen Heer nimmt so gewaltig zu, daß Napoleon aufs neue füsilieren läßt, aber verbietet, »irgendetwas in den Zeitungen verlauten zu lassen«. Der Hunger ist grausam: »ein Soldat muß von einem halben Pfund Brot leben; Fleisch gibt es überhaupt nicht mehr. Die Zahl der Kranken wird auf 90 000 geschätzt« ... und so weiter. In 23 Jahren, in denen Napoleon »Geschichte schrieb«, verloren vier bis fünf Millionen Menschen infolge von Kriegen ihr Leben. Der Hofrat zieht feierlich einen Bogen Packpapier von einer Vitrine zur Seite, in der auf den ersten Blick drei sehr kleine, mit rotem Samt überzogene Särge liegen, auf goldenen Löwenfüßen stehend, mit goldenen Wappen und Kronen verziert. Es sind sogenannte Prunkkassetten. Lakonisch gibt die Beschriftung Auskunft: »Das vom österreichischen Kaiser Franz I. am 31. Mai 1814 nach dem ersten Pariser Frieden gestiftete Armeekreuz sollte aus dem Metall eroberter Kanonen gegossen und allen Teilnehmern der Befrei-

* Ein ursprünglich von den Römern unter dem Begriff *dezimieren* angewandtes System, um die Disziplin der eigenen Truppe aufrechtzuerhalten.

ungskriege verliehen werden. Die Armeekreuze des Kaisers und seiner Verbündeten König Friedrich Wilhelm III. von Preußen und Zar Alexander I. von Rußland gelangten nach ihrem Tode in das alte Zeughaus.« Überflüssig darauf hinzuweisen, daß der Kaiser sich auch selbst das »Kanonenkreuz« verlieh. Die Rolle, die das Haus Habsburg in der Zeit Napoleons spielte, verdient allerdings eher einen Faschingsorden. Es muß festgehalten werden, daß das Frankreich Napoleons eine totalitäre Staatsmaschinerie war. In Österreich regierten zur selben Zeit, nach Erzherzog Karl, Minister, »die sich öffentlich rühmen, in dreißig Jahren weder Buch noch Zeitung gelesen zu haben«. Erzherzog Karl schaffte die lebenslängliche Dienstzeit im Österreichischen Heer ab und reduzierte sie bei der Infanterie auf zehn, bei der Kavallerie auf zwölf und bei der Artillerie auf vierzehn Jahre, außerdem stellte er eine »Landwehr«, das heißt eine Armee von Reservisten, auf.

Als Soldat konnte man von nun ab nur noch zwischen dem 18. und dem 45. Lebensjahr eingezogen werden, früher war es keine Seltenheit, daß Sechzehnjährige in Schlachten ihr Leben ließen. Um es kurz zu machen: am 14. November 1805 besetzten die Franzosen Wien. Österreich, das zu einem Bündnis mit Rußland, England und Schweden beigetreten war, verlor unter anderem Tirol an den Verbündeten Napoleons, das (spätere) Königreich Bayern, – dafür kam Salzburg das erste Mal zur Monarchie. Der Habsburger Kaiser legte 1806 die Krone des Heiligen Römischen Reiches Deutscher Nation als Franz II. nieder, hatte sich aber schon 1804 als Franz I. zum Kaiser von Österreich erhoben. Im Februar 1809 erklärte Franz I. Napoleon den Krieg, der am 13. Mai wieder in Wien einmarschierte. Der in der österreichischen Geschichte so gefeierte Sieg Erzherzog Karls bei Aspern und Eßling am 21. und 22. Mai, der als erste militärische Niederlage Napoleons bezeichnet wird, wurde weder militärisch noch politisch genützt. Die Schlachten-Statistik hält fest, daß beide Seiten ca. 20 000 Mann »verloren«. Am 14. Oktober wurde in Schönbrunn Friede geschlossen. Neben zahlreichen Ländereien kostete der Krieg eine Entschädigung an Napoleon von 85 Millionen Goldfranken. Und er kostete letztendlich dem legendären Andreas Hofer das Leben. In Tirol und Vorarlberg herrschte tiefe Abneigung gegen die aufklärerischen, traditionsfeindlichen und antikirchlichen Maßnahmen der neuen bayerischen Regierung. Am 25. und 29. Mai schlugen Tiroler Bauern unter Andreas Hofer die Bayern am Berg Isel. Franz I. versprach, unter dem Eindruck des Sieges von Erzherzog Karl bei Aspern, keinen Frieden zu schließen, durch den Tirol von Österreich getrennt würde. Als die Habsburger ihre Truppen nach dem Sieg Napoleons bei Wagram abziehen mußten, schlug Hofers Bauernarmee die Franzosen am 13. August 1809 in einer weiteren Schlacht am Berg Isel. Hofer zog in Innsbruck ein und übernahm im Namen des Kaisers die Regierung Tirols. Seine Maßnahmen bestanden in der Unterdrückung bürgerlicher Freiheiten, Diskriminierung von Fremden, Protestanten und Juden, Verfolgung von Ehebrechern, Verbot der Ehescheidung und lächerlichen Kleidervorschriften sowie der Bekämpfung vermeintlicher Sittenlosigkeit. Am 4. Oktober

übersandte Kaiser Franz I. Andreas Hofer eine goldene Ehrenkette und dreitausend Dukaten für die
Landesverteidigung, trat aber schon zehn Tage später
im Frieden von Schönbrunn wieder Tirol an Bayern
ab. Nach einer weiteren Schlacht am Berg Isel legte
Hofer die Waffen nieder und ging in einer General-
amnestie frei. Der fanatische Kapuzinerpater Joachim
Haspinger vermochte mit Falschmeldungen – eine
siegreiche österreichische Armee sei im Anmarsch –
Hofer nochmals dazu zu bewegen, den Krieg fortzu-
setzen. Das Ende ist bekannt. Für den Wiener Hof war
das Schicksal seines Tiroler »Freiheitskämpfers«
nicht mehr so wichtig wie zu Beginn des Konflikts.
Man hatte einen anderen, einen habsburgischen Aus-
weg gefunden. Napoleon, der den Wunsch hatte, in
ein traditionsreiches Herrscherhaus einzuheiraten,
hatte zunächst vom russischen Zaren Alexander I., um
dessen Tochter er anhalten hatte lassen, eine Absage
erhalten. Nun aber stand er – nach erfolgter Scheidung – freudig der 18 Jahre alten Tochter Franz I.,
Marie Louise von Habsburg, als Ehemann zur Verfügung. Während »zu Mantua in Banden der treue Hofer war« und ihm dort der Prozeß gemacht wurde, un-
terschrieb am 7. 2. 1810 der österreichische Botschaf-
ter in Paris das Eheverlöbnis zwischen Marie Louise
und dem französischen Kaiser. Nicht einmal zwanzig
Jahre früher war die Tochter Maria Theresias, Erzherzogin Marie Antoinette, als Frau Ludwigs XVI. in Paris geköpft worden. Andreas Hofer wurde am 20. Februar 1810 erschossen. Das Gnadengesuch des Wiener Hofes war zu langsam an Napoleon weitergeleitet
worden. Die Hochzeit des Paares fand am 11. 3. 1810

statt. Der Gegner Napoleons auf dem Schlachtfeld in Aspern, Erzherzog Karl, vertrat dabei den französischen Kaiser (in procurationem) als Bräutigam. Das Kind, das dieser Ehe entsproß, der Herzog von Reichstadt, ist selbst zu einer Legende geworden und ein Ölbild mit seinem Porträt, sein Degen, eine Kopfbedeckung und sein Malkasten sind im Museum in einer Vitrine ausgestellt. Auf dem lederüberzogenen, intarsierten Deckel des Malkastens ist ein Blick auf Wien dargestellt. Fein säuberlich geordnet sind die zum Teil nicht verwendeten Einsätze mit englischen Aquarellfarben schachbrettartig angeordnet. Von Andreas Hofer hängt ein goldgerahmtes Bild nicht weit davon, das ihn als Älpler in seiner Tracht zeigt, zudem ist ein eigenhändiger Brief Hofers ausgestellt, an seinen Hauptmann Valentin Tschöll gerichtet, »über die vorsichtige Verfolgung des fliehenden Feindes«. So laufen die Fäden zusammen, wenngleich das Glück der Habsburger nicht selten an einem seidenen hing. Doch ist es kein gerader Faden, dem wir folgen, kein Ariadnefaden, der uns aus dem Labyrinth der Habsburger Geschichte führen könnte, sondern ein verwikkelter und außerdem verzweigter, es ist der Faden der Opportunität, mit anderen Worten, der geschickten Diplomatie. Natürlich mußte Kaiser Franz I. seinen Schwiegersohn Napoleon bei dessen folgendem Rußlandfeldzug unterstützen. Fürst Karl Schwarzenberg hatte die Aufgabe, die Südflanke der »großen Armee« mit einem österreichischen Korps von 30 000 Mann zu unterstützen. »Schwarzenberg«, so heißt es in Erich Zöllners Geschichte Österreichs, »trachtete von Anfang an, seine Truppen zu schonen, es gelang ihm auch, sie aus der Katastrophe der großen Armee auf ihrem Rückzug von Moskau herauszuhalten.« Immerhin fielen viertausend bis fünftausend Mann – aber was ist schon ein Toter in der Weltgeschichte, wenn er kein Kaiser oder König ist? Das Ende, die »Völkerschlacht« von Leipzig, ist bekannt bis hin zu den drei Armeekreuzen. Zuletzt also wandte sich Kaiser Franz I. wieder gegen den Schwiegersohn, der ihn zum Großvater gemacht hatte. Danach konnten die Landwehrmänner heimziehen, das konservative, absolutistische Habsburg-Regime war gerettet und Franz Grillparzer schrieb über die Zeit nach Napoleon:

»Denn seit du fort, fließt nun nicht mehr Blut,
indem vor dir schon alle Felder rannen?
Ward Lohn den wider dich vereinten Mannen?
Ist heilig das von dir bedrohte Gut?
Ward Tyrannei entfernt mit dem Tyrannen?
Ist auf der freien Erde, seit du fort
nun wieder frei Gedanke, Meinung, Wort?«

Es ist die Zeit der Zensur, die Zeit des Vormärz, die Zeit Metternichs, die so schön verpackt und in Einzelteile zerlegt im großen Saal nicht zu sehen ist, so als sei sie mit ihren Ausstellungsstücken selbst zensuriert worden. Aus den »Befreiungskriegen« 1813 bis 1815 ging Österreich mit einer Ländermasse hervor, »wie sie kein Habsburger vorher besessen hatte«. Franz I., der sich besonders für die Berichte seiner Geheimpolizei interessierte – speziell für die berüchtigte »Naderertruppe«* (und damit Karl VI. nachgeriet), unter-

* Von der heute noch das in Österreich gebräuchliche Wort »vernadern« für »verraten« kommt.

236

drückte alle freien, geistigen Regungen in seinen Ländern.

Die Monarchen führten indessen über drei Jahrzehnte keinen Krieg gegeneinander, »was aber«, so Vajda, »zum Teil eine natürliche Reaktion auf den mehr als zwanzigjährigen Kriegszustand des napoleonischen Zeitalters war: ihre Kassen waren meist leer, ihre Armeen abgekämpft, weite Landstriche ihrer Gebiete verwüstet. So herrschte zwar Frieden unter den christlichen Brüdern auf dem Thron, marschiert, geschossen und geplündert wurde in vielen Gegenden Europas dennoch«. Man kämpfte aber jetzt um die Befreiung von fremder Herrschaft, mehr Rechte für die Bevölkerung, um demokratische Regierungsformen oder auf seiten der bestehenden Ordnung dagegen. In der österreichischen Militärgeschichte war es die Ära des Feldmarschalls Graf Radetzky, der schon die Planung der Völkerschlacht bei Leipzig durchgeführt hatte und nacheinander fünf Kaisern als aktiver Soldat gedient hat. Zur Zeit Joseph II. wurde er als Achtzehnjähriger Kadett. Als der Kaiser starb, war Radetzky 24 Jahre alt und Leutnant. Zu Leopold II. hatte er »keine richtige Bindung ...« empfunden. Unter Franz I. stieg er bis zum General und Feldmarschalleutnant der Kavallerie auf, klagte aber: »versinke in drückender Schuldenlast, Geringschätzung im Publikum ...«. Als Ferdinand I. den Thron bestieg, war Radetzky schon 69 Jahre alt, 1848 bei dessen Abdankung 82. Schließlich diente er Kaiser Franz Joseph weitere acht Jahre und reichte erst als Neunzigjähriger, nach 72 Dienstjahren, sein Rücktrittsgesuch ein. Er starb 1858 als zweiundneunzigjähriger Mann und wurde im Heeresgeschichtlichen Museum, in der Feldherrenhalle, aufgebahrt.

Der Raum ist hell durch die hohen Fenster, außerdem ist er frisch geweißt. In einer der Vitrinen – raschel, raschel, wird das Packpapier zur Seite geschlagen – befinden sich Miniaturen, in einer der nächsten – der Stoff wird wie ein Vorhang im Kasperltheater aufgezogen – »persönliche Erinnerungsgegenstände« an den Feldmarschall; eine Haarlocke, »bei den Haarlocken muß man sehr vorsichtig sein«, sagt Hofrat Kaindl, »falsche Haarlocken wurden sehr häufig als echte ausgegeben ...«, ein Marschallstab, eine schwarze Offizierskappe, ein Ehrensäbel, ein rotes Hauskäppchen, bestickt mit Weinlaubblättern und Weintrauben, Handschuhe, ein Taschentuch, die Petschaft, eine Taschenuhr .... »Und hier« – ich kann durch die Öffnung im Stoff nichts von dem sehen, was der Hofrat, der seitlich von mir steht, als nächstes aufzählt, »Radetzkys Feder, mit der er am 17. Dezember 1856 sein Gesuch um Enthebung schrieb ... Daneben sein Wappen und das Diplom für den Maria-Theresien-Orden und zuletzt die Ehrenbürgerurkunde von Wien ... sowie das Huldigungsgedicht, das kein geringerer als Franz Grillparzer verfaßt hat ... sehen Sie es? Das ist der eigenhändige Entwurf des Dichters ... übrigens das Original, keine Fotokopie.« Die erste Strophe ist eine österreichisch-monarchistische Ikone, sie lautet:

> »Glück auf, mein Feldherr, führe den Streich!
> Nicht bloß um Ruhmesschimmer
> In deinem Lager ist Österreich,
> wir andere sind einzelne Trümmer.«

Die siebente Strophe verdeutlicht, was gemeint ist:

>»Die Gott als Slaw' und Magyaren schuf.
Die streiten um Worte nicht hämisch.
Sie folgen, ob deutsch auch der Feldherrenruf.
Denn: vorwärts ist ung'risch und böhmisch.«

Mit seinem Gedicht beschwört Grillparzer ein Gefühl der Zusammengehörigkeit, »das die aus verschiedenen sozialen Schichten und aus ethnisch, wirtschaftlich und kulturell ganz unterschiedlichen Ländern der Monarchie stammenden Armeeangehörigen«, wie Liselotte Popelka im Führer des Heeresgeschichtlichen Museums anmerkt, »fest aneinander band«. (Hier liegt, so bekannt dieser Umstand auch ist, ein verlorener Schlüssel zum Verständnis der Habsburger Monarchie: Zur Zeit des Regierungsantritts von Kaiser Franz Joseph bewohnten rund 36 Millionen Einwohner die 620 000 Quadratkilometer große Fläche der Monarchie. Davon waren 46 Prozent Slawen, 26 Prozent Deutschösterreicher, 15 Prozent Magyaren, zehn Prozent Italiener und circa drei Prozent Juden. Nur ein Viertel etwa waren also sogenannte Deutschösterreicher. Darin mag die Ursache zu finden sein, daß sich die Österreicher anderssprachigen Minderheiten in ihrem Land gegenüber auch heute so verhalten, als seien sie, die »Deutschsprachigen«, noch immer in der Minderzahl.) »Der Ausspruch ..., daß Österreich im Heerlager Radetzkys sei«, meint Benedetto Croce in seiner »Geschichte Europas im 19. Jahrhundert«, »bedeutete gleichzeitig eine richtige Definition und eine historische Verurteilung jenes Kaiserreiches, da die moderne Kultur nicht einen Staat respektieren kann, der ein einziges Heerlager ist und seine Existenz einzig und allein auf seine Militärmacht aufbaut.« Der Wiener Kongreß hatte die durch die Französische Revolution erschütterten Prinzipien des Absolutismus wiederhergestellt und Österreich die Lombardei und Venetien zugesprochen. »Das bedeutete auch eine Vormachtstellung in Nord- und Mittelitalien, denn habsburgische Nebenlinien regierten in der Toskana, Modena und Piacenza. Die Armeekonzentration in diesem Gebiet umfaßte ein Drittel des gesamten Heeres und stand unter der Führung Radetzkys, der in Mailand als Oberbefehlshaber und dann als Generalgouverneur des Kaisers residierte.« Kaiser Franz Joseph und Radetzky zählten damals zu den meist gehaßten Männern in Oberitalien, da sie als die »Vollstrecker des Todesurteiles über die nationale Freiheit Italiens« galten.

Das »Risorgimento«, die »Wiedererhebung« war die Bezeichnung für die italienischen Einigungsbestrebungen, zunächst gegen die Herrschaft Napoleons, dann gegen die nicht weniger verhaßte Österreichs. Besonders unterstützt wurde diese Bewegung in Lombardo-Venetien vom benachbarten Königreich Sardinien-Piemont.

Wir befinden uns im Jahr 1848, dem Geburtsjahr des Wiener Arsenals. Nach fünftägigen Straßenkämpfen in Mailand mußte Radetzky die Stadt räumen, kam aber, wie beim Abzug »versprochen«, nach der »siegreichen« Schlacht bei Custozza gegen das Königreich Sardinien-Piemont wieder. Am 23. 3. 1849 fand bei Novara neuerlich eine Schlacht zwischen drei österreichischen Korps unter Feldmarschall Radetzky und 47 000 Piemontesen unter König Karl Albert statt. Radetzky »blieb siegreich« und Karl Albert dankte zugunsten seines Sohnes Viktor Emanuel ab. Dreitausend Mann des piemontesischen Heeres fielen oder wurden verwundet, fünftausend gefangengenommen. Als nunmehriger Generalgouverneur verhängte Radetzky das Standrecht und ordnete als oberster Gerichtsherr Hinrichtungen gegen »Aufständische« an. Um die Stimmung gegen Österreich zu illustrieren, sei ein Vorfall erwähnt, der sich schon nach Radetzkys Rücktritt beim Besuch des Kaisers mit seiner Frau Elisabeth in Mailand am 15. Januar 1857 ereignete. Bei der Galavorstellung für das Kaiserpaar waren in der Skala zwar die Logen besetzt, aber nicht von den adeligen Abonnenten, sondern von deren Dienstboten. Als zwei Jahre später der Schneidergeselle Libenyi in Wien ein Messerattentat auf den Kaiser verübte, rief dieser bei der ersten Hilfeleistung aus: »Jetzt hat man die Mailänder Geschichte auch an mir probiert.« Feldmarschall Radetzky, als Symbol der österreichischen Monarchie, sollte nach seinem Tod auf Wunsch Kaiser Franz Josephs in der Kapuzinergruft bestattet werden, obwohl er kein Habsburger war. Inzwischen hatte sich aber eine skurrile Geschichte ereignet, das heißt, es ist mehr als das, nämlich ein Libretto zu einer österreichischen Funeralienoper. Der Armeelieferant Joseph Gottfried Pargfrieder, der von sich behauptete, ein illegitimer Sohn Joseph II. zu sein und es möglicherweise auch war, hatte Radetzky, der lange Zeit hoch verschuldet war, zu überreden versucht, sich im Park seines Schlosses Wetzdorf bei Stockerau beisetzen zu lassen. Pargfrieder hatte ein überzeugendes Argument dafür: Er beglich Radetzkys Schulden. Übrigens konnte er auch einen anderen, damals berühmten Kriegsherrn, Feldmarschall Wimpffen, dazu veranlassen, sich auf dem inzwischen errichteten »Heldenberg« bestatten zu lassen und zuletzt fand er selbst – halb sitzend in einem eigens konstruierten Sarg – dort seine letzte Ruhestätte. Der Volksmund dichtete hierauf: »Hier liegen drei Helden in ewiger Ruh – zwei lieferten Schlachten, der dritte die Schuh.«

War das Begräbnis Radetzkys das prunkvollste gewesen, sogar Kaiser Franz Joseph war zum Heldenberg gepilgert, so war das Pargfrieders das seltsamste. Nicht nur, daß er sich halb sitzend um 10.00 Uhr nachts hatte bestatten lassen, er hatte auch alle übrigen Details, wie Aussehen des Grabes und seine eigene Bekleidung im voraus genau festgelegt. Er wollte mit »einem rotgeblumten seidenen Schlafrock und einem Käppchen ohne Schirm auf dem Kopfe« angezogen sein, außerdem von einer zinkenen Ritter-Rüstung »verdeckt werden«. Als man 116 Jahre später, 1979, das Grab öffnete, erwiesen sich alle Anordnungen als ordnungsgemäß durchgeführt. Allerdings hatte eine Gruftplünderung durch russische Soldaten nach dem Zweiten Weltkrieg ihre Spuren hinterlassen. So war der Schädel des Ritters von Pargfrieder samt Helm abgebrochen und den Soldaten »zu deren Entsetzen«, wie es heißt, entgegengekollert. Mit Hilfe einer Ledermanschette und starkem Buchbinderzwirn soll der Schaden behoben worden sein. 1979 aber stellte man fest, daß der Leichnam völlig mit Asphalt übergossen war und den Eindruck einer Statue hervorgerufen habe, aus der ein Pantoffel und ein Stück des rotseidenen Schlafrockes herausragten.

Pargfrieder hat auf seinem »Heldenberg« nicht nur sich und die beiden Feldmarschälle beerdigt, sondern symbolisch die gesamte Monarchie. Hinter einem vergitterten Tor am Eingang wachen elf Grenadierfiguren im Laubwald, menschengroß, in Hosen und Waffenrock und hohen schwarzen Bärenmützen. Sie stehen da, zwischen den Bäumen, wie aus einem Märchen in die Wirklichkeit gefallen. Als ich allein und umgeben von Stille den Berg hinaufging, saß eine Elster auf dem Kopf einer der Figuren. Die Bärenmütze einer anderen war mit Moos bedeckt, eine dritte war fast vollständig grün von Moos, sie sah aus, als verwandelte sie sich gänzlich ins Pflanzliche. Insgesamt sind auf dem Heldenberg 19 Statuen, 142 Büsten und vier Statuetten aufgestellt, dazu 28 kleine Kanonen und 34 Mörser. Über dem Eingang zur Radetzkygruft erheben sich eine Siegessäule und ein Obelisk, gegenüber dem Mausoleum wurde eine im antiken Stil gehaltene Säulenhalle errichtet. Unter den Büsten auf dem weiten Platz zwischen der Säulenhalle und der Grabanlage finden sich Prinz Eugen, Laudon und Erzherzog Karl.

31 Büsten bilden eine »Heldenallee« vom Landknechtsführer Georg von Frundsberg bis Wallenstein, von Montecuccoli, dem Feldherrn gegen die Türken, bis Rüdiger Graf Starhemberg. Und zuletzt sind auch – in einer Kaiserallee – fast alle regierenden Habsburger in Erz gegossen: von Rudolf I. bis zum vorletzten Kaiser Franz Joseph. Halbversteckt in einem Gebüsch entdeckt man, wenn man es weiß, die Büsten zweier Zaungäste: die eine stellt den kaiserlichen Flügeladjutanten Oberst Maximilian Graf O'Donnell, die andere

den Wiener Fleischhauer Joseph Ettenreich dar; die beiden gelten als Lebensretter Kaiser Franz Josephs beim Messerattentat 1853.

Übrigens wollte Pargfrieder dem österreichischen Kaiser den Heldenberg gegen eine Entschädigung von einer Million Gulden verkaufen. Als der Hof dieses Angebot empört ablehnte, setzte Pargfrieder eine patriotische Tat und schenkte ihn dem Kaiser anläßlich des Begräbnisses von Radetzky. Kaiser Franz Joseph verlieh ihm daraufhin einen hohen Orden und erhob ihn in den Adelsstand. Friedrich Hebbel bezeichnete den Heldenberg als »ein äußerst lächerliches Etablissement, das einige Ähnlichkeit mit einem Wachsfigurenkabinett hat, nur mit dem Unterschied, daß die Berühmtheiten hier in effigie ausgestellt sind und dort in ihren Särgen die Leichname«.

Das sogenannte Ende vom traurigen Lied ist im Radetzkysaal des Heeresgeschichtlichen Museums verpackt oder, sofern es auf Ölbildern dargestellt ist, umgedreht und an die Wand gelehnt. Es besingt zwei habsburgische Niederlagen in Schlachten, die zum »Verlust« der Lombardei führten. 1859 schlug in Margenta der französische Kaiser Napoleon III., der den Oberbefehl über französisch-sardinische Truppen hatte, die Österreicher, die sechstausend Mann an Toten und Verwundeten zu beklagen hatten. Drei Wochen später führte der achtundzwanzigjährige Franz Joseph selbst die Österreicher bei Solferino in eine vernichtende Niederlage. Beobachter des preußischen Generalstabes schrieben über die kaiserlich-königlichen Truppen: »Löwen, von Eseln geführt«. Die Gesamtverluste der Löwen betrugen 22 350 Mann. Fran-

zosen und Piemontesen verloren 18 000 Mann. »Die
Toten zu begraben«, schreibt Franz Herre in seiner
Kaiser-Franz-Joseph-Biographie, »und die Pferdeka-
daver zu verbrennen, war man noch tagelang beschäftigt. Verwundete lagen in Kirchen und Ställen, auf den
Straßen und in den Weinbergen, starben dahin wie die
Fliegen.« In einer Volksabstimmung entschieden sich
die habsburgischen Herzogtümer Toskana, Modena
und Parma für den Anschluß an ein geeintes Italien.
Österreich behielt Mantua, Peschiera und Venedig.
Bertha von Suttner, die eine Zeitlang als Sekretärin
des Erfinders des Dynamits, Alfred Nobel, arbeitete
und ihn zur Stiftung des Nobelpreises anregte, gab
1889 ihren Roman »Die Waffen nieder« heraus, der
großen Widerhall fand. Im ersten Buch dieses Ro-
mans, das das Jahr 1859 betrifft, hielt sie fest: »Überhaupt, die Geschichte! Die ist, so wie sie der Jugend
gelehrt wird, die Hauptquelle der Kriegsbewunde-
rung. Da prägt sich schon den Kindersinnen ein, daß
der Herr der Heerscharen unaufhörlich Schlachten
anordnet; daß diese sozusagen das Vehikel sind, auf
welchem die Völkergeschichte durch die Zeiten fort-
rollt; daß sie die Erfüllung eines unausweichlichen
Naturgesetzes sind und von Zeit zu Zeit immer kommen müßten, wie Meeresstürme und Erdbeben; daß
wohl Schrecken und Greuel damit verbunden sind,
letztere aber voll aufgewogen werden, für die Gesamt-
heit durch die Wichtigkeit der Resultate, für den einzelnen durch den dabei zu erreichenden Ruhmes-
glanz, oder durch das Bewußtsein der erhabensten
Pflichterfüllung ... das alles geht klar und einhellig
aus allen Lehr- und Lesebüchern ›für den Schulge-

brauch‹ hervor, wo nebst der eigentlichen Geschichte, die nur als eine lange Kette von Kriegsereignissen dargestellt wird, auch die verschiedenen Erzählungen und Gedichte immer nur von heldenmütigen Waffentaten zu berichten wissen. Das gehört so zum patriotischen Erziehungssystem. Da aus jedem Schüler ein Vaterlandsverteidiger herangebildet werden soll, so muß doch schon des Kindes Begeisterung für diese, seine erste Bürgerpflicht geweckt werden; man muß seinen Geist abhärten gegen den natürlichen Abscheu, den die Schrecken des Krieges hervorrufen könnten, indem man von den furchtbarsten Blutbädern und Metzeleien wie von etwas ganz Gewöhnlichem, Notwendigem so unbefangen als möglich erzählt, dabei nur allein Nachdruck auf die ideale Seite dieses alten Völkerbrauches legend – und auf diese Art gelingt es, ein kampfmutiges und kriegslustiges Geschlecht zu bilden.«

Auch ein einunddreißigjähriger Schweizer Geschäftsreisender, Henri Dunant, sah das Schlachtfeld von Solferino und schrieb darüber ein Buch. Am 22. August 1864 wurde auf seine Initiative hin in Genf das »Rote Kreuz« gegründet und die »Genfer Konvention zum Schutze der Verwundeten und Kranken im Kriege« deklariert.

Davon ist im Heeresgeschichtlichen Museum nichts zu sehen. Ausgestellt ist hingegen eine Kinderuniform des Infanterieregiments Hoch- und Deutschmeister Nr. 4, getragen um 1843 von Erzherzog Franz Joseph, dem späteren Kaiser Franz Joseph I., während seines militärischen Unterrichts. Franz Joseph war damals 13 Jahre alt. Die Uniform ist hübsch, eine schwarze, hohe Kappe, weißer Rock und eine blaue Hose. Schon als Säugling wurde Franz Joseph als ein Herrscher von Gottes Gnaden behandelt. Hofdamen nannten ihn »Gottheitel«. Das Exerzieren lernte er vor dem Lesen. Als Fünfjähriger bekam er zu Weihnachten eine Kürassieruniform, während sein jüngerer Bruder Maximilian, der spätere Kaiser von Mexiko, ein Harlekinkostüm erhielt. Als Sechsjähriger schoß er mit einem Flobertgewehr auf Scheiben und übte sich im Garten von Schönbrunn mit Gleichaltrigen im Soldatenspielen. Im Heeresgeschichtlichen Museum wird auch eine kleine, aber funktionsfähige Kanone gezeigt, mit der Franz Joseph als Knabe exerzierte. Seine Erziehung, schreibt Herre, »glich immer mehr einer Dressur ... von 6.oo Uhr früh, dem Wecken, bis 9.oo Uhr abends, dem Schlafengehen, stand er unter dem Kommando des Stundenplanes«. Der künftige oberste Kriegsherr erhielt zum 13. Geburtstag die Uniform eines Obersten des Dragonerregiments Nr. 3 und dessen Inhaberschaft. »Sein Leben lang«, so Herre weiter, »sollte er das Soldatentum als schönes Spiel lieben, als Ordnungsmacht ansehen, als tragende Säule der Monarchie für unabdingbar halten. Den kriegerischen Ernst mochte er nicht, ein Feldherr ist er nie geworden. Schießen und töten tat er lieber auf der Jagd, die schon den Dreizehnjährigen faszinierte, ja berauschte.« Die Jagdleidenschaft ließ ihn übrigens sein Leben lang nicht mehr los. Was das Militärische betraf, so suchte er am 29. April 1848 Radetzky in Verona auf. Radetzky war wenig erbaut darüber, in einem Brief beklagte er sich, er habe nun nicht weniger als sechs Erzherzöge hier, die in diesem Wirrwarr

247

schwer zu hüten seien. Am 6. Mai nahm Kaiser Franz Joseph an der Schlacht um Santa Lucia teil und meldete sodann nach Hause: »Ich habe zum ersten Male die Kanonenkugeln um mich pfeifen gehört und bin ganz glücklich.« In Wien, Prag, Budapest und Mailand herrschte zu dieser Zeit »der Terror der weißuniformierten Generäle«, so Gerhard Jaeckel. »Franz Josephs geistlicher Erzieher, Fürst Erzbischof Rauscher von Wien, sagte: ›Das Schweigen der Toten und Gehängten verbürgt den Fortbestand der Regierung. Unser Gewissen ist ruhig‹.«

Diese Skizze des jungen Kaisers, so unvollständig sie ist, zeigt, wie sehr ihn, der zeitlebens eine Uniform trug, das Militärische prägte und wie stark es ihm schon in seiner Kindheit eingeimpft worden war. Solferino blieb aber nicht die letzte militärische Katastrophe in seinem Leben, nicht einmal die vorletzte. Am Ende des verpackten Schausaales, gleich neben dem Eingang, hängt ein Gemälde von Rudolf Ritter Otto von Ottenfeld, das ein Schlachtfeld bei einbrechender Nacht darstellt. Es ist mit Pferdekadavern bedeckt, daneben sieht man menschliche Leichen und umgeworfene Geschütze. Vor dem Gemälde ist ein solches Geschütz, eine österreichische vierpfündige Feldkanone M 1863 aus Bronze, wie sie auf dem Ölbild zu sehen sind, aufgestellt. Auf einem Schildchen darunter ist zu lesen: »In der folgenden schweren Schlacht von Königgrätz, östlich von Prag, deckte die Armeegeschützreserve unter großen Verlusten den geordneten Rückzug der österreichischen Armee. Bald nach der Entstehung wurde das Bild ›Batterie der Toten‹ genannt ...«

Königgrätz war der Schlußpunkt in einer Kette von

Überlegungen Bismarcks. Es kann als bekannt vorausgesetzt werden, daß er sein Ziel erreichte. Bismarck erklärte es mit eigenen Worten schon Jahre zuvor so: »Reorganisation der Armee, dann Kriegserklärung an Österreich unter dem erstbesten Vorwand, Auflösung des Deutschen Bundestages, Überwältigung der Klein- und Mittelstaaten und als Schlußeffekt: nationale Einheit Deutschlands unter Führung Preußens.« Demgegenüber stand ein österreichischer Plan, die seit Napoleon den Habsburgern verlustig gegangene »Heilige Römische Kaiserwürde« wieder zu erlangen. Vor dem preußischen Abgeordnetenhaus hatte Bismarck 1862 erklärt: »Nicht durch Reden und Majoritätsbeschlüsse werden die großen Fragen der Zeit entschieden – sondern durch Eisen und Blut.« Der »Deutsche Krieg«, zu dem es schließlich kam (es wäre zu aufwendig, seine Entwicklung im einzelnen darzustellen), erwies sich als sogenannter »Kabinettskrieg«, in dem es weniger um territorialen Gewinn, als um die politische Vormachtstellung ging. Preußen und Italien hatten ein militärisches Bündnis abgeschlossen, das den Italienern Venetien in Aussicht stellte; Österreich mußte daher an zwei Fronten Krieg führen. Auf der einen Seite die Schlacht bei Custozza II und die Seeschlacht vor der Insel Lissa (heute Vis), die von den Österreichern unter Erzherzog Albert, beziehungsweise Admiral Tegetthoff, wie man sagt, siegreich beendet wurde. (Nicht siegreich war die Schlacht allerdings für achttausend Tote und verwundete Österreicher und ebensoviele Italiener, noch dazu beeinflußten die beiden Schlachten den Ausgang des Krieges nicht.) Entscheidend war hingegen die andere

Schlacht bei Königgrätz, in der 220 000 Österreicher und Sachsen und 225 000 Preußen aufeinandertrafen. Der Oberbefehlshaber der österreichischen Truppen, Benedek, hielt vier Monate vor der Schlacht fest, daß die österreichischen Generäle oder höheren Kommandanten alt, schwach und bequem und deshalb absolut von Übel seien. Er bat auch »untertänigst«, vom Oberkommando entbunden zu werden. Unmittelbar vor der Schlacht am 3. Juli 1866 sandte er ein Telegramm nach Wien: »Bitte Euer Majestät dringend, um jeden Preis Frieden zu schließen. Katastrophe für Armee unvermeidlich.« Die Antwort des Kaisers: »Einen Frieden zu schließen, unmöglich ...« Nun, der Friede war nach der Schlacht möglich, und zwar nach den Bedingungen Bismarcks. Venetien fiel an das Königreich Italien und der 1848 abgesetzte und pensionierte Kaiser »Ferdinand der Gütige«, der als unfähig galt, kommentierte die Ereignisse mit: »So hätt i's a troffen.« Venedig war nämlich schon vor den Auseinandersetzungen verloren gewesen, Österreich hatte Frankreich für seine Neutralität versprochen, es, egal wie der Krieg ausging, an Italien abzutreten. Die österreichische Bilanz von Königgrätz, wenn man den Tod als Buchhalter bezeichnen will, sieht folgendermaßen aus: 5658 Tote, 7410 Vermißte sowie 7574 Verwundete, 22 170 Gefangene und 6010 getötete Pferde. Die Bilanz der Preußen: 1920 Tote, 6948 Verwundete. Andere Berichte sprechen von insgesamt 40 000 Toten und Verwundeten. Stephan Vajda schreibt über den Schlachtverlauf: »Die Preußen, in einheitlich dunkelblaue Uniform gekleidet, zogen ihre Linien rasch auseinander und suchten hinter jeder Bodenwelle, hinter jedem Baumstumpf Deckung; ihre Taktik war bereits auf die Feuerkraft der Infanterie aufgebaut. Die Österreicher, in ihren auffallenden, farbenprächtigen Monturen schon von weitem sichtbar, rückten hingegen in aufrechter Haltung und in geschlossenen Formationen, wie auf dem Exerzierplatz vor. Die Preußen belegten sie mit konzentriertem Feuer aus ihren für die damalige Zeit hochmodernen Dreyse-Gewehren, mit Zündnadeln versehenen Hinterladern, die fünf Schüsse in der Minute abgeben konnten. Die veralteten Vorderlader der österreichischen Armee, Marke Lorenz, Baujahr 1852, der preußischen Waffe hoffnungslos unterlegen, schafften höchstens einen Schuß in der Minute.« Dieses Manko wollten Österreichs hohe, adeligen Offiziere durch den Bajonettangriff wettmachen, der, wie das Reglement sagte, »dem Ehrgefühl einer tapferen Truppe entspricht«. Zu dem von der Militärmusik, die mit klingendem Spiel ins Feld zog, intonierten Radetzkymarsch von Johann Strauß Vater, wurde Brigade um Brigade, Regiment um Regiment in das preußische Sperrfeuer geschickt.

Selbstverständlich wurde nach der Schlacht ein Schuldiger gesucht und selbstverständlich durfte das Haus Habsburg davon nicht berührt werden. So fand man im Feldzeugmeister Benedek, dem man zuerst Schweigepflicht verordnete und hierauf öffentlich alle Schuld zuwies, den geeigneten Sündenbock.

In der Feldherrenhalle, in der es unter den sechzig Schlachtenlenkern aus Carraramarmor keinen Benedek gibt, wohl aber den Fürsten Windisch-Grätz und den kroatischen Grafen Jellačić von Buzim, die in der Revolution von 1848 die Aufstände in Prag und Ungarn, aber auch den von Wien niederwarfen, wartet Oberst Krach auf mich.

In einem kleineren Raum, vor dem Saal, in dem die Zeit von 1867 bis 1914 ausgestellt ist, sind »Ballspenden – Kostbarkeiten aus galanter Zeit« ausgestellt. »Es handelt sich um Damenspenden, die bei Hofbällen, Bällen der k. u. k. Armee und Kriegsmarine, aber auch verschiedener anderer Veranstalter überreicht wurden«, erläutert der Oberst dazu. Bei Hof verschenkte man offenbar gerne maßstabgetreue verkleinerte Nachbildungen von Stulphüten für k. u. k. Generäle, Tschakos und Tschapkas und Pickelhauben. Aber auch Hofzuckerl und Hoftafelbonbonnieren, in denen, nach dem Diner Konfekt angeboten wurde. »Die liebevoll und aufwendig gestalteten Zuckerln und Bonbonnieren«, informiert dazu der Führer, »waren meist mit Fotos von Angehörigen des Kaiserhauses ... geschmückt.« Bei den militärischen Bällen schenkte man außer Tanzordnungen winzige Kartuschen, verkleinerte Nachbildungen von Kanonenrohren, auch Tornister mit militärischen Emblemen, Säbeltaschen, Infanteristen (auf Sockel), Granaten und anderes, was das Militär sonst noch für die Spielzeug- und Andenkenindustrie abwarf. Vor dem Franz Josephsaal hält der Oberst, bevor er mit der Führung beginnt, einen kleinen Vortrag:

»Aus der kaiserlich österreichischen Armee war nach dem ›Ausgleich‹ 1866 als Folge der Schlacht von Königgrätz die k. u. k., die kaiserlich (österreichische) und königliche (ungarische) geworden, aus Österreich, ›Österreich-Ungarn‹, aus der Monarchie die Doppelmonarchie. Dazu eine kurze Bemerkung: k. u. k. – die

Ungarn bestanden auf das Bindewort ›und‹ – bezeichnete fortan gemeinsame Institutionen. Rein österreichische hießen k. k., rein ungarische magy. kir., für magyar kyralyi = ungarisch königliche. Österreich (Cisleithanien) und Ungarn (Transleithanien) waren fortan selbständige, gleichberechtigte Staatsgebiete, verbunden durch die Person des Herrschers und gemeinsame Reichsangelegenheiten, etwa die Außenpolitik und das Kriegs- und Finanzwesen.«

Wie Operettenkostüme sehen die Uniformen im Kaiser Franz Joseph-Saal aus, die sich in den Glasvitrinen auf Figurinen dem Auge des Betrachters darbieten. Zugleich strahlt dieser Raum eine seltsame Vertrautheit aus, etwas vom Kino der Nachkriegszeit, als man in österreichischen Spielfilmen die k. u. k.-Zeit wiederentdeckte und verkitscht darstellte. »Die Uniformvielfalt war in der damaligen Monarchie so groß«, sagt der Oberst nicht ohne Stolz, »daß nur Spezialisten in der Lage sind, sich in dem riesigen Spektrum von Farben und Aufschlägen, Kopfbedeckungen und Kordeln zurechtzufinden. Es gab allein 28 Farben für die Aufschläge der 102 Infanterieregimenter, und zwar:

weiß, schwarz, scharlachrot, amarantrot, krebsrot, krapprot, bordeauxrot, blaßrot, rosenrot, kirschrot, karmoisinrot, dunkelrot, rotbraun, dunkelbraun, schwefelgelb, kaisergelb, orangegelb, lichtblau, himmelblau, lichtdrapp, hechtgrau, aschgrau, meergrün, apfelgrün, meergrasgrün, papageigrün, grasgrün und stahlgrün.

Dazu kamen noch die verschiedenen Uniformen von 15 Dragonerregimentern, 11 Ulanenregimentern, 16 Husarenregimentern, vier bosnisch-herzegowinischen Infanterieregimentern, der Jägertruppe, den Landwehren, der ungarischen Honved, der Marine und so weiter, und so fort, mit verschiedenfarbigen Uniformröcken, Knöpfen und Hosen und den verschiedenartigsten Kopfbedeckungen.«

Mit wenig Einbildungskraft kann man sich in das Reich der Zoologie versetzt fühlen. Andere sprechen lieber vom »Zauber der Montur«. Otto König, der Verhaltensforscher, hat diesem Phänomen eine Untersuchung gewidmet, in der er zum Eingang feststellt: »Schon Heinroth verglich die Demuts- und Grußbewegungen verschiedener Vögel mit dem soldatischen Präsentieren des Gewehres. Die Epauletten wurden immer wieder als Beispiel für männlich-schulternverbreiternde Imponiermittel erwähnt und die hohen Spitzmützen friederizerianischer Grenadiere galten als Oberflächenvergrößerung, wie wir sie von sehr vielen Tierarten in Drohsituationen kennen.«

Es ist augenscheinlich, welche Bedeutung ganz allgemein der hierarchischen Ordnung in diesem Staat zukam. Und es ist keine Überraschung, daß dieser, auf der Landkarte gar nicht mehr existierende Staat mit seiner noch immer bestehenden Beamtenhierarchie Österreich bis zum heutigen Tag geprägt hat.

Ein weiteres Metier, dem sich der Oberst jetzt zuwendet, sind die Fahnen. Fast alle sind aus Seide und mit Seide bestickt.

Die Leibfahnen, die weißen Fahnen der Ersten Kompanie eines österreichischen Regiments, sprechen eine unverblümte Sprache: Auf der einen Seite ist jeweils der Doppeladler abgebildet, auf der anderen die Madonna immaculata.

»Also typisch hier die Weltkugel, die Schlange, die sich um die Kugel windet, und der Fuß der Gottesmutter, die den Kopf zertritt«, erklärt der Oberst. »Die Fahnen waren die wichtigsten Trophäen bei einer Schlacht. Fahnen und Geschütze«, fährt er fort. »Die Schlachtfelder wurden danach abgesucht und anhand der erbeuteten Stückzahl wurde eine Niederlage bewertet.« Übrigens verwahrte man die erbeuteten Fahnen in Kirchen, da sie, wie der Oberst weiter ausführt, »ja geweiht waren«.

In gläsernen Schränken sind verschiedene Gewehrtypen ausgestellt, Karabiner, Stutzen, Offiziers- und Mannschaftssäbel, Revolver und Repetierpistolen.

In der Mitte des Raumes, in einem großen Travee, glaubt man sich in einen Jules-Verne-Abenteuerroman versetzt. Dort finden sich das 1:1-Modell einer »Etrich-Taube« und eines Lohner-Pfeilfliegers (eines Doppeldeckers), das 1:20-Modell eines Militärballons, Mitralleusen und erste Maschinengewehre, ein Armeefeldstecher und Uniformstücke, in einer danebenstehenden Vitrine die Alpinausrüstung der Landwehr-Gebirgstruppen mit Schneereifen, Schiern, Steigeisen, einem Bambus-Bergstock, Seil, Pickel und Bergschuhen. Eine Fotografie zeigt zwei Soldaten mit einem Teil dieser Ausrüstungsgegenstände auf den Rücken geschnallt wie merkwürdige Flugapparate. Die Wirklichkeit war weniger romantisch. 1868 wurde in Österreich-Ungarn die allgemeine Wehrpflicht eingeführt. Sie betrug für Infanteristen drei, später zwei, für die Artillerie drei und die Marine drei Jahre. Das Leben in den Kasernen war kein Honiglecken. Die Verpflegung war unzureichend, es gab nur eine warme

Mahlzeit am Tag und zwei Brotrationen. Die Offiziere erhielten einen so geringen Sold, daß sich die Redewendung »Schulden wie ein Offizier« oder »Stabsoffizier« bildete. Zumeist war es einem Offizier aus wirtschaftlichen Gründen nicht möglich, zu heiraten; die Ausnahme bestand in Ehen mit »vermögenden« Frauen oder solchen, die auf eine große Mitgift verweisen konnten. Es gehörte zu den Pflichten eines Offiziers, den schönen Schein zu wahren, »standesgemäß« aufzutreten, »die Ehre hoch zu halten«, man trug ja »des Kaisers Rock«, ganz egal, aus welchem Teil der Monarchie man stammte. Die nächste Vitrine beinhaltet eine Sammlung von Heften in Oktavformat, die »Eid und Kriegsartikel« des k. u. k.-Heeres enthalten. Die Texte sind in elf Sprachen gedruckt: serbisch, kroatisch, slowenisch, rumänisch, ungarisch, deutsch, italienisch, tschechisch, slowakisch, polnisch und ruthenisch.

Als wir vor der Vitrine mit kaiserlichen Erinnerungsstücken stehenbleiben, sagt der Oberst: »Wußten Sie, daß Kaiser Franz Joseph 51 Titel hatte? ... an der Spitze war er Kaiser von Österreich, König von Ungarn, Böhmen, Galizien, Idomerien, Illyrien, Slawonien, Kroatien und ... einer fehlt mir noch ... Dalmatien ist der achte gewesen ...« Er macht eine kurze Pause und denkt nach. »Privat hatte er viel mitzumachen, sein Bruder Maximilian wurde in Mexiko erschossen, seine Frau Elisabeth fiel einem sinnlosen Attentat zum Opfer, sein Nachfolger Franz Ferdinand in Sarajewo ebenso und sein Sohn Rudolf beging Selbstmord.«

Wir gehen ein paar Schritte weiter zu einer Vitrine, die

Kronprinz Rudolf gewidmet ist und in der neben einem Ölbild des Thronfolgers, einem Spazierstock und einer Hetzpeitsche aus dem Besitz seines Leibfiakers Bratfisch, verschiedenen Uniformstücken und einem Revolver auch das aufgeschlagene Gästebuch des Museums ausgestellt ist. Der Kronprinz war übrigens, ganz im Sinne seines Vaters, streng militärisch erzogen worden, und hatte schon zu seiner Geburt ein Regiment als Geschenk erhalten. Als Kind durfte (oder mußte) er seinen Vater auf die Jagd begleiten. In seiner »Psychobiographie« schrieb John T. Salvendy: »Früh begriff Rudolf, daß der sicherste Weg zur Anerkennung, Liebe von Seiten des Vaters der war, ein hervorragender Jäger zu werden... Tatsächlich fand Rudolf viele Jahre lang keinen Gefallen an der Jagd... Der Knall beim Schießen hatte ihn lange Zeit hindurch erschreckt und er erreichte als Jäger niemals das Niveau des Vaters.«

»Hier haben Sie die vorletzte Rubrik des Gästebuches«, der Oberst zeigt lautlos mit seinem Zeigestab auf die Seite, »›29. 1. 1889: Kronprinz Rudolf um 1.00 Uhr angesagt‹, steht da. Er erschien jedoch nicht. Zu diesem Zeitpunkt war er bereits in Mayerling und hat mit seiner Geliebten den gemeinsamen Tod beschlossen ... wie es wirklich war, kann keiner sagen. Vermutlich hat er sie zuerst erschossen und dann sich selbst ... man weiß, daß zumeist nicht nur ein Motiv für einen Selbstmord entscheidend ist, sondern mehrere sich zusammenaddieren und dann ist es mit dem Lebenswillen vorbei. Wo sich die Kausallinien schneiden, dort tritt das Motiv für eine Tat zutage und drängt nach Realisierung. Soviel – ich habe auch Psychologie und Philosophie studiert – soviel also zu Kronprinz Rudolf.«

In einer der zahlreichen weiteren Vitrinen kann man, um wieder mit den Gedanken des Obersten zu sprechen, die Kausallinien erkennen, die zum Ende der Monarchie führten. Hier sind Schaustücke aus dem sogenannten Okkupationsfeldzug nach Bosnien und Herzegowina 1878 ausgestellt. Eine, wie es heißt, »erbeutete Insurgentenfahne«, orientalische Waffen, Uniformstücke. Der Schaukasten bietet nichts Außergewöhnliches, auf den ersten Blick nur ein Sammelsurium militärischer, orientalischer Antiquitäten.

Tatsächlich aber war der erfolgreiche Eroberungsfeldzug der Funke, der – um es mit einer Phrase auszudrücken – mehr als drei Jahrzehnte später das Sprengstoffaß Monarchie zum Explodieren brachte. Beim Berliner Kongreß 1878 erhielt Österreich-Ungarn für sein neutrales Verhalten im Russisch-Türkischen Krieg die Provinzen Bosnien und Herzegowina zur Verwaltung. Die Bevölkerung dort bestand zu vierzig Prozent aus orthodoxen Serben, dreißig Prozent Moslems und fünfundzwanzig Prozent katholischen Kroaten, die als einzige einen Anschluß an Österreich-Ungarn wünschten. Österreich wurde zwar die Verwaltung dieses Gebietes zugeteilt – das Hoheitsrecht jedoch sollte bei den Türken verbleiben. Entgegen allen Vorhersagen kam es bei der Besetzung der Provinzen zu heftigen Kämpfen mit islamischen Freischaren. Erst nach drei Wochen wurde Sarajewo eingenommen. 1908 annektierte Österreich-Ungarn die Provinzen und löste damit vorübergehend eine europäische Krise aus. In Sarajewo ereignete sich schließlich das

Attentat auf den österreichischen Thronfolger durch einen bosnischen Serben, der Mitglied der Geheimorganisation »Schwarze Hand« gewesen sein soll. »Erst nach dem Krieg wurde bekannt«, weiß Erich Zöllner in seiner Geschichte Österreichs zu berichten, »daß der Chef der Nachrichtenabteilung des serbischen Generalstabes und führende Angehörige der ›Schwarzen Hand‹ Dragutin Dimitrijevic, genannt ›Apis‹ (Die Biene), das Attentat geplant hatte und daß nach seiner Aussage sein Untergebener, Rado Malobabic, der das Nachrichtennetz auf österreichischem Boden organisierte, auch das Attentat vorbereitete.«

Die Kriegserklärung Österreichs an Serbien, eine Groteske für sich, setzte die verhängnisvolle Mechanik der gegenseitig geschlossenen Bündnissysteme in Bewegung und löste den Ersten Weltkrieg aus.

Hinter dem Saal mit der blutigen Uniform des beim Attentat getöteten österreichischen Thronfolgers Franz Ferdinand gelangt man in einen dämmrigen Raum, der mit seiner Architektur aus Fichtenholz den Eindruck eines Schützengrabens vermittelt. Der Oberst zeigt auf Uniformjacken und Mützen, die fahl beleuchtet hinter Glas auf einer Art Kleiderständer ausgestellt sind.

»Hier unsere Gegner und unsere Verbündeten ...«, beginnt er nachdenklich, »... unsere Verbündeten waren das Deutsche Reich, und kurzfristig Italien – der Dreibund, etwas später die Türkei und ein Jahr darauf Bulgarien ... zuletzt standen ihnen 26 Staaten gegenüber, vor allem Frankreich, England und Rußland, die Entente; durch den Eintritt der USA 1917 war die Chance auf einen Sieg gleich Null.«

Der Oberst überlegt einen Augenblick, dann bestimmt er: »Wir gehen in den Luftkrieg hinauf.« Während wir die Treppe hochsteigen, erklärt er, daß erstmals ein Krieg auf drei Ebenen geführt wurde: zur Erde, zu Wasser und in der Luft. »Und da sehen Sie gleich«, die Holzstufen ächzen, »die Uniformierung eines Feldpiloten. Seine Fliegerhaube, sehr sportlich, die Fliegerjacke und zum Lenken des an sich sehr einfachen Apparates bediente man sich des Volants. Wollte man gegnerische Stellungen fotografieren, hatte man schon eine Kamera an Bord ... welche Geschosse kamen aus der Luft?« – der Oberst zeigt auf einen Gegenstand, der eine entfernte Ähnlichkeit mit einem Wurfpfeil aufweist – »anfangs sogenannte Fliegerpfeile«, beantwortet der Oberst selbst seine Frage, »die Franzosen haben sie zuerst verwendet ... sie durchschlugen sogar die Stahlhelme ... ferner, gleich zu Beginn, auch Bomben. Hier haben Sie so eine.«

»Womit schoß man auf den Gegner?« fragt der Oberst weiter. »Am Beginn grüßte man ihn, indem man salutierte. Dann hat man eine Pistole angesetzt und aus dem Cockpit gefeuert ... und hier die Bordinstrumente: da sehen Sie die Borduhr, Notizblock mit Tarnbeleuchtung und das sind zwei Navigationsinstrumente: ein Flüssigkeitskompaß und ein Windgeschwindigkeitsmesser. Als Drittes verwendete man einen Barometer, einen Höhenmesser«.

Die Schwarzweiß-Fotografien an den Wänden, mit brennenden Flugzeugen, Schützengräben und musizierenden Soldaten vertiefen den Eindruck von Unwirklichkeit.

In einer der Vitrinen ist eine Ansammlung von Schlag-

waffen ausgestellt, die im Nahkampf in »Graben-
kämpfen«, im Kampf »Mann gegen Mann«, wie der
Oberst sagt, verwendet wurden. Schlagringe, Feder-
schläger, Morgensterne aus der Zeit des Ersten Weltkrieges. Für den Betrachter haben sie etwas Obszönes:
sie lassen ihn an Gummiartikel in Pornogeschäften
denken.

Mit großem Eifer erklärt der Oberst jetzt die ausge-
stellten Maschinengewehre »mit Kühlwasserbehälter
und Kühlwasserpumpen«, einen Grabenspiegel, Gas-
masken und Flammenwerfer, die gespenstisch beleuchtet hinter Glas liegen.

»Dieser Flammenwerfer ist eine typische Nahkampf-
waffe«, erörtert der Oberst, wie in ein Selbstgespräch
versunken. »Er diente zum Ausräuchern gegnerischer
Stellungen ... Sie dürfen nicht glauben, daß der Krieg
etwas Feines ist ... da zischt eine Flamme aus der
Düse heraus auf den Gegner ..., um bis auf sechzig
Meter Entfernung alles zu verbrennen ... auf dieser
Fotografie sehen Sie die Spur, die diese Flamme hinterlassen hat, wie eine tödliche Schlange herausge-
drückt aus der Düse. Und hier die Stahlhelme, die hat
man erst 1916 an unsere Truppen ausgegeben – viel zu
spät ... Und jetzt sind wir beim Gebirgskrieg ...«

Acht Millionen Soldaten kämpften im Habsburger
Heer. Über eine Million davon »fiel«, wie der Termi-
nus heißt, fast zwei Millionen wurden verwundet. Man
schätzt, daß insgesamt sechs Millionen Menschen im
Ersten Weltkrieg ihr Leben ließen. Nach der Kriegser-
klärung Italiens an Österreich 1915 entwickelte das
Oberste Kommando Österreichs den Plan, über die
Dolomiten in die oberitalienische Ebene zu gelangen.

Der Plan zählt zu den Höhepunkten des an Wahnsinn reichen Geschehens im Ersten Weltkrieg. Was die wenigsten wußten, war der Umstand, daß der junge Thronfolger Karl als Chef des XX. Korps vorgesehen war, und daß ihm daher der »große Sieg in der oberitalienischen Ebene zufallen sollte«. Die Italiener errichteten einen Sperrgürtel aus Panzerwerk und Geschützstellungen und griffen ihrerseits, wie schon einige Male zuvor, am Fluß Isonzo an. Die österreichische Offensive begann im Mai 1916. »Zwischen den Tälern und Schluchten türmen sich unzählige Zweitausender. Jeder Schritt ist entweder ein Auf- oder Abstieg ... und so wurde der im Spätfrühling einsetzende mühsame Vormarsch der Österreicher zu einer unvorstellbaren Marter für Mann und Tier, in dem Pferde und Esel den Nachschub besorgten«, schildert Hans Magenschab den Kriegsschauplatz in »Der Krieg der Großväter 1914 bis 1918«. Auch Hunde wurden für den Nachschub oder zu Meldegängen eingesetzt. Die Beziehung zwischen den Soldaten und ihnen war besonders eng, da man ihnen nicht selten das Leben verdankte. (Sogar von Hundebegräbnissen wird berichtet.)

»Man schoß hinter Felsen hervor, rollte Felsbrocken aufeinander und unternahm Handstreiche auf Biwaks und Zeltplätze. Bald zeigte sich ..., daß auch Artillerie im Hochgebirge eingesetzt werden konnte. Also zog man Kanonen und Haubitzen auf jeweils hohe und später immer höhere Schießplätze ...«. Der höchste Schützengraben befand sich am Ortler in fast 4000 Meter Höhe. Geschützstellungen gab es auf der 3860 Meter hohen Königsspitze, dem Monte Cevedale in

3778 Metern Höhe und auf den unzähligen Gipfeln der Adamello und Presanella-Gruppe – alle über 3000 Meter Seehöhe. Vor allem aber die Marmolata mit ihren Gletschern wurde zum Schlachtfeld. Die Österreicher errichteten unter den Gletscherzungen ein Nachschublager, indem sie Höhlen heraussprengten und in den künstlichen Gewölben Materiallager, Unterstände und Depots einrichteten. »Bald«, so Magenschab, »gelang es sogar, eine Elektrizitätsleitung von einem Dampfwerk im Tal zum Gletscher zu verlegen. Das Innere der eisigen Höhlen, Stollen und Schluchten erstrahlte in geisterhaftem Glanz ... schließlich erwies sich aber doch die Natur als stärkere Macht. Schnee verstopfte Gletscherspalten, Bergrutsche zerrissen Versorgungseinrichtungen, Patrouillen und Nachschub wurden von abgehenden Schneemassen vernichtet. Viele Jahre später gab der Gletscher noch Leichen und Waffen, Barackenteile und Brücken, Stege und Wegtafeln frei.« Die Italiener trieben einen 105 Meter tiefen Stollen in den 2462 Meter hohen Col di Lana und lagerten in ihm fünf Tonnen Nitrogelatine ein. Die österreichische Besatzung – 1200 Mann –, die nicht genau wußte was vor sich ging, aber Schlimmes ahnte, ersuchte das Bataillonskommando, den Berg räumen zu dürfen, erhielt jedoch negativen Bescheid. Am 17. April 1916 ließen die Italiener den Berg »in die Luft gehen«. Nur ein Kaiserjäger überlebte die Sprengung. Nackt und stumm, er hatte Kleider und Sprache verloren, kroch er bis zu den österreichischen Stellungen ins Tal. Die Österreicher sprengten daraufhin den Cimone d'Arsiero mit der italienischen Besatzung von 1100 Mann ... Am Isonzo kam es zu insgesamt elf Schlachten, die Verluste der Italiener beliefen sich auf eine Million, die der Österreicher auf 550 000 Mann.

Im anschließenden Saal der schweren Artillerie hört man nur die Schritte von wenigen Besuchern. Wie technische Dinosaurier stehen die riesigen Geschütze im Raum, sinn- und nutzlose Denkmäler ihrer selbst. Eine 38-Zentimeter-Haubitze, gebaut von den Skodawerken in Pilsen, zieht den Blick auf sich. Sie wiegt 81 000 Kilogramm und hat eine Reichweite von 15 Kilometern. Auch ein 30,5-Zentimeter-Geschütz befand sich bis zum Zweiten Weltkrieg in diesem Saal. Es wurde vom Oberkommando der Deutschen Wehrmacht »auf den russischen Kriegsschauplatz verbracht und ist seither verschollen«, ist im Führer durch das Heeresgeschichtliche Museum zu lesen. Über dem Eingang weist der Oberst auf ein Gemälde von Egger-Lienz hin. »Den Namenlosen 1914«. Während ich es betrachte, fällt mir eine Begebenheit ein, die sich vor Verdun abgespielt haben soll. Als man einer Kompanie französischer Soldaten, die in die Schlacht geschickt wurde, befahl, zu singen, fing einer der Soldaten aus Protest zu blöken an. Schließlich fiel die ganze Kompanie mit ein. Wie eine Hammelherde zu einem Schlachthaus geführt wird, ging sie blökend in den Tod. Aus dem Bild von Egger-Lienz ist kein Laut zu hören. 14 Männer in tief gebückter Haltung, mit Gewehren und Handgranaten ausgerüstet, bewegen sich als Schlachtopfer und Schlächter zugleich über eine zerfurchte, zerstörte Erde. Es ist, als seien die Männer in einen Mahlstrom geraten, der sie verschlingt. Und kaum irgendwo im Heeresgeschichtlichen Museum ist etwas von den Hinrichtungen, die zum Alltag jedes Krieges gehören, zu sehen. Schon immer wurde mit sogenannten »Spionen«, »Aufständischen«, »Freischärlern« und »Banditen«, die sich gegen eine fremde Armee verteidigen wollten, der »kurze Prozeß« gemacht. Das Füsilieren von Bauern, denen man »Begünstigung des Feindes« vorwarf, war während des Ersten Weltkriegs in der Ukraine, am Balkan und in Rumänien an der Tagesordnung. Dort entstand auch das Bild vom »häßlichen Österreicher«. Ernst Friedrich zeigt zahlreiche Fotografien von Massenhinrichtungen in seinem Buch »Krieg dem Krieg«. Selbstverständlich spielte es keine Rolle, ob es sich um Männer oder Frauen handelte. Ein Pfarrer Schettler äußerte sich dazu folgendermaßen: »Unsere Schuld ist es nicht, wenn wir in der Blutarbeit des Krieges auch die des Henkers verrichten müssen. Dem Soldaten ist das kalte Eisen in die Hand gegeben. Er soll es führen ohne Scheu; er soll dem Feinde das Bajonett zwischen die Rippen rennen; er soll sein Gewehr auf ihre Schädel schmettern; das ist seine heilige Pflicht, das ist sein Gottesdienst.« In der Armee des österreichischen Erzherzogs Friedrich wurde diesem Gottesdienst am eifrigsten gehuldigt. Allein sie errichtete 11 400 Galgen (nach einer anderen Statistik 36 000).

Wer spricht in diesem Museum von den Gefangenen, die zu Hunderttausenden ums Leben kamen? Wer von den Selbstmördern, die den Krieg nicht mehr ertrugen? Wer von den Krüppeln? Wer vom Hunger in den Städten, der zu Kriegsende in Wien so groß war, daß man Waggons mit Weizenlieferungen für die Deutsche Armee an die Front beschlagnahmte.

Wie ein Kanonenfriedhof sieht der Saal mit seinen technisch so schwierig herzustellenden und doch so primitiven Geschossen aus. In Verdun, wo 524 000 Franzosen und 434 000 Deutsche »fielen«, verschoß die Artillerie der Heeresgruppe »Deutscher Kronprinz« in den ersten drei Angriffsmonaten 8,2 Millionen Granaten. Auf jedem Hektar des 260 Quadratkilometer großen Kampfgebietes schlugen im Durchschnitt fünfzig Tonnen Stahl ein. Zahlreiche Schriftsteller haben den Ersten Weltkrieg in ihren Werken beschrieben: Ernest Hemingway und Jaroslav Hasek, Karl Kraus und John Dos Passos, Arnold Zweig und Erich Maria Remarque, Henri Barbusse und Louis Ferdinand Celine. Es blieb nichts übrig vom Sprachzauber des Rilkeschen Cornetts, vom edlen Junker und der Fahne, statt dessen zeigte sich, daß der Weg vom Massenwahn zum Massengrab führt. Egon Schiele, übrigens ein Schüler jenes Christian Griepenkerl, der möglicherweise im Prüfungskomitee saß, das Adolf Hitler die Aufnahme in die Akademie der Bildenden Künste verweigerte, wurde im Oktober 1917 zum Dienst im Heeresgeschichtlichen Museum abkommandiert und besserte dort Inschriften aus. Ludwig Wittgenstein ging am 7. August 1914 als Freiwilliger nach Krakau, wo er Tolstois »Kurze Darlegung des Evangeliums« las. Am 12. September 1914 schrieb er: »Ich fürchte mich nicht davor, erschossen zu werden, aber davor, meine Pflicht nicht ordentlich zu erfüllen. Gott gebe mir Kraft. Amen. Amen. Amen.« Er verfaßte bis Kriegsende den »Tractatus logico philosophicus«. Am 27. Oktober 1918 beging sein Bruder Selbstmord an der Front, am 3. November wurde Ludwig bei

Trient gefangengenommen. Zuvor erhielt er die goldene Tapferkeitsmedaille für Offiziere. Im Belohnungsantrag ist für den Leutnant in der Reserve zu lesen: »Sein hervorragend tapferes Verhalten, Ruhe, Kaltblütigkeit und Heldenmut, erweckte bei der Mannschaft vollste Bewunderung. Durch sein Benehmen gab er ein leuchtendes Beispiel soldatischer Pflichttreue und Pflichterfüllung.« Georg Trakl rückte am 24. August 1914 als Medikamentenakzessist mit einer Innsbrucker Sanitätskolonne ein und wurde dem Feldspital 7/14 zugeteilt. Auf dem Rückzug von Grodek verhinderten Kameraden einen Selbstmordversuch Trakls. In Krakau untersuchte man in der Psychiatrie seinen Geisteszustand. Trakl fürchtete, vor ein Kriegsgericht gestellt und hingerichtet zu werden. »Verzagtheit ... Mutlosigkeit vor dem Feind. Ich muß darauf gefaßt sein«, sagte er. Er fühlte sich nicht als Patient, sondern als Delinquent. Am 3. November stirbt Trakl an einer Überdosis Kokain. Über Grodek verfaßte er sein letztes Gedicht:

»Am Abend tönen die herbstlichen Wälder
von tödlichen Waffen die goldenen Ebenen
und blauen Seen, darüber die Sonne
düstrer hinrollt; umfängt die Nacht
sterbende Krieger, die wilden Klagen
ihrer zerbrochenen Münder.«

Der helle, weiße »Marinesaal« mit den Glasvitrinen, in denen Schiffsmodelle zu sehen sind, ist leer und macht zunächst keinen martialischen Eindruck. Gallionsfiguren schmücken die Wände. Der Weltumseglung durch das Forschungsschiff »Novara« in den Jahren 1857 bis 1859 ist breiter Raum gewidmet. Vor allem sind es die Zeichnungen des Malers Joseph Selleny, die einen Eindruck des Unternehmens vermitteln. Und natürlich hängt im Marinesaal auch das dreieinhalb mal viereinhalb Meter große Ölbild Julius von Payers mit dem Titel: *»Nie zurück!«* Es zeigt eine Phase der österreichisch-ungarischen Nordpolexpedition unter Weyprecht und Payer in den Jahren 1872 bis 1874. Das Forschungsschiff »Admiral Tegetthoff«, das als Modell unter Glas zu sehen ist, wurde zuerst in Eis eingeschlossen, dann herausgepreßt, so daß es wie in einer riesigen Schüssel auf der Fläche lag. Es war nicht mehr seetüchtig, aber noch bewohnbar. Über ein Jahr lang blieb die Mannschaft auf dem Schiff. Schließlich wurde das Wrack mit dem Eis zu einer Inselgruppe gedriftet, die von der Mannschaft »Kaiser-Franz-Josephsland« genannt wurde. Die Männer erforschten die 85 Inseln in drei Expeditionen und gaben ihnen geographische Namen – so beschrieben sie ein eisiges, weißes, kaltes Land als ein winziges Negativ der im Vergleich zu ihm riesenhaften k. u. k.-Monarchie. Es gibt dort ein Kronprinz-Rudolfland mit schneebedeckten Bergen, ein Cap Buda Pesth und ein Cap Grillparzer, ein Cap Triest und ein Cap Fiume, man findet Wr. Neustadt auf der Karte und Tirol, die Schönau, Tegetthoff, Klagenfurt und Kremsmünster. Die Fläche des Landes betrug 18 900 Quadratkilometer. »Nach der dritten Expedition«, erzählt der Oberst, »beschloß man, das Schiff zu verlassen. Der erste Versuch mißlang. Durch magnetische Stürme waren die Kompasse irritiert. Die Männer befiel eine gefährliche Depression. Sie wollten jetzt auf das Schiff zurückkehren, das in der Ferne sichtbar war. Der Erste Offizier,

Karl Weyprecht, stellte sich vor die Männer und brüllte sie an, wie Sie es auf dem Bild sehen: Nie zurück auf das Schiff! Wenn wir auf das Schiff zurückkehren, haben wir den dritten Polarwinter vor uns und den können wir nicht mehr meistern, sondern vorwärts zur Insel Nowaja Semlja, das ist die einzige Rettung ... Die Insel Nowaja Semlja war allerdings achthundert Kilometer weit entfernt ... man ruderte in vier Booten insgesamt drei Monate lang Tag und Nacht – der Proviant wurde knapp, bis man endlich die Insel erreichte. Alle wurden gerettet, bis auf den Maschinisten Otto Kirsch, der vor dem Aufbruch an Lungentuberkulose gestorben war. Man hat ihm ein Grab gemacht aus Eis und Schnee, es ist aber nicht mehr auffindbar.«

Das Franz-Josephsland heißt jetzt auf der Landkarte Lomonosowland und gehört seit 1918 zur Sowjetunion, die auf diesen Inseln einen arktischen Stützpunkt errichtet hat. Payer erhielt, neben Orden und Auszeichnungen für die Entdeckung des Franz-Josephslandes die minimale Summe von 44 Gulden. Die Expeditionsteilnehmer aber hatten nach ihrer Rückkehr an Mißtrauen, Intrigen und Neid zu leiden und zogen sich mit der Zeit aus der Öffentlichkeit zurück.

Wie der Maschinist Kirsch starb auch ein Bruder Kaiser Franz Josephs, der Erzherzog Maximilian, in einem fremden Land, die Umstände waren allerdings anders.

Maximilian wurde am 19.6.1867 in Queretaro als Kaiser von Mexiko erschossen. Ein Gemälde von Manet stellt seine Hinrichtung dar. Der Erzherzog war jener Bruder Franz Josephs, der zu Weihnachten

1835, als der spätere Kaiser eine Kürassieruniform als Geschenk erhielt, ein Harlekinkostüm bekam. Im Jahr 1857 heiratete Maximilian Charlotte von Belgien. Von 1857 bis 1859 war er Generalgouverneur des Lombardo-Venetianischen Königreiches. Da er sich der italienischen Bevölkerung gegenüber liberal verhielt, wurde er von seinem Bruder abgesetzt und zog sich auf das bei Triest gelegene Schloß Miramare zurück. Reiche Mexikaner, die vor der Revolution in Mexiko geflohen waren und die Unterstützung des französischen Kaisers Napoleon III. gewonnen hatten, boten ihm dort die Krone eines künftigen mexikanischen Kaiserreiches an. Franz Joseph bestand darauf, daß sein Bruder zuvor auf alle seine Rechte als Erzherzog und eine eventuelle Thronfolge in Österreich verzichten sollte. Maximilian erwies sich in der Folge nicht nur als liberal, sondern auch als durchaus machthungrig. In Mexiko, wohin er mit dem Forschungsschiff »Novara« gereist war, erklärte er den Advokaten Carlo Benito Juarez und seine Republikaner in Dekreten zu Banditen, die man, wo man sie antreffe, erschießen möge. Als die Republikaner, von den Vereinigten Staaten unterstützt, die Kaiserlichen Truppen besiegten, zögerte Maximilian, nach Österreich zu fliehen. Napoleon III. hatte sich schon längst aus Mexiko zurückgezogen. Schließlich wurde Maximilian gefangengenommen. Daraufhin setzte ihn Kaiser Franz Joseph wieder in alle seine Rechte ein, doch blieb diese Maßnahme ohne den erwarteten Erfolg. Admiral Tegetthoff brachte den Leichnam mit der Fregatte »Novara« zurück. Man bestattete Maximilian in der Kapuzinergruft. Um die Erschießung des »Kai-

sers von Mexiko« ranken sich schauerliche Geschichten. So hat man die Augen des Toten entfernt und
durch »stechende« schwarze Glasaugen aus einer Statue der heiligen Ursula, wie Tegetthoff in einem Brief
schrieb, ersetzt. Maximilians Gattin Charlotte fiel
1866 in geistige Umnachtung und starb erst 1927 in
Belgien.

In einer Vitrine des Marine-Saales liegen der Som-
brero, die Kappe und der Säbel neben anderen Gegenständen aus dem persönlichen Besitz des »mexikanischen Kaisers«.

Auch des Admirals, der den toten Maximilian nach
Wien »heimholte«, Tegetthoff, wird im Heeresgeschichtlichen Museum mit einem riesigen Ölgemälde
von Alexander Kische gedacht, das die erwähnte Seeschlacht von Lissa am 20. 7. 1866 darstellt. Jeder
Schüler in Österreich weiß, daß der Admiral mit veral-
terten Schiffen und zahlenmäßig unterlegen (27 gegen 34) die italienische Flotte, die die befestigte österreichische Insel einnehmen wollte, durch die antike
Rammtechnik besiegte. Zwei italienische Panzer-
schiffe, die »Re d'Italia« und die »Palestro«, sanken,
alle übrigen bis auf sieben waren nicht mehr kampffä-
hig und zogen sich zurück. Auf österreichischer Seite
gab es 38 Tote und 140 Verwundete, auf italienischer
612 Tote und 200 Verwundete. Tegetthoff erhielt das
Komturkreuz des Maria-Theresienordens, sein Gegner, Admiral Graf Carlo Pellion di Persano, wurde vor
Gericht gestellt. Der österreichische Maler Romako
hat den Augenblick, als Tegetthoff die »Re d'Italia«
rammte, in einem Ölgemälde festgehalten. Es zeigt
den Admiral auf der Kommandobrücke. Er hält die

Hände in den Hosentaschen und ähnelt eher einem alkoholisierten Schlachtenbummler als einem konzentrierten Schlachtenlenker. Schon mit 13 Jahren trat Tegetthoff in das Marinekollegium in Venedig ein. 1864 gelang ihm im Dänischen Krieg mit dem Seegefecht vor Helgoland die Durchbrechung der Dänischen Blockade vor den deutschen Häfen. Im Heeresgeschichtlichen Museum sind, neben kleineren Ölbildern auch Tegetthoffs Uhr, ein Marineoffiziersdolch, ein Säbel, Auszeichnungen und ein aufgeschlagenes Handbuch mit dem Kommando: Klar Schiff zum Gefecht, ausgestellt.

Nun bricht der Abend im Museum herein. Die Säle haben sich geleert. Über eine Glasscheibe vor den Schiffsmodellen läuft ein schwarzer Käfer, hält an, läuft weiter. Wenn es nicht Tegetthoff ist, denke ich müde, ist es Maximilian, der sich nach einer kafkaschen Verwandlung eine neue Ruhestätte sucht. Rasch verschwindet das Insekt in einer Ritze. Und vielleicht beginnt es dort das Zerstörungswerk im Namen der Zeit, gegen das eine Armee von Konservatoren und Restauratoren in allen Museen der Welt ankämpft. Der Oberst steht inzwischen geduldig neben mir, in der Meinung, ich sei mit meinen Gedanken im Meer der Geschichte untergetaucht.

Wir betrachten noch das gewaltige Modell des Schlachtschiffes »Viribus Unitis«, das nach dem Motto Kaiser Franz Josephs »Mit vereinten Kräften« seinen Namen erhielt. »Im Maßstab 1:25, der Länge nach aufgeschnitten, sehen Sie das erste Großkampfschiff des alten Österreich«, beginnt der Oberst feierlich den Vortrag. »In den Jahren 1913 bis 1917 wurde dieses

Modell von zehn Werkmeistern im Hafen von Triest gebaut. Die Besatzung bestand aus 32 Offizieren und 1020 Mann. Das Schiff selbst lief 1911 vom Stapel. Seine Ankerkette war dreihundert Meter lang und wog 37 Tonnen. Ein Anker allein hatte zwei Tonnen Gewicht.« Der Oberst zieht die Teleskopantenne heraus und klopft beschwörend gegen das Glas. Ich stelle mir insgeheim vor, die Teleskopantenne sei ein Zauberstab und dieses Modell würde plötzlich so groß, wie das Schiff in Wirklichkeit war. »Sie haben hier die Dampfkessel, die Dampfturbinen, den Kommandoturm, die Rauchfänge und die Masten für die drahtlose Telegraphie«, erklärt der Oberst weiter. »Und warum wurde das Schiff gebaut? Als Artillerieträger. Vorne und hinten sehen Sie je zwei große Drillingstürme. Die gaben dem Schiff eine Hauptbewaffnung von 1230,5-Zentimeter-Kanonen. Das Schiff hatte vier Unterwassertorpedorohre, eines im Bug, eines im Heck und zwei auf der Seite. Es war ein gewaltiges Schiff, wie Sie sehen. Der schwere Kommandoturm hatte acht Stockwerke und jedes der beiden Ruder wog elf Tonnen. Unten im Schiffsbauch haben Sie die Granaten. Die konnte man mit Flaschenzügen in den Turm hineinhängen, und dann gab es den Paternoster, der sie hinaufschaffte.«

Die »Viribus Unitis« hat ein eigenartiges Schicksal. Sie wurde auf Weisung des Thronfolgers und Admirals Franz Ferdinand ohne parlamentarische Bewilligung der Mittel gebaut. Im Juni 1914 brachte sie ihn von Triest über Pola nach Metkovic, von wo er mit der Bahn nach Sarajewo reiste. Am Tag nach dem Attentat wurde der tote Thronfolger von der »Viribus Unitis«

die gleiche Strecke zurückgebracht. Am 1. November 1918, bei Kriegsende, versenkten zwei italienische Marineoffiziere das Schiff im Hafen von Pola mit einer Haftmine, nachdem die gesamte k. u. k.-Flotte bereits an das heutige Jugoslawien übergeben war. Mit der »Viribus Unitis« gingen auch der neue Kommandant Janko Vukovic und seine Besatzung von vierhundert Mann unter.

»Der Hafen ist dort 54 Meter tief«, erläutert der Oberst. Nach einer kurzen Pause fährt er nicht ohne Pathos fort: »Die ›Viribus Unitis‹ wurde eine Beute von Millionen von Meeresmuscheln, die sich im Laufe der Zeit meterdick auf das Schiff setzten und es zudeckten, wie ein riesiges Leichentuch. So liegt sie heute noch da unten als ein stummer Zeuge der tapferen Marine Österreichs, aber auch als ein riesiger Sarg mit dem sehr bezeichnenden Namen ›Viribus Unitis‹.«

Das letzte Ausstellungsstück steht neben einer »fliegenden Kiste«, dem Doppeldecker Albatros B und ist der Turm des k. u. k-Unterseebootes U 20. Das 1917 gebaute U-Boot wurde von einem italienischen Kriegsschiff 1918 vor der Tagliamento-Mündung versenkt und 1962 gehoben.

»Ich war bei der Bergung dabei«, sagt der Oberst. »Es lag in 24 Meter Tiefe. Während der Bergung zerbrach der 38 Meter lange, total verrostete Bootskörper in mehrere Teile, nur der Turm blieb ganz. Soweit etwas übrig geblieben ist von den Matrosen, wurden ihre sterblichen Überreste geborgen und nach Wiener Neustadt überführt.«

Der Turm steht in einer gruftartigen Vertiefung eingelassen da wie ein Grabstein. Muschelreste bedecken das Eisen. Wie das riesige Relikt eines Verbrechens liegt es vor uns und ist doch nicht so eindrucksvoll wie einige persönliche Gegenstände, die bei der Bergung gefunden wurden: Löffel, Gabel, eine Schiffstaschenuhr, ein nautisches Jahrbuch, Messingknöpfe, die sich im Salzwasser verfärbt haben, Münzen, ein Schraubenschlüssel, eine Zange, ein Messer mit Perlmuttgriff und ein Paar Schuhe, überzogen von Salzkristallen, in denen das Licht glitzert. Wie Plankton von einem großen schwarzen Wal scheinen die Menschen von der Geschichte verschluckt worden zu sein. Rasch verlasse ich – schon in der Dunkelheit – das Arsenal. War es Zufall, daß dieses Paar Schuhe das Letzte war, was ich sah? Doch mit dem Paar Schuhe ist die Geschichte des Museums und des Arsenals nicht wirklich zu Ende. Ich fand in einem kleinen Buch von Peter Schubert einen Bericht über das, was weiter geschah. Im Ersten Weltkrieg verdoppelte, verdreifachte sich der Platzbedarf des Arsenals. Bis 1908 bestand es aus 138 Steinbauten und 93 Baracken, die mit 15 Kilometer langen Eisenbahngeleisen verbunden waren. 18 große Fabriken produzierten Heeresbedarf. Statt wie zuvor neunhundert Arbeiter waren nun bis zu 20 000 beschäftigt. 1918 beendete ein Generalstreik beinahe den Krieg. Die Arbeiter forderten den sofortigen Friedensschluß und die Sicherung der Ernährung sowie die Demokratisierung des Wahlrechts. Aber der Konflikt wurde »beigelegt«. Das weitere Schicksal des Arsenals ist mit dem Datum des Waffenstillstandes zwischen Österreich-Ungarn und Italien verbunden. Eine kurze Abschweifung ist notwendig. Man könnte sagen, der Krieg gegen Italien endete durch Ermattung der Österreicher. Das Durchschnittsgewicht der Soldaten an der Gebirgs- und Isonzofront betrug nur noch 48 Kilogramm. Am Tag des Waffenstillstandes mit Italien gerieten Hunderttausende Österreicher in Gefangenschaft. Bis heute lebt die Legende, daß diese Soldaten nur deshalb gefangengenommen werden konnten, weil die Österreicher, wie im Vertrag vorgesehen, ab Mitternacht vom 3. auf den 4. November die Waffen niederlegten, die Italiener aber erst am 4. November um 15.00 Uhr. Tatsächlich hielten sich die Italiener genau an die Abmachungen, während die Österreicher aus »nicht geklärten« Umständen die Kriegshandlungen fast 15 Stunden früher einstellten. Es gibt Hinweise, daß das österreichische Armeeoberkommando Angst vor einem marodierenden, heimkehrenden Heer hatte, weil die Versorgung von einer halben Million plötzlich zurückkehrender Soldaten unmöglich erschien. Und daß das Armeeoberkommando außerdem befürchtete, die ausgehungerten Opfer, die man jahrelang an die Schlachtbank geführt hatte, könnten das Potential für eine kommunistische oder sozialdemokratische Erhebung bilden. So überließ man sie vermutlich mit Absicht den Italienern. Gleichzeitig schob man alle Schuld auf sie, die ja wegen ihres Austrittes aus dem »Dreibund« mit Österreich-Ungarn und Deutschland und der Kriegserklärung 1915 verhaßt waren.

Im Grunde war das Ende der Monarchie ein logisches, aber vielleicht ist es gerade deshalb ein besonders tragisches, denn gleichzeitig mit ihr wurde eine Utopie zerstört – wenn diese Utopie auch ein Zufallsprodukt

der Geschichte war, genauer gesagt ein unbeabsich-
tigtes Nebenprodukt der Habsburgischen Machtpoli-
tik: es ist der habsburgische Österreicher als, wenn
man so will, erster Europäer. Nachträglich erfüllten
sich Grillparzers Verszeilen:

»In deinem Lager ist Österreich –
wir andere sind einzelne Trümmer«

auf eine geradezu mikrochemische Weise.

Am Tag des Waffenstillstandes mit Italien löste sich
das Heer wie von selbst auf und gleichzeitig zerfiel die
Monarchie.

Im Arsenal von Wien bildete sich eine »Arbeiterwehr«,
»damit die riesigen Bestände an Material und Waffen
nicht ungeschützt jedem Zugriff offen stünden«, wie
Peter Schubert schreibt. Es handelt sich um einige
Hundert Geschütze, Tausende Maschinengewehre
und fast 600 000 Gewehre. Von da ab sind die Ereignisse im Arsenal verworren und zum Teil bis heute un-
durchsichtig geblieben. Ein Teil der Waffen, die übrigens der Entente bei Kriegsende abgeliefert hätten
werden sollen, wurde in den zahlreichen unterirdischen Gängen, die die Objekte miteinander verban-
den, in Zwischenböden und abgemauerten Nischen
versteckt, ein Teil wurde ins Ausland verschoben, verkauft – von Arbeitern wie Arbeiterführern, auch an
Organisationen der politischen Reaktion.

Es bestand der Plan, das ganze Heeresgeschichtliche
Museum in die USA zu verkaufen. Zuvor aber mußten
zahlreiche Ausstellungsgegenstände an die Nachfol-
gestaaten der Monarchie ausgefolgt werden. Das Arsenal selbst wurde jetzt zum desaströsen Schauplatz
politischer Auseinandersetzungen und wirtschaftli-

cher Pleiten. Es zeigt sich, daß die sozialdemokratische Verwaltung nicht in der Lage war, die Anlage
sinnvoll für die Friedensindustrie zu nützen. Und natürlich bildeten die vor der Reaktion versteckten Waffen später im österreichischen Bürgerkrieg 1934, als
das Militär gemeinsam mit der Polizei den Aufstand
der Arbeiter niederschlug, einen Bestandteil der Be-
waffnung sowohl des »Schutzbundes«, der Selbst-
schutzorganisation der Sozialdemokraten, als auch
des Bundesheeres. Denn schon 1927 waren – mit Ein-
verständnis der Bundesregierung und nachdem ein
Teil der Waffen an das Bundesheer ausgeliefert worden war – die bekannten Eingänge in das unterirdische Netz verschüttet worden, indem die Gänge an
fünf Stellen gesprengt worden waren. Daß damit aber
nur ein Teil des Problems beseitigt war, zeigt eine Epi-
sode aus dem Jahr 1945, als nach Bombenangriffen
plötzlich eingemauerte Waffen zutage traten, wie zum
Beispiel eine Garnitur Maschinengewehre in einer
Zwischendecke des Objektes II. 1928 wohnten 2500
Personen in 428 Wohnungen im Arsenal, dazu kamen
170 Privatfirmen und Betriebe mit insgesamt 2680 Arbeitern. Nach der Niederschlagung des Arbeiterauf-
standes von 1934 und dem Verbot der sozialdemokra-
tischen und der kommunistischen Partei wurde 1936
die »Geschütz- und Gewehrabteilung« der Staatsfa-
brik in das Arsenal »rückverlegt«, außerdem wurden
wieder Truppen stationiert. Diese Truppen aber, wie
das gesamte österreichische Heer, gaben zu dem Zeitpunkt, als es vielleicht am wichtigsten in der gesamten
österreichischen Geschichte gewesen wäre, sich zur
Wehr zu setzen, nicht einen Schuß ab. Immer war das

österreichische Heer in seiner Geschichte stark und verläßlich, wenn es um die »Dämpfung«, das heißt, die Unterdrückung von Aufständen eigener Bürger ging oder wenn es in Macht- und Glaubensfragen als das »letzte« Argument in eine Auseinandersetzung eingreifen mußte, jetzt aber, wo der gesamte Staat endgültig von der Landkarte verschwand, als Hitler 1938 in Österreich einmarschierte, schwiegen, wie es in der Sprache des Militärs heißt, die Waffen. Es war, um keinen Zweifel aufkommen zu lassen, die Barbarei, vor der und zu der die österreichischen Waffen schwiegen. Am 1.10.1938 wurde das Heeresgeschichtliche Museum von der Deutschen Wehrmacht »übernommen«. In der Mitte der Eingangswand zur sogenannten »Ruhmeshalle« wurde eine Büste des »Führers« und »Obersten Befehlshabers der Wehrmacht« aufgestellt. Selbstverständlich waren nun Ausstellungen wie »Kampfraum Süd-Ost« und andere Kriegspropagandaveranstaltungen an der Tagesordnung. Die Geschichte ist ja nicht schwer umzudeuten, ihre Aussagen sind in alle Windrichtungen verdrehbar und die Nazis machten von diesem Umstand reichlich Gebrauch. Ab 1940 lief im Arsenal die Geschützproduktion an. Die sogenannten »Ostmark-Werke« erzeugten fünf Prozent aller von den Deutschen im Weltkrieg verwendeten Zwei-Zentimeter-Fliegerabwehrkanonen. Unter anderem kamen 1944 auch vier Panzerwerkstattkompanien in das Arsenal. 1942 wurde das Arsenal auf Weisung von General-Feldmarschall Keitel kontrolliert. Ein General traf im Adjutantenwagen ein, dem hohen Gast wurde alles geflissentlich gezeigt, aber als er sich längst verabschiedet hatte, traf ein weiterer, diesmal erst der »richtige«, der »vorgesehene« Revisor aus Berlin ein. Einige Tage später fand man »südlich von Wien hinter einer Hecke einen Wagen mit allen Zutaten für einen General samt Adjutanten – doch ohne die beiden Herren«, schreibt Schubert. Dafür entdeckte man Reifenspuren eines Flugzeuges, wie es der englische Geheimdienst verwendete.

Von September 1944 bis Kriegsende wurde das Arsenal zehnmal bombardiert, »250 Spreng- und ungezählte Brandbomben zerstörten zahlreiche Objekte sowie einen Seitenteil des Heeresgeschichtlichen Museums«. Darüber hinaus kam es auch zu einer Brandstiftung im Arsenal. Schließlich gelang es der russischen Gardearmee, die Panzer-SS-Division, die das Arsenal verteidigte, zum Rückzug zu zwingen.

Jetzt ging die vierte Veränderung des Arsenals in hundert Jahren vor sich. Unmittelbar nach Kriegsende wurden Flüchtlinge, »aus dem Osten und dem Norden«, in teilweise ausgebrannten und beschädigten Objekten untergebracht. Als kein Holz mehr vorhanden war, wurde ein Teil der Einrichtung der Arsenalkirche verheizt. Das Heeresgeschichtliche Museum war bis auf den Mittelteil total zerstört, ebenso war der sogenannte Fabrikskern, die Objekte sieben, acht, neun, elf und dreizehn, um in der Diktion des Militärs zu bleiben, »dem Erdboden gleichgemacht«.

Die Ausstellungsobjekte des Heeresgeschichtlichen Museums – an verschiedenen Orten bei Kriegsende »in Sicherheit gebracht« – waren inzwischen durch Plünderungen vermindert.

Von 1955 bis 1961 wurde das Museum zum Teil wieder errichtet. Die Bombenschäden wurden behoben und die Objekte dem Publikum zugänglich gemacht. Einzelne Gebäude wurden als Wohnungen adaptiert, das Bundesheer übernahm Werkstätten und die Post- und Telegraphenverwaltung und andere Institutionen wurden angesiedelt.

Man braucht mehr als eine Stunde, spaziert man um die Anlage aus gebrannten Rohziegeln herum. An der Frontseite befinden sich zwei »Artilleriehallen«, die Objekte zwei und siebzehn. In ihnen sowie im »Rohrgarten« hinter dem Museum sind nahezu fünfhundert Geschütze aus sieben Jahrhunderten ausgestellt. Längs dem Eisengitter in den Artilleriehallen liegt – in zwei Teilen – die »Donauabsperrkette«, die von den Türken 1543 bis zu ihrer Entfernung durch die Österreicher im Jahr 1602 bei Belgrad den Wasserweg absperrte. Sie besteht aus 2972 Gliedern, ist 590 Meter lang und hat ein Gewicht von 28 000 Kilogramm.

Die Wohngebäude stehen schattenwerfend in der Nachmittagssonne, ein gelbes Postauto fährt über eine Verbindungsstraße zur Fernmeldezentrale oder zum hohen Radarturm, der nun alles mit seiner einfältigen Architektur überragt.

Eine Zeitlang bleibe ich vor den Tennisplätzen, die zwischen den einzelnen Objekten angelegt sind, stehen und schaue den Spielern zu. An einer Stelle erstreckt sich ein Park, der an Drahtzäune grenzt, hinter denen Kabeltrommeln der Post aufgestapelt sind. An einer anderen sind Panzer abgestellt, die vom Bundesheer repariert werden. Caterpillars graben neben dem Objekt vier die Erde auf und Arbeiter verlegen Kabel.

Das Objekt vier ist ein verwahrlostes Gebäude. Die Fenster und die schmalen Schießscharten sind mit Brettern zugenagelt. An einer Stelle ist das Holz brüchig und ich ziehe mich mit den Armen ein Stück hoch und blicke hinein. Kalte Luft weht mir entgegen. Als sich meine Augen an die Dunkelheit gewöhnt haben, erkenne ich Raupenfahrzeuge, Jeeps, Munitionskisten und aufgestellte Geschützgranaten aus dem Zweiten Weltkrieg.

Am nächsten Tag erklärt Hofrat Kaindl, daß das Gebäude im Zweiten Weltkrieg ausgebrannt sei und sodann als Depot gedient habe. Im Objekt befänden sich außerdem noch Panzer, Geschütze und Flugzeuge, die »später« restauriert worden seien. »Da waren Dinge dabei, von denen kein Mensch mehr eine Ahnung hatte«, sagt er. Die Halle solle ein Ausstellungsraum werden, es müsse an der »Fortführung der Geschichte« gearbeitet werden: das Bundesheer nach dem Ersten Weltkrieg, der Zweite Weltkrieg und das Bundesheer heute müßten dargestellt werden. Die Baupläne seien bereits vom Bund gebilligt ...

Ich denke mir, daß eine solche Fortführung der Geschichte nichts anderes sein könne als eine Selbstentblößung und ich denke weiter, daß alles andere als das in die Tat umgesetzt werden wird. Einige olivgrüne Lastwägen des Bundesheeres fahren mit abgeschalteten Scheinwerfern an mir vorbei, Soldaten blicken aus den Fahrzeugen. Am Rand einer umzäunten Fläche mit Raupenfahrzeugen und Rotkreuz-Wägen zwitschern Vögel in einem Baum. Der Platz vor der kleinen Arsenalkirche ist menschenleer. Ich steige über die Stiege zur »Steinernen Kanzel«, von der aus man die

Kirche betreten kann. Die Kirche heißt »Maria vom Siege«, nach einem Bild, das dem Kaiserlichen Heer im Dreißigjährigen Krieg bei der Schlacht am Weißen Berg zum Sieg verholfen haben soll. Allerdings gibt es dieses Bild nicht in der Kirche, auch keine Kopie davon. Auf dem Hochaltar findet sich statt dessen die »Zeughausmuttergottes«, eine ungefähr 120 Zentimeter hohe Figur, die, wie die Legende sagt, die Kämpfe um das Wiener Zeughaus 1848 trotz heftigsten Beschusses der Wand, an der sie aufgestellt war, unbeschädigt überstanden haben soll.

Man hatte übrigens ursprünglich vor, in einer Gruft unter der Kirche »verdiente« Feldherren der k. u. k.-Monarchie beizusetzen.

In einem Hof, von dem man über eine Brüstung hinuntersieht, spielt ein Kind mit einem Ball. Der Hof wird von einem Drahtzaun begrenzt, hinter dem Baracken des Bundesheeres zu sehen sind. Bevor ich den Rundgang beende, komme ich am Objekt 15 vorbei, in dem sich die Depots und Werkstätten des Heeresgeschichtlichen Museums befinden: eine Tischlerei, eine Schlosserei, eine Waffenmeisterei, eine Fahnenstickerei, eine Schneiderei und eine Restaurierungswerkstatt. Als der Hofrat mich am Nachmittag durch die Werkstätten führt, habe ich das Gefühl, aus einer Art Schneckenhauskörper nach außen gelangt zu sein. »Wir haben«, sagt der Hofrat, »insgesamt 8500 Gemälde, Handzeichnungen, Stiche und Aquarelle aufbewahrt, 3000 Fahnen, 4000 Hand- und Faustfeuerwaffen, 2600 Blankwaffen, 4000 Uniformen und nahezu ebensoviele Kopfbedeckungen, ferner Rüstungen und 2000 Orden und Medaillen.«

Wie um einen ironischen Kontrapunkt zu setzen, hat die geschichtliche Entwicklung des Arsenals an genau der Stelle, an der früher die nun zerstörte Artilleriefabrik arbeitete, also hinter dem Heeresgeschichtlichen Museum, die größte Kulissen- und Bühnenwerkstatt der Welt für Burgtheater, Volks- und Staatsoper entstehen lassen.

Auch dort gibt es Werkstätten und ein Waffendepot.

In einer der drei Malersäle werden gerade die Kulissen für Raimunds »Alpenkönig und Menschenfeind« hergestellt. In der »Rüstkammer« lagern Waffen aus den verschiedensten Jahrhunderten, insgesamt 15 000 Stück – und 800 Schußwaffen. Es ist die »verkehrte Welt« zum Heeresgeschichtlichen Museum.

Als ich einen der Malersäle betrete, schneidet eine Arbeiterin Streifen aus imprägniertem Seidenpapier für »Wilhelm Tell« in einem Zerhacker, wo sie zu Schneeflocken zerkleinert werden. Der Zerhacker arbeitet lautlos. Ich bleibe einen Augenblick stehen, um zu sehen, auf welche Weise die Zuschauer im Theater getäuscht werden. Es ist der allersimpelste Trick. Ich bin nicht überrascht. Schnee von gestern bedeckt den Fußboden.

Abbildungsnachweis

Hetztheater: Bildarchiv der Österreichischen Natio-
nalbibliothek
Die zweite Stadt (4 Fotos): *Franz Killmeyer*
Das Haus der schlafenden Vernunft (6 Fotos):
　Christine de Grancy
Leopoldstädter Requiem (4 Fotos):
　Christine de Grancy
Das Graue Haus (3 Fotos): *Christine de Grancy*
Die »Hitlervilla« (3 Fotos): *Christine de Grancy*
Der Narrenturm (4 Fotos): *Franz Killmeyer*
Der Stephansdom (4 Fotos): *Franz Killmeyer*
Im Heeresgeschichtlichen Museum (4 Fotos):
　Christine de Grancy
Hist. Abbildung des Arsenals: *Archiv des Heeres
geschichtlichen Museums Wien.*

Drucknachweis

›Das k.k. privilegierte Hetztheater‹ in AZ, Nr. 206,
6. September 1990, S. 26–27

›Die zweite Stadt‹, in ZEIT-Magazin, Nr. 9,
23. Februar 1990, S. 60–73

›Das Haus der schlafenden Vernunft‹, in ZEIT-Magazin, Nr. 23, 3. Juni 1988, S. 32–45

›Leopoldstädter Requiem‹, unter dem Titel ›In den Gassen der Vergessenen‹ in ZEIT-Magazin, Nr. 15,
7. April 1989, S. 26–38

›Das Graue Haus‹, in ZEIT-Magazin, Nr. 45,
4. November 1988, S. 62–82

›Die »Hitlervilla«‹, unter dem Titel ›Haus ohne Hoffnung‹ in ZEIT-Magazin, Nr. 11, 9. März 1990,
S. 52–64

›Der Narrenturm‹, unter dem Titel ›Der Narrenturm von Wien‹ in ZEIT-Magazin, Nr. 42, 13. Oktober
1989, S. 74–89

›Der Stephansdom‹, in FAZ-Magazin, Nr. 553,
5. November 1990, S. 68–91

›Im Heeresgeschichtlichen Museum‹, in FAZ-Magazin, Nr. 554, 12. Oktober 1990, S. 23–42

Inhalt

Das k. k. privilegierte Hetztheater   7
Die zweite Stadt   14
Das Haus der schlafenden Vernunft   32
Leopoldstädter Requiem   46
Das Graue Haus   65
Die »Hitlervilla«   89
Der Narrenturm 110
Der Stephansdom 132
Im Heeresgeschichtlichen Museum 181
Abbildungsnachweise 285
Drucknachweise 286